AF452516

ESSAI

sur

LA DIPLOMATIE

PARIS. — IMP. SIMON RAÇON ET COMP., RUE D'ERFURTH, 1.

ESSAI

SUR

LA DIPLOMATIE

PAR

LE PRINCE ADAM CZARTORYSKI

PARIS

AMYOT, LIBRAIRE-ÉDITEUR

8, RUE DE LA PAIX, 8

1864

AVIS DU SECOND ÉDITEUR

L'auteur de ce livre avait assisté aux opérations du congrès de Vienne ; il avait été témoin de ce grand partage des peuples au gré des puissants, sans égard aux sentiments de nationalité et aux droits séculaires des contrées partagées. Sa conviction profonde était que les œuvres de la diplomatie seraient des œuvres stériles, tant qu'elles ne seraient que la violation du droit des faibles, tant qu'elles ne se fonderaient pas sur le respect du droit des nationalités et ne se soumettraient pas à la loi morale.

L'auteur a écrit ses pensées sur la diplomatie en

1825 ; ce livre eût alors trop heurté les souverains du jour ; il ne put être publié qu'en 1830. Plus d'un diplomate de la vieille école a dû sourire en le lisant ; les pensées de l'auteur devaient lui apparaître comme un rêve de sentimentaliste ; il ne pouvait être compris de ceux qui avaient fait de l'intérêt personnel un principe régulateur, qui n'admettaient d'autre autorité que la force et la nécessité. Cette parole d'un sage : « Il n'y a que la justice dans les traités qui puisse donner le repos réel, » semblait une utopie. Les événements sont venus donner la plus éclatante justification aux principes et aux prédictions de l'auteur. Parlant de l'Italie, il disait : « La position que « l'Autriche a prise dans la Péninsule n'a augmenté « ni consolidé sa puissance intrinsèque ; l'Italie lui « donne et lui donnera éternellement des craintes ; « jamais elle n'aura aucune sécurité ; sa domination « est forcée, et par conséquent *précaire*. » Et il annonçait la fin de la domination autrichienne en Italie. Ne s'est-elle pas écroulée, en effet, au canon de Solferino, et toute la population italienne n'a-t-elle pas montré son aversion contre une domination au-

jourd'hui impossible parce qu'elle n'avait pas de racine dans la population? Portant son regard vers une autre partie du monde, il annonçait la nécessité pour le gouvernement anglais de reprendre en ses mains le gouvernement de l'Inde, par cela seul qu'il y avait une déviation aux vrais principes de la diplomatie. Voici ce passage prophétique : «Quand on
« se rappelle que la domination anglaise s'exerce
« dans l'Inde par une compagnie de marchands qui
« régnent sur plus de soixante millions d'hommes,
« l'on ne saurait s'empêcher de craindre que les
« bienfaits que nous supposons devoir découler de
« l'action d'un gouvernement civilisé ne soient fré-
« quemment et fortement contrariés et paralysés.
« En effet, je ne connais pas de plus mauvaise ré-
« gie que celle dont le but final est l'argent. Assuré-
« ment, c'est la moins capable de donner l'espoir du
« bonheur aux peuples qui lui sont soumis. L'on est
« conduit à supposer que les agents de la compagnie,
« animés de son esprit, ne vont occuper leurs em-
« plois que pour faire fortune le plus tôt possible, et
« ils se hâtent de revenir dans leur patrie, riches

« d'or et d'argent, mais pauvres de bonnes qualités
« et de bons exemples, ce qui n'est guère plus avan-
« tageux à la mère patrie qu'à la colonie ; et *on ne*
« *peut s'empêcher de désirer, pour l'honneur et le bien*
« *à venir de l'Angleterre, que ce régime* VIENNE A CESSER
« AU PLUS TÔT, *et que le gouvernement prenne lui-même*
« *en ses mains le sceptre qui doit décider du sort de*
« *soixante millions d'hommes.* » Que de malheurs
n'eussent point été évités si ce conseil eût été suivi !
ce n'est qu'après l'insurrection de 1857, après des
torrents de sang, qu'on en est venu à l'application
d'une idée si simple et si juste.

Pour le libre échange, devançant son époque,
l'auteur demandait l'abolition des entraves com-
merciales ; utopie, disait-on ; aujourd'hui, sous le
règne d'un héritier de Napoléon, l'utopie est une
réalité.

Il reste la Pologne, pour laquelle la loi morale a
été si indignement violée. Ici encore, avec la même
évidence, l'auteur annonce à l'Europe qu'il n'y aura
ni repos ni sécurité pour elle, tant que la grande
iniquité du partage ne sera pas réparée. L'Europe

reconnaîtra-t-elle enfin la vérité de ces déductions de la politique vraie? Arrêtera-t-elle les malheurs que l'auteur décrit avec tant de vérité pour les avoir vus et partagés? Quelle peinture! « On ne tue pas « une nation à moins de l'exterminer, mais lui ôter « son indépendance, c'est commettre un assassinat « moral, en infligeant à la victime le tourment « d'une agonie sans fin. Lorsqu'une nation conqué- « rante exerce sur une nation asservie toutes sortes « d'oppressions pour la dénaturer et lui faire perdre « sa nationalité, elle se rend évidemment coupable « du plus grand des forfaits qui puisse être imaginé « en morale, parce qu'il contient en lui seul de lon- « gues séries de vexations, d'injustice, de meurtres « juridiques, qui ont pour objet de priver des mil- « lions d'hommes de leur propriété la plus indubi- « table et la plus précieuse; de la seule condition « possible qu'ils aient de répondre dignement au « but de l'existence humaine, et de pouvoir l'attein- « dre autant qu'il est à la portée de l'homme sur la « terre. »

L'Europe fera-t-elle cesser cette agonie et n'assurera-t-elle pas son repos par le règne du droit? La diplomatie nouvelle, qui a rétabli le règne de la loi morale sur tant de points, ne l'établira-t-elle pas pour cette malheureuse contrée? Il est impossible de ne pas l'espérer.

Ce livre enfin, conçu il y a quarante ans, dans la studieuse retraite où l'auteur s'était réfugié, ne semble-t-il pas ainsi reprendre à chaque pas une opportunité nouvelle, non-seulement parce que les faits justifient trop les théories qu'il développe sur divers points, mais encore parce que l'idée même dont il s'inspirait est venue en quelque façon prendre corps dans cette proposition d'un congrès émanée du souverain de la France? On ne sait encore ce qui arrivera de ce congrès : l'*Essai sur la diplomatie* en est le commentaire anticipé; il trace la voie où l'Europe, libéralement constituée, peut retrouver la paix et l'honneur, deux biens qui ne s'obtiennent et ne se conservent d'une manière durable que par la justice.

Mars 1864.

ESSAI

sur

LA DIPLOMATIE

PRÉAMBULE

En voyant et la haute importance de la diplomatie, et le
peu de bien que les hommes en retirent, j'ai été naturellement entrainé à porter mon attention sur un sujet qui intéresse de si près l'espèce humaine, puisqu'il renferme en
soi les conditions des existences sociales. Retiré des affaires, j'ai cru être, sous ce rapport, plus propre que beaucoup d'autres à une pareille occupation, car j'y apportais
un esprit qui, tout inférieur qu'il pût être à la tâche qu'il
s'était imposée, n'était du moins faussé par aucune pré-
vention, ni dominé par aucune influence, et pouvait plus
facilement apercevoir et dire la vérité, parce qu'il la cherchait uniquement et n'avait aucune raison de la taire.

Cette recherche m'a conduit à des réflexions affligeantes.
La diplomatie m'a semblé n'avoir pas participé aux progrès de la civilisation, et j'ai cru remarquer que, de toutes
les choses de ce monde, elle était précisément celle où ce

qui est diffère le plus de ce qui devrait être. J'y ai aperçu beaucoup de pratiques de routine, de vaines formules, des titres fastueux, quelques maximes vagues et arbitraires, et pas un seul principe qui lui servit de base, ni qui pût même lui donner une direction constante.

J'ai tâché de m'éclairer dans mon travail par l'expérience du passé et du présent; j'ai senti la nécessité de recourir aux premiers éléments des rapports entre les hommes; j'en ai déduit les lois que la religion, la justice et la morale prescrivent aussi bien aux États qu'aux individus, et l'histoire m'a fourni un exemple qui fait voir qu'elles ont déjà été mises en pratique.

Je livre au lecteur mes pensées, sans me flatter de les avoir suffisamment coordonnées. Je les ai émises dans l'ordre où elles se présentaient à mon esprit. Cet écrit doit être considéré comme un essai très-imparfait et n'aspire à aucun titre qui ferait supposer beaucoup de lecture et de savoir. Il est divisé en trois parties : dans la première, j'observe *la diplomatie telle qu'elle est;* dans la seconde, je la considère *telle qu'elle doit être;* dans la troisième, j'examine *les moyens de la ramener à sa véritable destination,* en tenant compte des difficultés et des convenances.

PREMIÈRE PARTIE

DE LA DIPLOMATIE TELLE QU'ELLE EST

CHAPITRE PREMIER

CARACTÈRES DE LA DIPLOMATIE

Nous entendons par diplomatie la marche que suivent les États les uns envers les autres, et les règles qui dirigent leur politique extérieure.

Les peuples sentent son action, qui décide de leurs destinées, sans qu'ils soient appelés à s'en occuper; mais ils ne font que soupçonner ses ressorts; ils ne pénètrent qu'imparfaitement dans ses secrets, et ne se rendent pas compte nettement de ses doctrines. Ce qu'ils ne font pas, nous allons essayer de le faire.

I

DES DIPLOMATES.

Commençons par observer les personnages qui sont spécialement chargés de pratiquer cette science semi-occulte ; en faisant connaissance avec les adeptes, nous pourrons mieux pénétrer leurs doctrines.

Lorsqu'on veut se représenter l'idéal d'un guerrier, d'un juge, d'un administrateur, l'imagination se plait à les parer de toutes les vertus qu'exigent les fonctions plus ou moins élevées qu'ils sont appelés à remplir. Un vrai soldat, disons-nous, est franc, loyal, intrépide ; il parait brusque et même dur, mais la faiblesse le désarme et peut toujours compter sur son appui. Une impartialité sévère, une conscience qui s'alarme au moindre doute, une vigilance continuelle pour le maintien et l'exécution des lois, voilà les vertus obligées de l'administrateur.

Quelles qualités caractériseront le parfait diplomate? A ce mot seul, l'on se représente un homme fin qui dit rarement la vérité, ou ne la dit qu'à demi ; qui sait tourner sa phrase de manière à détruire à la fin ce que le commencement paraissait annoncer ; qui feint de savoir quand il ignore et d'ignorer quand il sait ; qui, sans jamais se livrer, est toujours aux aguets pour surprendre les autres ; qui, en affaires, considère l'utile et le profitable, sans égard pour le vrai et le juste ; un homme enfin qui, en cas de besoin, n'a pas de scrupule à faire tomber dans le piége le crédule et l'innocent, pourvu que les apparences soient sauvées tant bien que mal, ou qu'un avantage important couvre l'odieux de sa conduite. Dire de quelqu'un, c'est un diplomate, ne passe aux yeux de personne pour un éloge, et nul, sur cette seule réputation, ne sera tenté d'en faire son ami.

Ainsi, parmi les diverses carrières de la vie sociale, toutes exigent dans ceux qui les parcourent certaines qualités morales plus spécialement liées à leurs fonctions et même indispensables pour les remplir, je ne dirai pas avec

distinction, mais seulement avec convenance. La diplomatie
seule fait exception à cette règle générale. L'on serait fort
embarrassé de désigner une qualité morale qui lui fût inhé-
rente, car le devoir obligé du diplomate est d'être fidèle à
sa mission : et, pour être fidèle à sa mission, il faut qu'il se
garde d'être sincère et généreux, et qu'il se résigne même
à devenir sourd à la voix de la justice et de l'humanité [1].

Dans toutes les choses de ce monde, publiques ou privées, l'intérêt personnel, si puissant sur la terre, n'est pourtant jamais reconnu comme principe unique des actions.
La justice et la morale sont toujours là pour le diriger, le
modifier ou le combattre. Il n'y a que le domaine de la
diplomatie où l'intérêt règne sans partage; il s'y est constitué seul arbitre entre ce que l'on peut et ce que l'on doit
faire. L'équité, l'humanité, la grandeur d'âme sont répu-
tées pour une espèce de folie niaise qui excite un sourire
moqueur parmi les gens du métier, et, si parfois ces sentiments se font jour dans le cœur d'un homme d'État, il se
gardera bien de les avouer : philanthrope honteux, pour
excuser aux yeux de ses collègues la moindre étincelle lumineuse, il cherchera à l'obscurcir par quelque motif d'intérêt matériel, afin de ne pas donner prise au ridicule
d'une politique dite sentimentale, et de ne pas passer pour
un chevalier errant en affaires d'État.

Les mots de vertu et d'héroïsme ne sauraient donc s'allier avec l'idée que nous nous sommes formée de la diplomatie. Le rapprochement de ces expressions présenterait
même quelque chose de ridicule. Dire d'un cabinet qu'il
est vertueux, ce ne serait certainement pas faire son éloge,

---

[1] La fidél té envers ceux qui nous emploient n'est pas toujours morale :
un procureur croit aussi avoir du mérite à faire réussir *fidèlement* une
mauvaise affaire.

et l'on n'a jamais entendu parler d'un héroïsme diplomatique.

Bien plus, il suffit qu'un personnage quelconque soit
chargé d'une mission diplomatique pour que ses nouvelles
fonctions lui fassent subir une métamorphose complète.
Le patriote le plus généreux, le citoyen le plus pur et le
plus franc, changent de caractère et de principes dès l'instant où ils deviennent diplomates. Tant qu'ils restent
dans cette carrière, ils croient licite et même méritoire de
ne pas se laisser arrêter par la bonne foi, ni attendrir par
l'infortune.

L'humanité avait plus de chances favorables quand les
fonctions diplomatiques n'étaient, comme jadis, confiées
que pour un temps, soit à un guerrier, soit à un homme
d'État voué à d'autres occupations politiques. Quoique la
métamorphose fatale eût lieu, il arrivait parfois que les
méditations diplomatiques ne dépouillaient pas entièrement ces individus des sentiments et des qualités qui les
avaient distingués dans une autre carrière. La civilisation a introduit partout la division du travail, et les résultats n'en ont pas été tous heureux, surtout dans la diplomatie [1].

Il existe maintenant une race d'hommes qui, dès leur
entrée dans le monde, se nourrissent exclusivement des
doctrines diplomatiques, et se rendent incapables de voir
et d'agir autrement que d'après ces doctrines ; qui, toute
la vie, ne s'appliquent qu'à rédiger des phrases compas-
sées ; qui se renferment dans un cercle limité, d'où toute
pensée généreuse, tout sentiment noble, sont sévèrement

---

[1] Voyez, sur la classe des diplomates, un passage très-bien fait, dans les
Mémoires de M. Guizot, t. II. (Note de la 2ᵉ édition.)

bannis, et qui néanmoins se croient seuls appelés à gouverner le monde.

D'où vient donc cette opposition continuelle entre nos sentiments, nos opinions habituelles, et la diplomatie? Y aurait-il une autre morale, une autre religion, un autre Dieu pour les diplomates? N'est il pas bien surprenant que, dans une des plus hautes occupations de l'homme, tout ce qu'il connaît de plus élevé et de plus beau, tout ce qui constitue son seul et vrai mérite, ne puisse trouver ni place ni application? N'est-il pas plus étonnant encore que personne n'en soit surpris? que les peuples ne soient pas effrayés de voir cet abandon absolu et invariable de ce qu'ils conçoivent de plus méritoire et de plus sacré dans leurs transactions et dans tous les actes qui règlent les intérêts de la vie civile? Comment l'opinion publique a-t-elle pu tolérer et souvent approuver une déviation aussi flagrante des idées éternelles de justice et de morale?

Je n'en vois qu'une raison : c'est que chaque société, chaque nation se transforme en un individu, et que cet individu soi-disant moral [1] est tout ce qui existe de plus égoïste et de plus immoral envers ses semblables.

Les gouvernements anciens et les cabinets modernes se sont persuadé et ont persuadé aux peuples que, lorsqu'il s'agissait d'assurer un profit quelconque à la nation, le devoir du souverain et du ministre était de faire abstraction de la justice et de la bonne foi; cela passait en quelque sorte pour une manière de se dévouer aux intérêts de tous et au salut de l'État; car tel est le pouvoir exercé sur les hommes par l'idée de la loi morale, que, lors même qu'ils la violent, ils ne peuvent éviter de l'invoquer pour

---

[1] Toute corporation est appelée, dans la loi, une personne morale.

rester conséquents avec eux-mêmes. Il faut que des circonstances bien extraordinaires, une aberration de l'esprit et une confusion des notions les plus fondamentales, pour que l'homme en vienne au point d'adopter pour règle constante de sa conduite des maximes contraires aux principes de sa nature morale. Une pareille difformité, lorsqu'elle se montre à nu, est trop hideuse pour être durable; elle est bien plus dangereuse, lorsqu'elle prend les apparences du devoir et qu'elle s'enveloppe du manteau de la justice.

Les maximes sur lesquelles se fondent les relations des États, depuis qu'il y a des États dans le monde, sont une espèce de tradition orale aussi ancienne que l'histoire, une opinion, ou plutôt une habitude irréfléchie que les peuples ont suivie sans l'avoir jamais suffisamment approfondie et après avoir laissé se perdre les révélations premières. La diplomatie, marquée à ce signe du péché originel, dont elle n'a pu se laver encore, a dû être retenue depuis des siècles dans un cercle vicieux, source féconde de confusion et de calamités toujours renaissantes, d'où elle ne sortira qu'en cessant de se croire en dehors de la justice et de la morale.

II

L'AMOUR DE LA PATRIE DÉGÉNÈRE EN ÉGOÏSME NATIONAL.

L'on a dit avec raison que l'amour était un égoisme à deux. Tant que ce sentiment ne produit qu'un dévouement et des sacrifices réciproques, il est susceptible des plus beaux mouvements ; mais, dès qu'il agit hors de lui-même et envers des tiers, il devient personnel et se montre indifférent pour tout ce qui n'est pas lui. Il en est de même des sentiments qui font les liens de famille, quand ils sont portés au delà de certaines bornes. L'attachement passionné et exclusif pour sa famille ou pour sa caste parut longtemps un devoir et même une vertu qui justifiait la conduite la plus personnelle et souvent la plus féroce envers ceux qui n'étaient pas de cette famille ou de cette caste. Cette morale exclusive et cette espèce de droit personnalisé régissent encore les tribus nomades qui ne sont que des familles considérablement accrues en conservant le caractère qui résulte des liens de parenté.

Mais les familles, les castes, les tribus, se réunirent ensemble par suite des progrès de la civilisation ; elles reconnurent que les jalousies, les rivalités, les inimitiés nuisaient à la prospérité de tous et répugnaient même à leurs sentiments naturels. Elles adoptèrent pour règle constante de leurs mutuels rapports l'équité et la bienveillance qu'elles trouvèrent gravées dans leur cœur, et dès ce moment le bien-être social se trouva augmenté et garanti.

Les sentiments antimoraux qui avaient jusque-là divisé les familles et les castes furent donc réprouvés et condamnés dans les rapports intérieurs d'un même pays ; mais, par une étrange contradiction, ils continuèrent à ne pas être considérés comme coupables en dehors de cette association ; ils restèrent en vigueur envers toute association semblable que d'autres familles avaient établie, et ces sentiments d'animosité contre tout ce qui ne tenait pas au pays s'ennoblirent en se transformant en cette passion qui a été le levier des actions les plus héroïques : l'amour de la patrie.

Comme l'amour, tant qu'il ne paraissait que sous la forme du dévouement, l'amour de la patrie produisit dans sa sphère de grandes et de belles actions : l'oubli de soi-même, le sacrifice de ses plus chers intérêts et de sa vie même pour le bien de tous; mais ce sentiment, malgré ses sublimes élans, devint insuffisant pour régler à lui seul la conduite et les devoirs des hommes dans un cercle plus étendu que celui de la patrie. Dès que les intérêts d'une de ces associations se trouvaient en contact avec ceux d'une autre association, ce même amour de la patrie, d'ailleurs si noble et si désintéressé, perdait ses plus beaux attributs et se changeait en passions haineuses qui ne connaissaient ni justice ni générosité, et qui étaient capables des plus insignes cruautés.

L'amour de la patrie, qui semble avoir présidé à la formation des sociétés, ne se développe nulle part avec plus de force que dans les petits États; mais aussi ce fut là que ce sentiment se montra le plus exclusif et le plus hostile à l'égard de ce qui n'était pas la patrie. Il en résulta des maux incalculables pour l'humanité. La Grèce, Rome, toutes les anciennes républiques, celles du moyen âge, n'en fournirent que trop d'exemples.

Ce fut bien pis lorsqu'un seul homme, après avoir saisi le pouvoir, s'empara de l'arme puissante que le patriotisme lui avait préparée; quand, sous le spécieux prétexte que les intérêts du pays et le bien de l'État devaient l'emporter sur toute autre considération, il se crut tout permis, et que bientôt il regarda ses passions, ses préjugés, et jusqu'à ses caprices, comme des motifs plus que suffisants pour justifier les actions les plus iniques et les manœuvres les plus perfides.

Reconnaître dans tout homme qui disposerait des forces

d'une nation, un droit légitime, comme chef d'un État, de
se placer dans les rapports avec d'autres États au-dessus
des devoirs que la justice, la raison et l'humanité imposent,
c'était évidemment démuseler le monstre de l'intérêt personnel et lui donner le champ libre avec un pouvoir absolu
sur les destinées du genre humain. L'histoire nous a conservé les douloureux souvenirs des actes de despotisme
fondés sur de semblables doctrines.

III

LA DIPLOMATIE N'A PAS AVANCÉ AVEC LES AUTRES SCIENCES POLITIQUES;
L'EXPÉRIENCE EST PERDUE POUR ELLE.

Toutes les sciences morales et politiques qui ont pour
objet le gouvernement intérieur des États ont fait des progrès immenses. Considérons seulement l'égalité devant la
loi, la liberté individuelle, l'abolition de la torture, la publicité des débats judiciaires, cette longue série de perfectionnements qu'a reçus la procédure criminelle depuis la
fin du moyen âge, et nous serons en droit de demander
quelles améliorations comparables peuvent être citées dans
la pratique de la diplomatie?

Nous ne jugeons des progrès d'une science que lorsque
la théorie en est tellement démontrée, que la pratique la
suit de nécessité et la confirme par un assentiment général
et par une expérience réitérée. Or on ne voit rien de semblable dans la diplomatie. Nous la retrouvons dans le même
état où l'histoire nous la montre à ses différentes époques.
Depuis le milieu du dernier siècle, elle a même sensible-

ment rétrogradé. Privée de principes fixes qui puissent déterminer une marche progressive, elle semble, par sa nature, n'être pas susceptible de se perfectionner ni de devenir autre que ce qu'elle est. Bien plus : le seul contact de la diplomatie avec les autres sciences politiques a suffi pour les faire dévier de leur direction ou pour les paralyser.

L'économie politique, qui, de nos jours, est devenue une véritable science, s'est arrêtée dans ses progrès toutes les fois qu'elle est tombée sous l'influence de la diplomatie. Depuis assez longtemps on est d'accord sur les règles que doit suivre un gouvernement pour faire fleurir le commerce intérieur et pour augmenter les richesses du pays; mais, quand il a fallu poser les bases du commerce extérieur et régler ses rapports avec l'étranger, l'économie politique est devenue timide, embarrassée; elle n'a pas osé pousser ses assertions et déduire ses conséquences avec la même rigidité et la même assurance.

La diplomatie a cela de particulier, que la connaissance du passé ne lui donne pas une vue plus perçante de l'avenir. Les contemporains laissent toujours à la postérité le soin de voir plus clair à mesure que les événements se succèdent; mais, en politique, les hommes semblent condamnés à ne juger sainement que des événements sur lesquels ils ne peuvent plus influer.

Si toutes les petites républiques qui, dans un aveuglement déplorable, se laissèrent aller à une politique personnelle et jalouse avaient pu prévoir leurs destinées, dévoilées plus tard par l'histoire, elles auraient su, comme la postérité, que le sentiment qui les maitrisait, tout admirable qu'il pût paraitre dans la cité, devenait réellement funeste au dehors; elles auraient reconnu que l'a-

mour de la patrie pouvait dégénérer en esprit de localité,
et qu'une politique plus juste, plus généreuse, plus bien-
veillante, aurait été aussi plus clairvoyante, et les aurait
sauvées des malheurs qui ont été le résultat nécessaire de
leurs dissensions.

Il arriva aussi que des pays longtemps divisés en plusieurs États, jaloux les uns des autres, furent enfin réunis
par un concours de circonstances plus fortes que leur volonté. On comprit alors que dès le commencement il eût
été plus utile à ces États de se rapprocher et de confondre
leurs intérêts; chose pourtant qui avait paru impossible,
et contre laquelle s'était toujours élevée la plus forte opposition.

Représentons-nous la France ou l'Angleterre divisées,
comme jadis, en plusieurs principautés qui toutes, croyant
avoir des intérêts opposés, n'admettraient aucun devoir
commun ; qui s'imagineraient qu'il leur faut des armées
sur pied pour se menacer réciproquement ; que pour les
payer elles doivent surcharger les peuples d'impôts,
hérisser leurs frontières de douanes, ne pas permettre
l'entrée des productions de la province voisine, et apporter
toutes sortes de difficultés à la libre circulation des habitants.

Chacun avouera que cet état de choses serait funeste à
ces deux royaumes, dont les provinces sont devenues infiniment plus riches et plus heureuses depuis que le commerce n'y connaît pas d'entraves et que les habitants communiquent librement et reconnaissent des obligations
communes. Cependant ce même système, sans omettre
aucun de ses abus, est encore maintenu par la diplomatie ;
il est seulement adapté à une plus grande échelle. Cette
extension serait-elle une raison suffisante pour que les

inconvénients démontrés en petit ne fussent pas tout aussi palpables en grand, et pour qu'on ne dût pas chercher à les faire disparaître en partie avec les précautions et les ménagements convenables? Les hommes ne pourraient-ils pas, par induction, sans trop risquer de se tromper, s'élever à des combinaisons plus étendues, en étudiant les effets produits dans un cercle plus étroit?

D'ailleurs il existe encore, en Europe, des pays comme la France et l'Angleterre d'autrefois, dont les habitants parlent la même langue, ont une commune origine et ne diffèrent point dans leurs mœurs, et ces pays sont maintenus par la diplomatie dans le même état de morcellement, de gêne et d'entraves, malgré le désir et le besoin qu'ils auraient d'en sortir.

L'expérience n'a pourtant pas été perdue pour les autres sciences politiques; au contraire, elles l'ont tellement mise à profit, qu'elle a été la principale cause de leurs immenses progrès. Pour ne nous appuyer que d'un exemple, citons la jurisprudence législative. Dans le moyen âge, la jurisprudence devint barbare; mais, après avoir reculé avec les siècles d'ignorance, elle reprit sa marche ascendante avec les siècles de la renaissance. L'on recommença au point où on s'était arrêté. Les intervalles de dégénérescence ont fini par être remplis; l'expérience de tous les âges n'a pas été perdue, et les améliorations ont fait oublier les décadences. Le grand ressort du perfectionnement anime toujours l'état social; mais il se relâche dans les rapports extérieurs qu'il semble ne pouvoir atteindre. En effet, la civilisation européenne n'a pas songé encore à reprendre la diplomatie au point où les Grecs, les Romains et d'autres peuples l'avaient amenée avant de déchoir. Plus tard, le traité de Westphalie n'a pas été un point de départ, ou même une pierre d'attente pour parvenir à des résultats plus satisfaisants. Toujours la diplomatie a défait son propre ouvrage, et, dans une science aussi éminemment importante, l'expérience n'a encore été d'aucun avantage.

IV

LES HOMMES N'ONT ÉPROUVÉ DE BIEN QUE PAR LES INSTITUTIONS CIVILES.

Il est assez remarquable que les législateurs de l'antiquité n'aient jamais songé à prescrire des lois à la politique extérieure des États et à trouver le principe qui pouvait régulariser leurs rapports. Il était pourtant facile de prévoir que cette lacune serait la cause immédiate de l'existence précaire et du peu de durée de leurs républiques. Toute leur sagesse, tous leurs efforts s'étaient bornés à constituer une cité. La fin de leurs institutions était d'unir intimement les habitants par un système d'éducation patriotique, et de donner le plus de force possible aux vertus civiques. Ils réussirent à former des citoyens prêts à sacrifier leur existence pour la défense de la patrie; mais ils ne pensèrent pas à les rendre justes, raisonnables et généreux envers d'autres peuples. Platon lui-même, dans sa République, et Aristote, dans sa Politique, ne considèrent qu'une seule association civile en elle-même, et ne s'élèvent pas à des vues générales et corrélatives. A peine le droit des gens est-il mentionné dans le Digeste, et sa définition, qui est celle du droit naturel, n'est suivie d'aucun développement. L'esprit supérieur de Cicéron et son cœur généreux avaient, il est vrai, saisi l'idée d'un

droit universel antérieur à toute société ; mais de si hautes
théories n'ont pas assez occupé les anciens pour produire
autre chose que des réflexions passagères qui n'ont été
suivies d'aucunes conclusions capables de former un corps
de doctrine.

L'on serait tenté de croire que l'homme perd de sa capa-
cité aussitôt qu'il sort du cercle des institutions civiles.
L'esprit de contrainte qui les accompagne semble indispensable pour qu'il se croie obligé d'être bon ; dès qu'il
est entièrement libre, il prétend avoir le droit d'être
injuste.

C'est, en effet, et uniquement dans le cercle des institutions civiles, que naissent toutes les idées bienfaisantes.
Dans cette limite, tout est encore fondé sur le droit et sur
la morale, ou du moins aspire à l'être ; tout tend à un perfectionnement progressif, en s'appuyant toujours sur ces
deux bases, les seules vraies, les seules solides et fécondes
en résultats bienfaisants pour l'humanité. Mais ces bases,
toutes larges et universelles qu'elles soient, n'ont pu jusqu'à présent s'étendre hors des bornes de la société civile.
Les idées grandes et généreuses ne peuvent s'élancer au
delà sans retomber sur elles-mêmes : comme si une atmosphère plus étendue et plus éthérée n'était pas capable de
soutenir leur vol sublime, elles perdent leur essor dans la
zone immense qui comprend tous les États, toutes les sociétés, l'humanité tout entière.

Le croirait-on ; c'est dans cette haute région, qui devrait
être plus épurée, que l'égoïsme, contrarié et réprimé dans
le centre des institutions civiles, est allé établir sa rési-
dence pour y décider, libre de toute contrainte, des destinées du genre humain. Voilà l'idole que la diplomatie en-
cense ; elle ne consulte que ses oracles : elle sacrifie sur

ses autels des millions de victimes. On dirait que le prince
du mal, ne reconnaissant ni règle ni obligation quelconque, promène sur le monde diplomatique sa sauvage indépendance et ne se manifeste que par des actes intéressés
et arbitraires. Aussi les États, dans leurs mutuels rapports,
placent-ils la plénitude de leur souveraineté dans la faculté
d'être injustes et de nuire sans aucun contrôle. Il n'est
donc pas étonnant qu'aucun bienfait pour l'humanité ne
soit encore sorti des bureaux de la diplomatie. Il était
facile d'inférer que toutes les misères des peuples seraient
son ouvrage. Elle a dû arrêter constamment les progrès
d'un bonheur tranquille et inoffensif parmi les sociétés
humaines ; elle a dû faire jouer tous ses ressorts pour le
miner, pour le dénaturer et le détruire.

Une nation était-elle puissante et heureuse chez elle, le
génie diplomatique n'a pas manqué d'y faire éclore les
germes d'avidité et d'ambition qui ont troublé son repos
et l'ont conduite par la corruption à une perte inévitable.
Un peuple plus prudent et plus modeste borne-t-il ses désirs à maintenir la paix pour son perfectionnement intérieur ? la diplomatie s'est hâtée d'ameuter des voisins ambitieux qui ont conjuré sa perte, qui ont partagé ses
possessions et ont mis fin, par la violence, à son rêve de
bonheur.

C'est la diplomatie qui présente les vérités comme des
illusions, et qui paralyse les idées les plus saines en les
rangeant ironiquement parmi les utopies. C'est elle qui repousse toutes tentatives d'amélioration et qui accumule les
difficultés sur la voie droite ; et si l'Angleterre a pu arriver
à un degré éminent de prospérité intérieure, c'est que l'O-
céan l'isole et la rend moins vulnérable aux atteintes de la
diplomatie européenne.

Qui suscite les guerres injustes et sanglantes, si ce n'est cette diplomatie tortueuse qui voit, sans s'émouvoir, les iniquités les plus révoltantes? Spectatrice impassible des massacres et des destructions qui se passent sous ses yeux, elle continue froidement ses calculs, et s'étudie d'avance à profiter de ces résultats. Elle est plus funeste que la guerre qu'elle attise. L'esprit guerrier est capable de développer les plus nobles qualités; l'esprit diplomatique n'est qu'avidité, méfiance et envie.

Les troubles et les commotions, les guerres civiles, les proscriptions et tous les maux que les erreurs et les passions de la faible humanité font éprouver aux nations dans leur intérieur, ne seraient jamais sans remède, si la diplomatie ne prenait à tâche d'en tirer parti. Toute société, quelles que soient les imperfections ou les maux passagers qui l'affligent, renferme dans son sein les éléments nécessaires pour s'amender et se remettre en équilibre. Abandonnée à ses propres efforts, qui, il faut le dire, ne peuvent être remplacés par aucune intervention étrangère, elle finirait toujours par trouver une fin à son anarchie et des remèdes aux maux dont elle est travaillée. Peu à peu elle arriverait d'elle-même à l'ordre de choses qui lui convient le mieux; mais la diplomatie ne lui en donne pas le temps: elle ne sait pas respecter le malheur; son objet est de tirer avantage, en tout lieu et en tout temps, des vices et des faiblesses humaines.

Ce n'est pas que les tendances morales des hommes ne se soient fait sentir de temps à autre dans les relations extérieures des États; mais ce ne fut jamais pour y pousser des racines profondes. Les fruits qu'elles donnèrent tombèrent avant leur maturité, ou se flétrirent sur un sol qui leur était contraire. Aussitôt qu'elle fut rendue à sa pente naturelle, la diplomatie prit soin de détruire le peu de bien qu'elle avait laissé faire. On dira peut-être que la marche ascendante de la civilisation semble avoir amélioré certains rapports individuels entre les peuples répandus sur la surface de la terre ; mais doit-on en avoir obligation à la diplomatie, qui, jusqu'à présent, s'est constamment opposée aux progrès de l'humanité? Le bien s'est fait à son insu et par des causes qui lui étaient étrangères ; elle n'y a participé qu'après coup et pour ajouter ses formules à des résultats déjà obtenus.

Si nous consultons les fastes du monde, ils ne démentiront pas nos assertions. Nos lecteurs, en parcourant avec nous quelques traits que nous avons essayé de réunir sur l'histoire de la diplomatie, la verront souvent parvenir avec facilité à un haut degré d'habileté, mais très-rarement s'élever à quelques notions de justice. En se rappelant les événements des siècles passés et des temps présents, ils verront que nos inductions sont confirmées par les faits, et que la politique proprement dite, celle qui fixe les relations des États, a été, en général, l'ennemie acharnée du genre humain et la cause principale de ses malheurs.

CHAPITRE II

La diplomatie, telle que nous la voyons de nos jours, est une science moderne. Cependant, comme tant d'autres branches des connaissances humaines qui n'avaient pas même de nom avant le dix-huitième siècle, ses premiers rudiments s'aperçoivent à la naissance des sociétés, et méritent d'être observés. Dès qu'il y a eu plusieurs États séparés, soumis intérieurement à une forme de gouvernement, ils ont senti la nécessité de donner à leurs rapports extérieurs, bienveillants ou hostiles, le plus de stabilité et de netteté possible.

En temps de guerre, il fallait fixer le commencement des hostilités, leur durée, leur cessation : il fallait, en outre, contracter des alliances offensives et défensives.

En temps de paix, il fallait s'entendre sur la manière de communiquer et sur le mode d'échange des produits de chaque pays. Ce furent là les objets qui occupèrent la diplomatie primitive. — Les peuples anciens en s'abordant, pour fixer leurs rapports mutuels, employèrent les formes qui leur servaient pour statuer sur les transactions privées. Mais quand c'était la nation ou son gouvernement qui se trouvait partie contractante, ses transactions furent entourées d'un luxe, d'un déploiement de cérémonies, de formules religieuses et mystiques qui augmentaient la foi des traités et des promesses faites, en assuraient la fidèle exécution et en rendaient la violation moins facile.

En outre, comme les conventions privées étaient garanties, par la remise d'un titre écrit, aux parties intéressées, de même entre les nations les traités furent dressés en double expédition.

Ces documents, appelés plus tard *diplômes*[1], et réunis dans des dépôts séparés, furent considérés comme sacrés et confiés à la garde de hauts fonctionnaires spéciaux, d'augures et de grands prêtres, qui peuvent être regardés comme les premiers *diplomates*.

Le mot *diplôme*, qui donna lieu au nom que porte maintenant la science des intérêts internationaux, est d'origine grecque et pourrait faire croire que cette science ne prit naissance qu'en Grèce, et que c'est de là que nous en avons hérité.

Mais n'en est-il pas de même de toutes les autres sciences?

Nous avons pris aux Romains ce qu'ils avaient reçu des Grecs. Mais les Grecs eux-mêmes avaient reçu leur civilisation de peuples plus anciens, dont ils s'étaient approprié les sciences et les arts, en les soumettant à des règles qui leur ont imprimé une marche plus sûre, une action plus générale et un caractère indélébile. Les récents progrès de la philologie et de l'histoire nous ont fait découvrir les travaux accomplis par les peuples les plus reculés.

---

[1] Ce mot vient du grec δίπλωμα, dont la racine est δίπλόος, double. — En latin *diploma* se rend par *duplex locutio*. *Diplomus* par *duplicatus*. *Diplomatorius* par *duplicator*. Vid. Ducang., voc. *Diplomatorius*. Il est digne de remarque que la diplomatie ait retenu de son origine une certaine marche qui n'est rien moins que simple.

De là, pour ainsi dire, la puissance du classicisme, qui, après une longue suite de siècles de barbarie, a été assez fortement constitué pour reprendre le dessus et exercer une domination exclusive. Mais, après avoir épuisé toutes les formes de l'imitation classique, la civilisation européenne a senti le besoin de secouer le joug de l'antiquité grecque, pour étendre le domaine du beau et de l'utile en proportion de la sphère beaucoup plus vaste dans laquelle elle devait exercer son action. Alors de nouveaux points de vue se sont offerts de tous côtés. De grandes découvertes nous ont conduits à de véritables et fécondes inventions. Notre horizon s'est agrandi. Nous avons fréquenté des peuples appartenant à une autre civilisation, inférieure peut-être à la nôtre, mais bien plus ancienne.

En étudiant leurs langues, en fouillant dans leurs annales, nous avons acquis la conviction que ces mêmes peuples avaient jadis planté leurs colonies dans la Grèce, dont ils avaient civilisé les tribus encore sauvages, et que de ces colonies était sortie cette nation éminemment ingénieuse qui, sous le nom de Grecs, a colonisé et civilisé à son tour Rome et l'Europe.

Ces peuples, qui ont été les maîtres des Grecs, habitaient cette vaste région comprise entre la Méditerranée et la mer des Indes, et qui s'étend depuis l'Éthiopie jusqu'à la Chine. Les Grecs la désignaient d'une manière générale sous le nom d'Orient, sans lui donner des limites fixes et sans en connaître ni les bornes ni l'étendue. Nous avons aujourd'hui sur cette région des notions plus exactes, mais, sous les rapports historiques, nous devons conserver à ces peuples le nom générique d'Orientaux; et, puisqu'ils ont été les premiers colons de la Grèce, il ne peut être douteux que leur existence sociale n'ait été régularisée et affermie tant au dedans qu'au dehors : d'où il suit qu'il y a une diplomatie antérieure à celle de la Grèce, par laquelle nous devons commencer notre revue historique.

I

DIPLOMATIE DE L'ORIENT.

L'Orient est désigné par toutes les nations comme le berceau du genre humain. L'homme n'y est pas apparu, n'y a pas vécu dans cet état de nature sauvage qui se retrouve aux origines des autres nations de la terre. Guidées par des connaissances révélées, les familles, à mesure qu'elles se multipliaient, se constituaient en États sous le régime patriarcal. Les intérêts divers qui se manifestaient étaient réglés par les chefs de famille. Des pierres brutes s'élevaient pour marquer les limites. Les familles nomades se déplaçaient en observant certaines règles, et, en cas de contestation, on conférait en assemblée publique devant la porte des villes ou à l'entrée des camps, et les stipulations étaient garanties par des témoins.

Ces rapports justes et naturels s'altérèrent à mesure que le mouvement de l'état social conduisit les tribus à se fondre dans des nations plus ou moins nombreuses et puissantes. Le monarque usurpa le pouvoir du patriarche. Il se forma de grands empires qui, se trouvant en contact, eurent des relations plus ou moins intimes, plus ou moins disparates. A l'époque très-reculée où l'histoire nous montre ces grandes monarchies, nous voyons une égale préten-

tion dans tous les souverains à la domination universelle.
A travers tous les prétextes de la force et de l'ambition, on
remarque un principe de légitimité traditionnelle que chaque prétendant faisait valoir, et sur lequel roule, pour ainsi
dire, toute la diplomatie orientale.

Ce principe consistait en ce que, dans l'opinion des
peuples, fondée sur la tradition, l'autorité du patriarche
venait de Dieu ; qu'elle était pleine et entière, mais qu'elle
ne pouvait pas plus dévier de la justice que le pouvoir
divin dont elle émanait. Et c'est ce principe de la diplomatie orientale qui, évidemment, a donné lieu en Europe à
ce qu'on appelle le droit divin.— L'autorité du monarque
prétendait descendre de celle du patriarche et voulait
s'exercer avec la même plénitude. Le monarque apparais-
sait donc à ces peuples comme une image de la Divinité. Il
réunissait tous les pouvoirs : c'était un roi-pontife devant
lequel les peuples baissaient leur front durant sa vie, et
auquel on élevait des autels après sa mort. De là les titres
fastueux que prenaient les rois de l'Orient, et l'affectation
de n'avoir pas de nom propre, qui les aurait en quelque
sorte personnifiés, et qui aurait confondu avec les hommes
celui qui prétendait être Dieu, et qui ne voulait être qua-
lifié, comme la Divinité, que par des attributs. Ces hautes
prétentions étaient les mêmes chez tous les maîtres des
célestes empires. Chacun d'eux se disait le *roi des rois*, et
ce n'était pas seulement un vain titre, mais bien une dignité réelle et non contestée dans toute l'étendue de l'empire.

En effet, telle était, à l'origine, l'organisation sociale
dans tout l'Orient, que chaque fraction patriarcale avait
formé un royaume, et que tous ces royaumes étaient enclavés dans un seul empire plus ou moins vaste et puissant.

Le chef de cet empire était donc le roi des rois; sa puissance ne s'exerçait point par voie immédiate, mais à peu près dans les rapports qui ont existé chez nous entre le suzerain et les grands vassaux. Tout se bornait à reconnaître la suprématie, à offrir des dons annuels qui tenaient lieu d'impôts, à soumettre toute grave discussion à l'arbitrage du chef suprême. Le roi des rois était l'unité à laquelle se rapportaient le culte, la législation, le gouvernement, le langage, les usages, enfin tous les éléments de l'état social dans les différents royaumes qui formaient comme les provinces d'un seul empire.

Mais cette organisation n'était pas unique dans tout l'Orient. Elle se reproduisait dans chaque empire avec les mêmes circonstances et les mêmes caractères. Dès les temps les plus reculés nous trouvons en Chine le *Fils du Ciel*, dans l'Inde le *Maharadja* ou grand roi, dans la Tartarie le *Kakaan* ou grand khan, dans la Perse le *Padischah* ou grand roi, dans l'Assyrie le *Nabah-neb* ou roi des rois, dans l'Égypte le *Pharaon* ou roi suprême. Tous ces monarques étaient naturellement ennemis. Les sujets de l'un traitaient d'hérétiques et d'infidèles les sujets des autres. Les relations étaient nécessairement hostiles, et toute la politique extérieure devait tendre à profiter de toutes les circonstances et à user de tous les prétextes pour fondre plusieurs empires dans un seul.

Cependant la nature avait posé certaines limites qui ne pouvaient être franchies que dans des cas extraordinaires, et, hors de là, des intérêts communs obligeaient les empires à entretenir des relations, soit pour le commerce des sujets, soit pour les alliances des souverains. Ces rapports exigeaient des stipulations, et par conséquent une diplomatie.

L'histoire des Orientaux nous donne à ce sujet d'assez grands éclaircissements. D'un côté, nous voyons les rois vassaux entretenir entre eux des relations intimes. En temps de guerre, ils se fortifient par des alliances et tentent même, par des confédérations, de secouer l'autorité du grand roi. En temps de paix, ils s'adressent des ambassades et se visitent même en personne pour faire assaut d'esprit et de générosité. Un même genre de rapports s'établit entre les rois des rois. Vivent-ils en bonne intelligence, ils éprouvent le besoin de se donner mutuellement une haute idée de leur puissance. De magnifiques ambassades vont étaler tout le faste asiatique dans les résidences royales. Celui qui les envoie n'a d'autre motif que d'éblouir ; celui qui les reçoit affecte de les considérer comme un hommage d'autant plus humble qu'il est plus éclatant. Se croient-ils les plus forts, ils députent de simples officiers qui, à peine sortis des frontières, demandent impérieusement à toutes les villes qu'ils rencontrent sur leur passage le feu et l'eau, c'est-à-dire la soumission et l'obéissance passive. Enfin la guerre est-elle déclarée, des armées innombrables s'avancent ; les villes qui ouvrent leurs portes payent des contributions, mais restent ce qu'elles étaient. Celles qui résistent sont rasées et leurs habitants exterminés ou réduits en esclavage. Si cette expédition guerrière traîne au delà d'une campagne, on ouvre ordinairement l'oreille à des propositions de paix. Le traité se conclut aussi brusquement que la guerre a été faite. Les questions sont simples ; elles sont résolues nettement, et, en général, on exécute loyalement le traité, à moins qu'il ne survienne dans la suite quelque nouvel incident qui n'a pas été prévu et qui met de nouveau les armes à la main. C'est sur les prétentions à la monarchie universelle que roulent tous les événements politiques de l'Orient. La diplomatie est renfermée dans ce cercle.

La Chine et l'Inde, par l'effet de leur position, s'isolent de notre scène politique; l'une, en luttant sans cesse contre les hordes barbares de la Tartarie, les initie à sa civilisation pendant longtemps ignorée des autres peuples; l'autre, au sein de l'abondance et d'une constante paix, se laisse dominer par le corps sacerdotal et devient stationnaire, lorsqu'elle allait atteindre à la plus haute prospérité. L'Égypte a rêvé un moment la monarchie universelle. Ninive et Babylone l'ont exercée tour à tour. Les Mèdes croyaient en hériter; elle leur est enlevée par les Perses.

A travers toutes ces agitations politiques, la civilisation de l'Asie était passée dans la Grèce, et la civilisation grecque préludait à celle de l'Europe. Les relations durent s'établir entre le grand roi et les républiques grecques. La diplomatie orientale ne pouvait manquer d'être modifiée. Jusque-là elle avait conservé la simplicité patriarcale. Impérieuse quand elle croyait pouvoir commander, suppliante quand elle reconnaissait sa faiblesse, elle n'eut jamais recours à l'astuce ni à de subtiles interprétations. Dans les écarts de l'ambition, elle se croyait encore fondée: car, en demandant la soumission pure et simple, elle ramenait à l'unité primitive et traditionnelle. C'était son principe; elle y puisait tous ses titres et la raison de tous ses actes. Elle n'avait rien d'obscur, rien de secret. Ce qu'elle stipulait, elle l'observait religieusement. A la moindre tentative de violation, les peuples pouvaient réclamer directement à la cour. Les archives étaient consultées; tous les actes émanés du grand roi, ou contractés en son nom, y étaient soigneusement conservés. Si la réclamation était juste, on y faisait droit sans aucun délai et quelles que fussent d'ailleurs les oppositions intéressées. Les livres d'Esther, de Néhémie et d'Esdras en offrent de nombreux exemples. Cette rectitude a souffert depuis quelque altération et ne se trouve plus : où faut-il en chercher la cause?

Ces considérations suffisent pour faire voir que la diplomatie des Orientaux, qui a précédé celle de tous les autres peuples, a été conforme à son principe et à sa destination ; elle a réglé les intérêts des États, comme la justice réglait les intérêts des particuliers. Il n'y a pas eu de distinction entre le droit civil et le droit des gens ; la loi naturelle a régi l'un et l'autre. La diplomatie a constamment suivi une ligne droite ; elle s'est appuyée sur des principes religieux et traditionnels. La bonne foi a présidé à ses actes, et jamais elle n'a fourni au plus fort des armes contre le plus faible. Loin de là, les peuples vaincus, les nations réduites en servitude, ont eu recours à elle pour se faire restituer ce qui leur avait été laissé par le vainqueur, et jamais ce recours n'a été vainement réclamé.

Il ne peut être indifférent à la matière que nous traitons de reconnaître et de constater ces caractères originels de la diplomatie. Nous les verrons s'effacer dans la suite ; mais nous les verrons aussi se reproduire au berceau de toutes les nations, qui ont grandi quand elles y sont restées fidèles, et qui ont décliné quand elles s'en sont écartées.

II

DIPLOMATIE DE LA GRÈCE.

Les Grecs eurent en diplomatie, comme en beaucoup d'autres choses, des inspirations de génie et de magnanimité qui leur firent dépasser, dès leur début, tous les peuples qui leur ont succédé. Ils laissèrent après eux des conceptions et des exemples que ces derniers n'ont jamais pu atteindre ni imiter. Le conseil des Amphictyons ; la confédération qui arrêta la puissance du grand roi ; le généreux dévouement de plusieurs États pour la défense commune ; cette décision à jamais mémorable qui rejeta la plus utile proposition, uniquement parce qu'elle était injuste ; le traité où Syracuse, après une guerre heureuse, imposa, comme condition première, aux Carthaginois, l'abolition des sacrifices humains : unique exemple, jusqu'à des temps peu éloignés de nous, d'une stipulation diplomatique n'ayant d'autre motif que le bien de l'humanité !... Voilà certes en diplomatie des titres à une illustration qu'aucun autre peuple n'a encore dépassée.

Cependant ces germes ne produisirent point leurs fruits : ce ne furent que des météores éclatants qui brillèrent un instant sur cette contrée si riche en héroïsme.

Aussitôt que les Grecs eurent écarté le danger, le démon de la diplomatie s'empara de leurs conseils ; délivrés de la crainte du grand roi, ils crurent former un monde séparé, et, dans l'orbite de ce monde, les villes libres de la Grèce se livrèrent à toutes les combinaisons que le désir de dominer, la passion d'acquérir, les défiances et les haines qui en sont la suite, peuvent faire naître entre des peuples qui s'étaient déjà lancés avec une si grande impétuosité dans la carrière de la civilisation. Alliances patentes, trames secrètes, traités rompus, manque de foi pallié par des prétextes de bien public, négociations subtiles, changements subits de système, on retrouve dans l'histoire des républiques de la Grèce tout ce que la diplomatie moderne nous a présenté sur une scène plus étendue : on y retrouve jusqu'au fameux principe de l'équilibre, que l'Europe a regardé longtemps comme son ancre de salut.

Athènes et Sparte firent valoir, chacune à son tour, la trop grande puissance de sa rivale, et la nécessité de la réduire pour maintenir l'indépendance du reste de la Grèce ; chacune devint successivement l'appui des États faibles. Thèbes s'éleva un moment à leur hauteur et apparut comme un modérateur qui, portant son poids d'un côté ou de l'autre, semblait devoir maintenir en équilibre la balance politique. Plusieurs autres États du second ordre jouèrent un rôle plus ou moins brillant dans ces différentes transactions, dont le récit varié attache et intéresse singulièrement.

Ce tableau, il faut l'avouer, présente tant de mouvement ; les individus y déploient tant d'habileté, les peuples tant d'énergie, que, malgré la petitesse du théâtre, dont nous avons lieu d'être étonnés aujourd'hui, tout y paraît grand et imposant. Les hommes d'alors et les choses qu'ils font semblent étendre et agrandir la scène. L'histoire de la Grèce produit l'effet d'un phénomène d'optique ; il faut dire aussi que nous nous prêtons à cette illusion par l'intérêt que nous inspire la Grèce à son époque de vertu et d'union. Nous sentons à quel haut degré de prospérité elle aurait pu parvenir si elle avait persévéré dans la même route. Ses fautes, ses revers, nous semblent d'une immense importance, en les comparant à la masse probable de gloire et de félicité dont elle s'est volontairement privée.

Tandis que les Grecs consumaient tant d'énergie et de talent pour s'agiter sur eux-mêmes et s'entre-détruire, ils perdaient de vue les dangers qui pouvaient leur survenir en dehors de leur petit monde. Ils oublièrent qu'ils n'avaient été capables d'efforts surnaturels, qu'ils n'étaient parvenus à leur apogée de puissance et de grandeur qu'à l'époque où des sentiments plus justes et plus généreux, présidant à leur diplomatie, avaient imposé silence aux passions haineuses que développe l'intérêt personnel lorsqu'il est seul écouté.

Les Grecs reçurent du sort des avertissements qui auraient dû les corriger, avant que leurs fautes les eussent jetés dans une suite de maux irrémédiables. Les circonstances les favorisèrent longtemps, mais les Perses, qu'ils avaient vaincus par leur courage héroïque, les domptèrent par une diplomatie astucieuse, dont les Grecs eux-mêmes leur avaient donné l'exemple et tracé la marche. Ils surent répandre l'or à propos pour corrompre, pour désunir et pour empêcher qu'aucun des États qui se disputaient la prépondérance dans les assemblées de la Grèce n'y acquît une supériorité qui pût lui permettre de concentrer les forces isolées et les diriger vers un but commun.

La guerre du Péloponèse avait affaibli la puissance des Grecs au dehors. Les grandes pertes qu'ils s'infligèrent réciproquement les mirent hors d'état de défendre l'indépendance de leurs riches colonies de l'Asie Mineure. Cette indépendance avait été obtenue avec de brillants résultats par les Athéniens et les Spartiates dans le temps de leur prospérité rivale. Elle ne pouvait être consolidée que par le concours et l'union de toute la Grèce.

Ce système, aussi juste que prévoyant, qui devait lier à jamais les colonies à la mère patrie et former, avec le temps, une union générale entre les établissements des Grecs dans tous les pays où leur activité entreprenante les aurait portés; ce système, dis-je, suivi avec sagesse et persévérance, aurait acquis à la Grèce une puissance égale à sa renommée, et aurait changé tous les événements qui se développèrent bientôt après : car les rois de Macédoine n'auraient jamais été en mesure d'attenter à l'indépendance de la Grèce, ni de poursuivre, sous le prétexte de vindicte nationale, leurs desseins ambitieux.

L'habileté des satrapes de l'Asie Mineure surpassa bientôt celle des Grecs, de qui ils avaient pris des leçons. En usant de toutes les ressources de la nouvelle diplomatie pour prolonger l'aveuglement et l'épuisement des États de la Grèce, et en parvenant ainsi à ramener sous la dépendance du grand roi les plus importantes colonies grecques, ils ne travaillèrent pas, comme ils le pensaient, à la durée et à la consolidation de l'empire perse; car ces succès diplomatiques entrèrent pour beaucoup dans les causes qui suscitèrent le conquérant destiné à imposer le même joug aux Grecs et aux Perses, le même qui brûla Persépolis dans un accès de gaieté, comme il avait rasé Thèbes dans un accès de colère.

En fait, les actes glorieux de la diplomatie des Grecs doivent être attribués à leur esprit national. Tous ces États, plus tard si acharnés les uns contre les autres, ne formèrent d'abord qu'une Grèce, qu'un seul peuple lié par des mœurs et des institutions semblables, par un même langage, par les mêmes souvenirs et par les chefs-d'œuvre d'un génie dont ils ressentaient tous les inspirations. Cela explique ce noble dévouement des États à la cause générale, mais diminue le mérite de leur concorde momentanée et augmente le tort qu'ils se sont fait par leurs dissensions.

Lorsque Aristide répondait noblement aux promesses et aux menaces de Xerxès; lorsqu'il déclarait aux ambassadeurs de ce prince, au nom de ses concitoyens, que « les acquisitions les plus importantes et tous les trésors du grand roi n'étaient pas capables d'ébranler l'attachement inaltérable d'Athènes à la cause de la Grèce ; et que, dussent-ils tout perdre et périr jusqu'au dernier, encore le dernier des Athéniens qui survivrait ne ferait pas de paix séparée avec les barbares; » cette réponse magnanime était dictée par un franc patriotisme, par un sentiment héroïque pour l'indépendance de la Grèce tout entière, et non certes par un calcul diplomatique.

Mais, lorsque Philippe de Macédoine se fit le champion hypocrite du temple de Delphes et l'exécuteur des décrets du conseil des Amphictyons; lorsqu'il invoqua la sainteté des autels et la liberté des peuples pour attiser leurs dissensions, pour les corrompre et détruire leur bonheur avec leur indépendance; alors ce fut le triomphe de la diplomatie. Philippe fut peut-être le pius habile diplomate qui ait existé. Personne ne sut mieux cacher ses desseins ambitieux ni les développer avec plus de ruse et de circonspection. Personne ne fut plus patient quand il fallait attendre, et plus prompt quand il fallait agir. Nul ne sut mieux employer tour à tour la corruption et la violence. A tous ces talents vraiment diplomatiques il joignit celui de savoir toujours se modérer dans le succès; il laissait ordinairement à ses ennemis une issue pour qu'ils pussent s'avilir, plutôt que de les pousser à une fin honorable : ce qui l'aurait exposé lui-même aux chances d'une défense désespérée.

Si le savoir faire et les maximes de Philippe peuvent être regardés comme des modèles en diplomatie intéressée et envahissante, les grands talents de l'homme, qui seul lui résista et consacra tous ses efforts à arrêter ses progrès, sont, à notre avis, bien plus surprenants et bien autrement glorieux : car, outre Philippe, il avait à lutter contre des obstacles renaissants qui n'entravaient pas la marche du roi de Marcédoine.

La lutte de Philippe et de Démosthènes est un cours complet de diplomatie. Chacun, selon ses sentiments, y trouvera de quoi s'exalter, ou pour la politique la plus astucieuse, ou pour la défense la plus légitime.

La bonne cause eut le dessous; ce fut presque toujours son sort; et nous ne sommes guère accoutumés à voir que les intérêts de la justice et de l'humanité soient consultés dans le dénoûment des grandes scènes politiques où la diplomatie seule joue les destinées des nations.

Dans les admirables harangues de l'orateur athénien, l'on rencontre partout des analogies avec tout ce qui s'est passé à tant d'autres époques de l'histoire, et surtout dans les événements des deux derniers siècles. Cependant son éloquence irrésistible, l'évidence des faits et leurs suites inévitables qu'il signalait aux États de la Grèce, ne parvinrent pas à les réunir et à leur faire abandonner les pensées d'intérêt local, de jalousie et d'inimitié qui les dominaient et les entraînaient à leur perte. La verge même du malheur, l'expérience mille fois répétée des mêmes maux, ne furent pas capables plus tard d'enseigner aux Grecs une politique plus juste et même plus habile, sans laquelle leur union, seul espoir de salut, devenait impossible.

Les successeurs d'Alexandre, en régnant sur les provinces conquises sur la Perse, au lieu de s'en tenir au système d'union qui aurait pu décupler leurs forces, adoptèrent cette diplomatie désorganisatrice, dans laquelle les satrapes s'étaient si vainement exercés, et ils poussèrent encore plus loin les conséquences de ses faux principes. Elle n'avait été qu'astucieuse; ils la rendirent cruelle; le meurtre et le poison hâtèrent ce que le mensonge et la mauvaise foi avaient préparé; et, tandis que dans l'Orient l'état social marchait ainsi rapidement vers la corruption, la Grèce, qui conservait encore une ombre de liberté, se laissa déchirer par l'inimitié aveugle et obstinée des Étoliens. de l'Achaïe et de Sparte, qui la fit passer enfin sous le joug des Romains.

III

DIPLOMATIE DE ROME.

L'un des plus grands écrivains du siècle passé a tracé de main de maitre le tableau de la diplomatie du sénat de Rome. Sans contredit, jamais il n'en exista de plus haute en prévoyance et en habileté. Ce n'est plus un roi puissant, doué de talents supérieurs, qui, pendant sa vie, s'élève au-dessus de ses égaux, et surmonte, tant qu'il existe, les obstacles qu'on prétend lui opposer. C'est une doctrine de profonde sagesse et d'énergie infatigable, conservée et mise en pratique par une assemblée délibérante, dont les membres se sont renouvelés pendant une longue suite de siècles.

Montesquieu, en dépeignant l'habileté de la diplomatie des Romains, a fait trop bien ressortir son atrocité pour que nous ayons besoin d'insister sur ce sujet. Mais je ne sais si ce grand publiciste a été entièrement juste envers eux, et s'il a suffisamment su distinguer les époques. Il y en a eu d'honorables avant que la diplomatie devint un tissu d'injustices et de perfidies; et je doute que l'on doive attribuer au crime seul des succès aussi longs, aussi continuels, aussi éclatants.

L'on ne saurait disconvenir que les Romains aient montré pendant longtemps une équité sévère et une grandeur d'âme patriotique qui n'ont pas toujours été simulées. Ces éléments, qu'on ne retrouve au même degré dans la conduite politique d'aucun autre grand État, furent la cause première et véritable qui éleva Rome république au-dessus de tous les empires. Ce caractère propre à sa diplomatie, qui la distingue de la marche suivie par d'autres conquérants et dominateurs de la terre, se trouve dans le système qu'elle adopta envers ses alliés; système plus équitable qu'on ne l'imagine au premier aspect, et plus généreux qu'on ne devrait s'y attendre de la part d'un État parvenu plus tard à une grandeur aussi démesurée.

Dès les premiers pas de Rome dans sa longue carrière de gloire, nous la voyons chercher à s'attacher les peuples qui l'entourent par des liens d'intérêt commun. Déjà, sous ses rois, Rome fut à la tête d'une ligue italique. La conduite des Tarquins dut avoir mérité, de la part de leurs confédérés, des sentiments de dévouement sincère, puisqu'ils firent de si grands efforts pour rétablir ces princes dans la ville qui les avait chassés.

La république, circonscrite d'abord dans l'enceinte des murs de la ville, suivit la même conduite et recommença à

grouper autour de soi des États amis. Rome, pendant longtemps, n'augmenta pas son territoire, mais s'entoura
d'alliés (*socii*) qu'elle associa à sa grandeur. Des ennemis
vaincus devinrent ses alliés et non ses sujets. Les Romains
ne songèrent pas à leur imposer leurs lois, leurs mœurs,
leur gouvernement. Ils leur laissèrent l'entière jouissance
de leur nationalité, de leur langage, de leurs coutumes
et de leur régime intérieur; et souvent ils ne conquirent les
provinces que pour les rendre à la liberté et s'en faire des
alliés.

> Parcere subjectis et debellare superbos.

Le but de la politique de Rome république fut longtemps,
non pas, comme on l'a prétendu, d'asservir le monde, mais
de se placer à la tête d'une confédération dont les membres, tout en conservant leur position d'États distincts et
indépendants, n'auraient eu d'autre intérêt et d'autre politique extérieure que celle de Rome. C'était un système
d'alliance offensive et défensive, dont, avec le temps, elle
se réserva la direction; et ses exigences, sous ce rapport,
s'accrurent avec ses succès.

Pour arriver à ce résultat et pour le maintenir, Rome
fut aussi fidèle à ses amis que terrible à ses ennemis. Elle
prit souvent la défense des faibles et des opprimés; et, au
prix des plus grands sacrifices, au risque des plus grands
dangers, elle n'abandonna jamais ceux qui s'étaient confiés
en elle. Rome république, jusqu'à une époque assez tar-
dive, eut donc des citoyens, des colonies, des compagnons,
des alliés, mais n'eut point de sujets[1].

---

[1] Les habitants lâches et corrompus de Capoue furent ses premiers sujets.

Quand les Romains désespéraient de s'attacher une cité ennemie par les liens d'une alliance sincère, ils la détruisaient de fond en comble, persuadés, par leurs propres sentiments, que le lien de sujétion d'un peuple à un autre était contre nature, et qu'une destruction complète était préférable, même pour des vaincus.

Rome eut de véritables amis, qui lui restèrent fidèles et dévoués dans ses plus grands malheurs. Ce seul fait est la meilleure preuve à donner que la part de justice et de générosité que nous croyons apercevoir dans sa politique s'y trouvait effectivement.

Les peuples d'Italie ne se réunirent pas aux Gaulois pour l'anéantir, quand elle n'existait plus que sur la roche du Capitole. Rien n'eût été plus facile alors; le contraire arriva. Plusieurs peuples alliés des Romains, entre autres les Venettes, sauvèrent la république par une diversion puissante. Quand un gouvernement sait se donner des amis tels que Sagonte et Marseille, il faut qu'il y ait dans sa politique quelque chose de plus que le seul intérêt personnel. Sa puissance ne fut pas l'effet passager de quelques grands succès, mais le résultat de cinq à six siècles d'une conduite toujours uniforme, toujours soutenue, dans laquelle, quoi qu'on en dise, la justice, la grandeur d'âme et le respect pour les droits d'autrui eurent longtemps la plus grande influence [1].

---

[1] La sévérité des Romains envers la légion qui s'était emparée de Régium; leurs hésitations à accepter les offres des Mammertins; leur délicatesse à ne pas soutenir les stipendiaires de Carthage qui s'étaient révoltés contre elle; leur fidélité à remplir les conditions du traité avec cette ville rivale; leur sécurité et leur modération jusqu'à la prise de Sagonte par Hannibal, sont autant de traits, parmi beaucoup d'autres, qui font honneur à leur diplomatie.

« Il fut de la perfidie des Carthaginois de violer le droit des gens; il est de la probité des Romains de le respecter, même à l'égard des perfides. »

S'ils n'avaient été qu'envahisseurs, s'ils avaient heurté tous les intérêts, tous les principes d'équité, ils n'auraient pu, à coup sûr, résister pendant des siècles à des attaques redoublées. A la longue, ils auraient été entamés et accablés, non-seulement par leurs puissants et habiles rivaux du dehors de l'Italie, mais aussi par les peuples de la Péninsule, qui avaient les mêmes armes et la même énergie. Dans leur carrière aventureuse, ils ont été évidemment soutenus par ceux dont ils avaient respecté les droits et qui trouvaient leur avantage à ne pas les abandonner [1]. Tite-Live met dans la bouche du premier Scipion l'Africain un discours qui renferme le tableau de la politique de Rome républicaine, sans doute flatté et embelli par la plume du prince des historiens, mais qui n'est pas sans vérité pour les traits principaux qu'il renferme.

Nous aurions encore plusieurs considérations à présenter qui seraient propres à absoudre les Romains d'une partie des accusations que la postérité leur a adressées.

La guerre était la vie de ces temps-là. Il était impossible que les petits États de l'Italie, dans la rudesse de leurs mœurs, se contentassent d'une existence paisible. L'on ne doit donc pas rejeter sur Rome seule les guerres continuelles qu'elle soutint. Quand elle ne prenait pas l'offen-

répondit Régulus, quand on l'engageait à venger sur l'amiral carthaginois Hannon, qui s'était présenté comme envoyé de Carthage, l'atroce perfidie commise sur un consul romain et sur les commandants de ses galères massacrés traîtreusement par les Carthaginois, dans une conférence à laquelle ils avaient été invités. Le premier Africain usa de la même modération; et, au lieu de venger ses outrages sur des ambassadeurs carthaginois tombés entre ses mains, il ordonna qu'on ne leur fît rien *qui fût indigne des principes du peuple romain et des siens.*

[1] Hannibal ne retira aucun fruit de ses victoires, parce qu'il ne trouva pas de soutiens parmi les peuples italiques. Les Gaulois seuls et les colonies grecques se réunirent à lui en partie, et ne firent que de faibles efforts.

sive, elle était sûre d'être attaquée. Les peuples de l'Italie, proprement dite, se trouvaient, au milieu de leurs montagnes et de leurs cités, dans un état d'hostilité journalière: on se battait sans cesse à la vue de ses foyers et sous les murs de sa patrie. Pour sortir de cet état de guerre intestine, sans fin, destructive pour chaque peuple, et dangereuse pour tous, à l'apparition du premier ennemi formidable du dehors, il n'y avait pas d'autre moyen que de former une confédération telle que les Romains l'imaginèrent, et qui fut longtemps le seul but de leur politique.

Rome, par l'extrême rigidité de ses lois, par la sévère intégrité et les mœurs guerrières de ses habitants, gagna un ascendant marqué sur les États qui touchaient à son territoire. Longtemps elle ne fut que le centre d'union des peuples italiques, qui, ayant la même origine, à peu près la même langue et les mêmes coutumes, étaient faits pour se lier ensemble.

Si les anciens avaient connu les principes perfectionnés du gouvernement fédératif, où le droit de souveraineté de chaque État est si bien combiné avec leur égale participation à un gouvernement central, fort et énergique, l'on pourrait reprocher aux Romains de n'avoir pas voulu les appliquer à leur système de confédération. Mais l'organisme d'un tel gouvernement et la théorie représentative, sans laquelle il ne peut se soutenir, deux immenses perfectionnements qui ont complétement changé les probabilités de la prospérité et de la durée des États, étaient entièrement hors des idées et des mœurs anciennes; de sorte qu'on ne saurait s'en prendre aux Romains s'ils n'ont pas aperçu deux grandes améliorations qui n'ont été introduites dans l'état social que plus de vingt siècles après eux.

Nous oserions donc affirmer, qu'en ayant égard à la portée des idées de l'époque, les Romains ont fait pendant longtemps en Diplomatie, sinon ce qu'il y a de mieux, du moins ce qui devait paraître alors le plus sage et le plus juste.

D'ailleurs, l'on doit reconnaître que les guerres dans lesquelles les Romains acquirent le plus de puissance furent celles où ils coururent aux armes pour repousser les agressions injustes et non provoquées de Pyrrhus et d'Hannibal. La Macédoine, en voulant s'unir à ce dernier, au moment des plus grands revers des Romains, les attira en Grèce sans pouvoir trop leur reprocher l'injustice de leur invasion.

Je le répète, Montesquieu ne semble pas avoir distingué les époques. « Rome, dit-il, ne se conduisait pas par le sentiment des biens et des maux; elle ne se déterminait que par sa gloire. » Or, la gloire est, de tous les intérêts, celui qui laisse le plus de chances à l'équité et à la vertu. Une Diplomatie qui se laisse entraîner par l'amour de la gloire peut encore conserver son caractère primitif et ne pas trop dévier de ses vrais principes. Plus loin, Montesquieu compare Rome à un chevalier errant qui s'en va partout prendre le parti du plus faible. Il est assez curieux que cette qualification, que nous trouvons maintenant si ridicule, et que nos ministres redoutent si fort, soit précisément celle qui dépeint le mieux l'un des traits caractéristiques de cette politique, au moyen de laquelle Rome acquit une si grande puissance. C'était en effet une vieille coutume, chez les Romains, de ne refuser jamais leur secours à quiconque venait l'implorer.

Il me semble tout à fait contraire au cours naturel des choses de supposer que des idées aussi nobles aient été le résultat d'un froid calcul, d'un système forgé dès le commencement de la République, dans l'unique but d'asservir un jour tous les peuples de l'univers. Des sentiments et des doctrines de ce genre ne se jouent pas pendant des siècles; un système de dissimulation aussi profonde, aussi rusée, ne saurait être la création d'un peuple simple et grossier comme étaient les premiers Romains. Ils furent renommés pour l'intégrité de leur caractère, pour la fidélité qu'ils mettaient à garder leurs promesses. C'est un témoignage que leur rendaient même leurs ennemis. La sévérité de leurs mœurs, l'énergie de leur caractère, un air de grandeur qui se mêlait à toutes leurs actions, influèrent jusque sur leur diplomatie et donnèrent lieu à ces longs succès qui n'ont pas de second exemple dans l'histoire.

Lorsque nous voyons d'autres conquérants n'apparaître qu'un moment sur la scène du monde, et fonder des empires qui s'écroulent sous leur propre poids, ce n'est pas qu'ils aient eu moins de ruse et de savoir faire que les Romains; mais c'est que l'élément de justice et de grandeur qui avait fait la force de la Diplomatie romaine leur manquait totalement.

Attachons-nous donc à distinguer les époques. Longtemps les sentiments magnanimes que les Romains proclamaient, et *qui les firent recevoir en Espagne et en Grèce comme des libérateurs* [1], furent vrais et sincères. *Quand ils ne prenaient rien pour eux-mêmes après la victoire; qu'ils laissaient les vaincus libres et ne demandaient que leur alliance* [2]: lorsque dans les traités conclus avec leurs voisins, on ne trouve pas *un seul mot qui puisse faire soupçonner le désir de domination* [3]: ce n'est pas une ruse qui aurait duré sept siècles;

---

[1] Montesquieu, *Grandeur et Décadence des Romains*, pag. 27.
[2] *Ib.*, pag. 59.
[3] *Ib.*, pag. 77.

mais ce fut d'abord une inspiration franche des sentiments
dont leurs institutions et leur régime intérieur les avait
pénétrés, et qu'ils appliquaient avec une égale force de logique et de persévérance à leurs relations extérieures. La
continuité des succès fit voir aux sénateurs de Rome combien ces nobles sentiments et la manière d'agir qui en est
la suite donnaient de crédit et de puissance à leur politique. Au bout de quelque temps, d'inspirés et de sincères
qu'ils étaient, ces sentiment devinrent un système, et, plus
tard, un jeu, un froid calcul, dont ils se servirent pour
cacher leur ambition et pour mieux assouvir la soif de domination que leurs victoires rendaient de plus en plus insatiable.

La Diplomatie, après avoir été jusqu'à un certain point
influencée par des sentiments et des principes qui partaient
d'un source généreuse et naturelle, reprit alors sa propre
pente ; et, sous le masque des mêmes sentiments, dont une
expérience séculaire avait enseigné l'efficacité, elle devint
plus assurée que jamais dans ses combinaisons, plus inexorable et plus atroce sous une apparence de vertu.

Les Romains auraient dû rester toujours chefs de la
confédération italique, et se borner à consolider et à perfectionner ce système d'union et de force. Ils auraient pu
alors conserver leur puissance avec leur liberté, et se constituer, non-seulement les arbitres, mais encore les bienfaiteurs du monde connu. Mais leur diplomatie, en déviant
de ses vrais principes, à une certaine époque de leur
histoire, les changea en conquérants avides, et les exposa,
au sein de la victoire, à tous les maux qu'un pouvoir dé-
réglé et une corruption complète pouvaient amasser sur
les nations de la terre.

Ce funeste changement, qui se préparait de loin, se manifesta peu après la seconde guerre punique. Jusque-là les guerres de la République avaient été, ou simplement défensives, ou entreprises par des motifs qui avaient souvent un grand fonds de justice. Depuis lors, les choses les plus futiles devinrent des prétextes pour tirer l'épée, dans le but unique d'asservir les peuples et les rois, et d'augmenter le nombre des provinces à distribuer aux proconsuls qui allaient s'y enrichir.

Rome brilla encore, mais pour la dernière fois, de l'éclat pur de sa véritable grandeur, à l'époque où elle rendit la liberté à la Grèce. Ce fut le dernier acte de sa politique magnanime.

Fut-il un spectacle plus sublime que Rome victorieuse et fidèle aux principes de justice qui l'avaient guidée jusque-là, rendant un solennel hommage aux souvenirs qu'avaient laissés les beaux jours de la Grèce, et jouissant de la gloire sans pareille d'être la libératrice de cette terre classique de la liberté? Ce n'est pas à la tête de son armée que le vainqueur du roi de Macédoine se montre digne de notre admiration ; mais c'est lorsqu'il proclame l'indépendance des États de la Grèce, lorsqu'il reçoit les élans de leur reconnaissance, lorsque, tout vainqueur qu'il est, il s'efforce de mériter les suffrages des populations réunies aux Jeux olympiques, et qu'il ne peut s'empêcher d'envier au vertueux Philopœmen que les regards des Grecs se tournent aussi vers lui ; lorsque, enfin, les larmes aux yeux, il conjure les Grecs, en prenant congé d'eux et en évacuant toutes leurs places fortes, de se conduire avec sagesse et de garder précieusement la liberté qui leur était rendue. Rien de diplomatique ne transpire dans cette noble et généreuse conduite.

En lisant avec attention et sans partialité les auteurs qui

ont traité de cette époque, l'une des plus brillantes de l'histoire de tous les temps, l'on ne peut se refuser, malgré l'opinion contraire de l'illustre auteur de l'*Esprit des lois*, à la conviction intime que ce fut avec un cœur droit que le consul Flaminius proclama la liberté de la Grèce. On voit qu'aussitôt après il s'occupa, avec le plus généreux dévouement, de consolider son ouvrage. Ses immenses concessions furent solennellement confirmées par le sénat et observées avec un respect religieux. Ainsi, il n'aurait tenu qu'aux Grecs de conserver encore longtemps, par leur modération et leur concorde, l'indépendance qui venait de leur être franchement rendue, mais dont malheureusement ils n'étaient plus capables de jouir.

Il semble que la Providence, pour une fin universelle, eût décidé d'aplanir partout les obstacles devant les Romains, et de leur préparer, à chaque nouveau succès, des tentations nouvelles, toujours plus aisées à satisfaire et plus difficiles à vaincre, afin de les entraîner irrésistiblement à la conquête de l'univers. Leurs entreprises finissent par ne plus présenter aucune chance. Les peuples et les rois se placent d'eux-mêmes sous leur joug. Des prétextes plus que plausibles naissent de toutes parts pour motiver leurs envahissements. Il ne reste enfin dans le monde aucune force qui soit capable d'arrêter l'essor, aucune nation qui sache par ses mœurs maintenir son indépendance, aucun prince qui ne soit méprisable par sa lâcheté ou odieux par ses crimes.

Est-il surprenant que, parvenus par la vertu au plus haut degré de puissance, les Romains soient déchus, par la corruption, plus vite qu'ils n'étaient montés? Cette révolution ne fut pas brusque; elle fut amenée et accomplie successivement. Les vertus de Rome avaient déjà baissé, que leur impulsion subsistait encore ; de même que la chaleur du jour augmente, quoique le soleil descende déjà du méridien.

Un citoyen romain, qui passe, à juste titre, pour le modèle des mœurs et des vertus antiques, fut cependant, entre les hommes célèbres de son temps, celui qui contribua le plus à faire dévier sa patrie de la voie de grandeur et d'équité dans laquelle elle avait marché jusqu'alors d'un pas ferme et assuré. Caton le Censeur était d'un caractère âpre et altier ; ses conseils, toujours écoutés avec déférence, donnèrent à la politique romaine cette fausse direction qui déshonora le dernier siècle de la république et la conduisit à son tombeau. Incapable peut-être d'aucune autre affection, Caton porta sur Rome triomphante tout ce que son âme puissante avait de mouvement et d'énergie, mais son amour de la patrie fut un amour exclusif. Cet oracle de la jurisprudence dans le forum, ce modèle des vertus civiques au sénat et dans les comices fut sans équité et sans pitié dans sa politique extérieure. Qui le croirait ! l'ennemi prononcé du luxe et des mœurs relâchées ouvrit une voie plus large à la corruption qu'il voulait combattre, et dont les flots allaient submerger toutes les vertus. Lorsque Caton vociférait : *Delenda est Carthago*, il n'était plus qu'un homme ordinaire. S'il eût été grand, il aurait aperçu que le plus grand péril pour Rome se trouvait précisément dans les principes de politique extérieure que lui-même s'efforçait d'introduire et de propager. Il aurait vu que l'existence de Carthage, qui n'était plus que l'ombre d'une antique rivale, loin d'être dangereuse, devenait nécessaire à cette patrie qu'il adorait, qui ne pouvait conserver sa liberté qu'en respectant celle des autres et qui, pour rester fidèle à sa vertu première, avait besoin de croire qu'elle n'existait pas seule dans l'univers.

La rigueur inexorable de cet homme célèbre envers les nations étrangères et les motifs haineux qu'il laissa percer dans ses avis laissèrent à la diplomatie romaine des exemples et des maximes qu'elle n'avait pas encore connus et dont elle ne se départit plus à l'avenir. Ce fut alors que l'idée de l'empire du monde s'empara de tous les esprits, et devint, à tout prix, le but des conseils et des efforts des Romains. Dire que cette idée existait dès les premiers temps de la république, et qu'elle a été la règle constante de sa conduite, est une opinion qui, je le répète, ne saurait soutenir un examen sérieux.

Plusieurs auteurs anciens l'ont, il est vrai, attribuée aux premiers Romains; mais ce n'a été qu'après coup et uniquement pour complaire à la ville éternelle et à ses maîtres.

Rome fut cruellement punie d'avoir abandonné toute idée de droit et d'humanité dans ses relations extérieures. L'amour de la patrie, ressort puissant de son existence, une fois dépouillé de justice et de générosité envers les autres États, se déforma bientôt lui-même, et perdit sa pureté et sa flamme vivifiante. Les sentiments élevés ne furent plus qu'un masque pour les citoyens, comme ils l'étaient pour l'État. L'intérêt personnel, devenu le seul principe du gouvernement, devint aussi celui des magistrats et des citoyens influents. L'autorité du sénat pâlit, parce qu'il laissa tomber le poids de ses anciennes doctrines. Au lieu de rester le centre de la politique, l'âme des délibérations, le modérateur des peuples, il devint, par entraînement ou par faiblesse, tantôt le complice, tantôt le jouet des généraux victorieux, et il fut réduit à

négocier plutôt avec eux qu'avec les peuples vaincus ou à
vaincre.

Les chefs d'armée, après avoir renoncé à toute générosité
envers les étrangers, y renoncèrent également envers leurs
compatriotes, et les mains sanglantes qui avaient asservi les
nations, au nom de Rome, la privèrent aussi de sa liberté.
Tandis que l'univers était gouverné en son nom, Rome
n'avait plus ni citoyens, ni puissance, ni sûreté. La ville
par excellence devint le lieu le plus infortuné de l'empire ;
sa population était une multitude abjecte et corrompue,
toujours sous les yeux et sous la main de ses dominateurs.
Elle fut le théâtre continuel de tous les désastres et de tous
les avilissements que les révolutions de palais, le despotisme militaire et la tyrannie la plus atroce peuvent faire
éprouver aux hommes.

Nous avons cru indispensable de nous étendre un peu
longuement sur la diplomatie de Rome, afin de fixer l'attention de ceux qui étudient son histoire, sur une vérité
importante, savoir : que cette diplomatie, la plus habile
qui ait jamais existé, tirait sa plus grande force des éléments de justice et de grandeur d'âme qui en faisaient le
fondement. La conduite de Rome a souvent servi d'excuse
et d'exemple à des princes et à des cabinets, qui n'imi-
tèrent que ce qu'il y avait de condamnable dans sa politique, sans vouloir reconnaître en quoi consistaient son
seul mérite et sa véritable force.

Ce n'est pas que les principes de justice et de générosité
aient pris toujours, dans les conseils de la république et
durant ses plus beaux jours, l'autorité décisive et l'influence sans mélange qu'ils auraient dû avoir ; maisnous
croyons pouvoir affirmer qu'aucun autre peuple, aucun
gouvernement à nous connu, ne fit jamais dans sa diplo-

matie une plus large part à ces principes, ni pendant une si longue suite d'années.

La grande tache dont Rome ne peut se laver n'est donc pas de n'avoir jamais connu, mais de n'avoir pas toujours conservé et assez perfectionné les principes de la vraie politique. Ce fut par inspiration qu'elle les connut et les admit; mais sa diplomatie n'eut pas plutôt cessé d'en éprouver l'influence, que, retombant dans sa pente naturelle, elle devint la source des plus grandes calamités pour Rome, et, par suite, pour tout le monde civilisé.

IV

DIPLOMATIE DE L'EMPIRE ROMAIN.

Le nom de Rome soutint sa domination lorsque les Romains n'existaient plus. L'empire hérita de plusieurs des doctrines de la république. La plus salutaire à sa conservation fut de laisser aux peuples qu'il avait vaincus une partie de leur individualité. Les institutions municipales, qui, pour les affaires locales, ont tous les avantages des fédérations, restèrent dans toute leur vigueur. Chaque ville eut ses institutions, ses magistrats, ses établissements, ses revenus, dans lesquels le gouvernement central ne s'ingérait d'abord que par occasion, de sorte que le patriotisme local s'établit à défaut du patriotisme national. Ces circonstances augmentèrent le bonheur passager de l'empire sous quelques bons princes [1], et diminuèrent ses maux sous les mauvais, surtout dans les provinces plus écartées. Ce ne fut que peu avant sa fin que l'empire se détourna de ce système auquel il devait sa durée. Alors le poids insupportable d'une régie directe trop éloignée fit douter aux provinces si le joug des barbares ne serait pas préférable à celui de Rome.

Au surplus, l'empire romain nous fournira peu de leçons applicables à d'autres temps. Sa domination comprenait une grande partie de l'Europe, de l'Afrique et de l'Asie; ses affaires intérieures, composées de rapports plus étendus et plus divers que ceux qui occupèrent longtemps les États de l'Europe pris ensemble, semblaient tenir néanmoins à la politique intérieure. Pendant les deux premiers siècles, les empereurs romains créèrent des royaumes et les supprimèrent; l'indépendance nominale fut accordée et enlevée à plusieurs nations, dont quelques-unes furent seulement châtiées pour des révoltes imprudentes. Les guerres entre les gardes prétoriennes et les légions des frontières, entre les armées de la Syrie et des Gaules, de l'Afrique et de l'Illyrie, ressemblent à la vérité, par la composition des combattants, à une lutte entre des peuples étrangers. Divers compétiteurs règnent à la fois et pendant

[1] Pline le Jeune écrivait à Maxime, que Trajan avait choisi pour gouverner la Grèce : « Souvenez-vous que vous allez dans l'Achaïe, c'est-à-dire dans la Grèce propre et véritable, où la tradition nous apprend que la politesse, les sciences et même les fruits nécessaires à la vie ont pris naissance; que vous êtes chargé de régler l'état des villes libres et de fixer le sort d'un peuple qui tient ses droits et sa liberté, de sa nature, de sa valeur, de son mérite, de son union et de sa religion même. N'affaiblissez ni les droits, ni les immunités, ni les privilèges de personne. Rappelez-vous que vous êtes au milieu d'une nation qui nous a communiqué la sagesse de ses lois, lors même que nous n'avions aucune autorité sur elle; enfin, que vous allez à Athènes, à qui il serait cruel et barbare d'enlever l'ombre qui lui reste de son ancienne liberté. »

quelque temps sur des provinces plus grandes que nos
royaumes. Ils se disaient tous légitimes, et chacun d'eux
s'arrogeait droit de vie et de mort sur ses rivaux, s'attendait au supplice s'il avait le dessous. Cependant tous solli-
citaient la sanction du sénat dégénéré de Rome, tant le nom
seul de la ville éternelle exerçait encore son influence sur
toute l'étendue de l'empire; mais ces scènes de confusion
et de crimes réciproques n'offrent aucune analogie avec
l'action d'une *diplomatie* régulière.

A l'extérieur, nous remarquons l'Arabie, les pays au
delà de l'Europe, soumis à l'empire des Parthes et des
Perses, leurs successeurs; enfin les contrées au delà du
Rhin, de l'Oder et du Danube, immense lisière qui bordait
les limites toujours incertaines de l'empire, et qui fut pendant trois siècles le théâtre d'une lutte continuelle entre les
Romains et les peuples du dehors. Tous ces pays changent
fréquemment de forme et de maître : tantôt ils sont décla-
rés provinces romaines, tantôt ils sont cédés à une domination étrangère ou bien remis à leurs princes, sous le
vasselage et la protection immédiate de l'empire, ou bien
abandonnés à leur propre sort. Les Romains étaient, sur
cette lisière, comme une armée retranchée qui fait de fréquentes sorties, occupe quelquefois des positions avancées,
mais qui finit toujours par rentrer dans ses lignes. L'offensive n'était prise que pour mieux assurer la défensive;
cependant celle-ci devint bientôt seule possible. Les premières lignes furent forcées, des peuples entiers s'y précipitèrent et poussèrent audacieusement leurs courses jusqu'au cœur de l'empire : la défense devint de plus en plus
rétrécie et difficile. Il n'y eut pas de point, si central qu'il
fût, à l'abri des dangers les plus pressants. Les barbares
qu'on repoussait et qui revenaient toujours plus nombreux

et plus entreprenants; les barbares qu'on soldait en les incorporant dans les armées soi-disant romaines; les barbares auxquels on concédait des terres dévastées par d'autres incursions; les barbares enfin de la garde impériale et ceux qui, vendus en esclaves, remplissaient les maisons et les fermes des particuliers, tous se réunirent pour faire tomber un corps épuisé, frappé d'un coup mortel, mais dont la vie était encore trop dure pour pouvoir se terminer sans de terribles convulsions.

Dans cette longue suite d'événements si variés, qui se compliquent et s'effacent, qui se pressent et s'accumulent, pour accomplir la plus grande des catastrophes, il n'est pas facile de saisir un point de vue d'où l'on puisse caractériser un gouvernement dont l'administration interne prétendit en vain, pendant des siècles, établir de l'unité entre tant d'éléments disparates, et dont la diplomatie n'admit jamais de système dans lequel les intérêts de plusieurs États indépendants aient pu se combiner de gré à gré avec quelque confiance et quelque fixité.

L'empire romain se croyait seul sur la terre; il avait la présomption de se regarder comme l'unique puissance légitime. S'il laissait des pays au delà de ses frontières, c'est qu'il ne pouvait ou prétendait ne pas vouloir les prendre, et non qu'il imaginât ne pas avoir de droit à leur possession. Les peuples enclavés dans ses frontières prenaient seuls le titre de civilisés. Tout ce qui se trouvait au dehors était réputé barbare et considéré comme une espèce d'hommes abrutis, avec lesquels il eût été honteux aux Romains de traiter d'égal à égal. La diplomatie romaine envers les barbares, campés autour de l'immense circuit de l'empire, peut assez bien se comparer, tantôt à celle que suivaient dans le siècle passé les Européens, dans les colonies,

envers les nègres et les Indiens, tantôt à la manière dont
la Russie traite encore les habitants du Caucase et de la
grande Tartarie.

Les guerres des Romains avec les barbares furent longtemps des parties de chasse. On les traquait comme des
bêtes fauves; on les emmenait pour peupler d'autres forêts;
on leur jetait de l'or en guise de proie pour calmer leur vo-
racité ou pour les exciter à s'entre-détruire.

Le plus profond mépris, et les terreurs paniques auxquelles il était mêlé, furent donc les deux éléments de la
politique extérieure de Rome dans les deux derniers siècles
de l'existence de l'empire. Les Parthes, qui s'étaient fait
redouter de la république et qui déchurent de leur puissance sous l'empire, ne firent pas exception à la manière
dont les Romains considéraient les peuples étrangers.
Cependant la dynastie des Sassanides, qui releva la monarchie des Perses, se fit craindre et respecter des empereurs d'Orient. L'incident du royaume d'Arménie, situé
entre ces deux empires, semble donner à la diplomatie
de cette époque quelque ressemblance avec la nôtre; et
cette ressemblance serait devenue plus frappante et plus
instructive, si le partage de l'empire, en deux couronnes
qui se reconnaissaient réciproquement pour légitimes,
avait pu durer plus longtemps.

A mesure que l'empire romain avait perdu de ses forces,
la timidité était devenue un élément plus habituel de sa
politique extérieure, sans que le mépris que lui inspiraient
toujours l'intrépidité féroce et la sauvage ignorance de ses
ennemis eût pour cela diminué. L'appareil asiatique, dont
le trône impérial s'entoura depuis Dioclétien, servit malheureusement à augmenter l'orgueil aveugle de ces hommes
dénués de toute qualité personnelle, qui, trop souvent,

furent élevés au pouvoir suprème ; tandis que la peur, qui n'exerce jamais plus d'influence que lorsqu'elle croit ne pas être aperçue, prit un ascendant décisif sur l'intérieur mystérieux de leur palais. Ces deux mauvais conseillers, qui n'admettent ni franchise ni bonne foi, durent hâter le déclin d'une domination que mille autres causes dissolvaient dans la vie intérieure.

L'empire d'Orient, resté seul, conserva jusqu'à sa chute finale tous les préjugés et tous les sentiments de son origine. Dans sa décrépitude, il se croyait encore l'empire par excellence et la seule domination légitime du globe. Sous son régime corrompu, les Grecs s'étaient abandonnés à tous leurs défauts sans garder aucune de leurs qualités estimables. La vanité, jointe à la pusillanimité, dégrada presque toujours la politique de la cour de Constantinople. Elle acquit une grande réputation de finesse diplomatique: mais ses ruses, repoussées par l'honnêteté la moins difficile, ne sauraient être même tolérées entre des États forcés de se respecter, et que leurs intérêts et leurs moyens balancés obligent à des rapports susceptibles de règle et de convenance.

La diplomatie la moins avancée suppose pourtant des procédés et le besoin d'attacher quelque degré de confiance à des promesses consacrées par certaines formes généralement admises. L'on aperçoit rarement quelque chose de semblable dans l'histoire du bas-empire, qui, le plus souvent, semble nous présenter l'image d'un fourbe entouré de brigands. Les engagements, contractés par lâcheté ou par ruse, n'y sont considérés comme obligatoires qu'autant qu'il devient impossible de les éluder ou de les rompre. La perfidie et la trahison y sont trop en permanence pour qu'il vaille même la peine de les démasquer.

Les empereurs de Constantinople, malgré tant de sou-
plesse, ne surent pas profiter des chances favorables qu'auraient pu leur offrir les expéditions des chrétiens d'Occident. Les mémoires du temps nous montrent qu'ils ne
virent dans les croisés que les descendants des Goths et
des Vandales. La rudesse tudesque de nos ancêtres fit
éprouver à la cour amollie de Byzance la même terreur et
le même mépris qu'elle avait ressentis lorsqu'elle eut à
traiter avec les premiers barbares qui inondèrent l'empire
romain.

Cette idée dominante, qui transpirait toujours malgré le
soin qu'on mettait à la cacher, écarta des combinaisons qui
auraient pu arrêter à jamais les progrès de l'islamisme ; et
les croisés finirent par tourner leurs armes contre un gouvernement qu'il était de leur devoir comme de leur intérêt
de défendre et de soutenir.

Les querelles dogmatiques des clergés grec et latin
étaient devenues plus violentes au moment où l'approche
d'un danger commun aurait dû les modérer. Elles rendirent
tout rapprochement impossible entre l'Orient et l'Occident.
Les Paléologues, assiégés dans leur capitale, voulurent
trop tard professer des sentiments plus conformes à leur
position désespérée, et offrirent en vain des conditions plus
conciliantes. L'heure du salut pouvait encore sonner, mais
les évêques grecs préférèrent exposer leur patrie à passer
sous le joug ottoman, plutôt que de rien céder de leurs
opinions. Les évêques latins, de leur côté, n'obtenant pas
une entière adhésion à leurs exigences, se prêtèrent à l'é-
rection injuste, impolitique, éphémère, d'un empire latin
à Constantinople, et ne voulurent jamais sincèrement porter
secours aux églises qui sont du nombre des plus anciennes
de la chrétienté.

L'édifice de la grandeur des Romains, élevé sous la république par leur droiture et leur magnanimité, d'abord sincères, puis affectées, s'écroula sous l'empire par l'action d'une diplomatie sans réciprocité, arrogante et timide tour à tour; cependant le vain simulacre d'une grandeur éteinte se tenait encore debout, et cette dernière ruine d'un immense colosse tomba et disparut au travers des dissensions scandaleuses des ministres d'une religion de charité et de concorde.

V

DIPLOMATIE DU MOYEN AGE JUSQU'AU TRAITÉ DE WESTPHALIE.

En Europe les derniers restes de la civilisation grecque et latine avaient été comme ensevelis sous les décombres de l'empire d'Occident. Pendant les bouleversements qui suivirent sa chute, l'on peut à peine reconnaître quelques symptômes de justice dans les institutions sociales de chaque pays. Comment donc prétendrait-on les trouver dans les relations extérieures qui, par leur nature, échappent plus facilement aux notions de droit et d'équité. Au milieu de ce chaos, l'on n'aperçoit plus d'autre pouvoir régulateur que celui du clergé, devenu prédominant, parce que le degré de son instruction se trouvait bien supérieur à celui des autres classes de la société. Assez souvent, par son autorité, il parvint à mettre un frein aux passions les plus effrénées, quoique ses motifs ne fussent pas toujours purs des vices et des erreurs dont personne au reste n'était alors exempt. Ainsi la voix de l'Église fut la seule qui, à cette époque d'affreuse confusion, fit encore entendre les mots de *loi*, de *devoir* et de *vertu*, osant s'élever pour commander aux rois et aux peuples de modérer leurs passions et de se considérer comme frères. Cette influence du clergé conduisit nécessairement à établir bientôt l'autorité du chef suprême de l'Église, qui fut pendant quelque temps tout-puissant sur les destinées de l'Occident.

Le saint-siége ne posséda jamais en propre de grands moyens matériels. Toute son autorité temporelle reposait sur l'opinion des peuples que les papes avaient contribué à tirer du néant, en les élevant au rang de puissance et en appelant à son tribunal les écarts et les injustices des grands de la terre. — Le caractère religieux des papes prêtait à leur voix une force surnaturelle. Tant que leurs pensées et leurs actes furent en harmonie avec la religion qui les reconnaît pour ses premiers pontifes, ils exercèrent un véritable pouvoir, une autorité irrésistible, devant laquelle s'humilièrent les plus grands potentats.

Ainsi la cour de Rome, sans force intrinsèque, sut remuer les forces de tous les pays. Elle les faisait mouvoir pour se combattre, ou bien elle les arrêtait par les paroles de paix du père commun des fidèles. Toutes les demandes, toutes les plaintes, toutes les discussions et prétentions, lui étaient soumises. Aucun événement n'arrivait en Europe sans que la cour de Rome intervint. — Longtemps elle fut le centre unique où les intérêts et la situation de toutes les parties de la chrétienté étaient pris en considération. Aucun pays ne pouvait écarter son influence, ni rester étranger à ses combinaisons diplomatiques, qui, par conséquent, durent devenir plus vastes que celles d'aucun autre État.

Le saint-siége cependant n'apprécia pas toujours sagement sa position. — Le chef de l'Église, l'ancien de la chrétienté, devenu prince temporel, ne sut pas conserver une autorité d'une tout autre portée et à nulle autre comparable. — Il fallait pour cela ne jamais se départir (ce qui n'était pas facile) d'une politique de justice, de bienveillance, de charité, d'oubli de soi-même et de dévouement pour les autres, et suivre sans cesse une marche conforme aux enseignements du divin législateur dont il était appelé à pratiquer et à répandre les préceptes.

Mais la diplomatie du monde prit quelquefois trop d'ascendant sur la cour de Rome. Elle lui fit oublier sa vocation et perdre la position sublime où elle aurait pu se placer. Le Vatican retentit souvent de foudres toutes terrestres, et ne fit pas toujours entendre des accents inspirés par le ciel. Son désir de domination fit crouler un pouvoir qui ne devait se conserver que par une politique toute morale, bienfaisante et désintéressée. — La diplomatie mondaine ne parvint pas à sauver le pouvoir papal d'un déclin inévitable dans la fausse position où l'intérêt temporel l'avait fait descendre.

L'Église, en adoptant la législation romaine et en s'appliquant l'organisation de l'empire, ne s'était pas opposée, et prit même part aux institutions féodales qui naquirent et devinrent successivement plus importantes au sein de l'anarchie parvenue à son comble. De nos jours, on n'a voulu voir dans la féodalité que les maux qu'elle avait produits : elle fut le commencement de l'ordre pour les temps modernes : elle se forma de circonstances et des besoins de l'époque, et jeta les premiers germes d'une grande partie des avantages dont nous jouissons. La chevalerie, l'un des éléments de notre civilisation, prit naissance dans son sein et influa d'une manière salutaire sur la diplomatie de ces temps, en contribuant à la tirer du brigandage et de la piraterie, qui avaient constitué, pendant longues années, les seuls rapports entre les nations. Il s'établit entre les défenseurs de chaque pays une communauté de principes, une fraternité militaire qui bannit la férocité des combats, et la chevalerie fit jaillir, de la rudesse même et de la simplicité des mœurs, les mouvements les plus généreux et les sentiments les plus exaltés.

Le régime féodal eut un caractère tout à la fois guerrier, civil et diplomatique. Les grands vassaux étaient, dans le fait, des princes indépendants, aussi puissants et souvent plus puissants que leur suzerain. La chevalerie consacra, par ses préceptes et son cérémonial, leurs obligations réciproques, et il ne fut plus possible de les violer sans être flétri du nom de déloyal et de félon.

Là se trouve aussi le germe de cette puissance de l'opinion, qui juge toutes les autres puissances en dernier ressort, et qui est devenue comme le complément de la civilisation moderne. Jamais les souverains ne furent exposés à des jugements plus sévères que sous le régime féodal. Ils étaient obligés d'être intrépides, généreux, fidèles à leurs promesses.

Abstraction faite de leur dignité, il leur fallait avoir un mérite personnel, qui, dans l'opinion du temps, devait être au moins égal à celui de tout chevalier.

Les rois aspiraient à l'honneur d'être comptés parmi les preux, et comme, à l'exemple des plus braves, ils ne pouvaient se dispenser, à chaque occasion, de payer de leur personne, ils offrirent plus d'une fois de vider en champ clos leur querelle particulière, afin d'épargner, par ce noble dévouement, la vie à des milliers de leurs vassaux. Les traités étaient jurés *foi de chevalier*, et cette formule leur donnait une garantie telle, que les princes se crurent obligés de les exécuter avec une fidélité scrupuleuse, tout à fait inconnue dans d'autres temps.

Le roi Jean, allant reprendre ses fers, en est une preuve frappante, et l'on ne saurait disconvenir que, si les souverains se piquaient encore d'être gens de parole à ce point, il en résulterait, à coup sûr, un bien incalculable pour l'humanité.

La différence de religion n'était pas un empêchement à la libre pratique d'une diplomatie qui, maintenant, nous semble fabuleuse. Il s'est passé en Espagne, entre les Maures et les chrétiens; dans l'Orient, entre les Sarrasins et les croisés, des actes de noble confiance et de stricte fidélité qui sont dignes de toute notre admiration. — La féodalité et la chevalerie, tant que celle-ci se soutint dans sa première ferveur, eurent donc une diplomatie bien plus droite et plus consciencieuse que celle des époques plus récentes.

Les idées que l'esprit chevaleresque éveilla furent grandes et généreuses; mais elles furent en défaut dans l'application. Si, avec de semblables notions sur le devoir, avec un tel désir de se dévouer au bien de l'humanité et à la vraie gloire, l'on avait eu alors plus de lumières et d'instruction; si l'on eût mieux su comprendre où se trouvait le devoir, démêler quels étaient ceux qui avaient les premiers droits à l'appui de l'héroïsme, défini en quoi consistait la gloire impérissable, les temps de la chevalerie eussent été la sublime période de l'histoire.

Quoi qu'il en soit, rien ne fut plus hétérogène que l'esprit chevaleresque et l'esprit diplomatique, et rien ne prouve mieux l'ascendant de la chevalerie que son amalgame avec ce qui lui était si directement contraire.

Leur alliance fut de peu de durée. La chevalerie disparut comme une belle illusion, qui ne sert plus qu'à exercer la plume des romanciers, tandis que la diplomatie, revenue à ses propres errements, continua de régler les tristes destinées de ce monde.

Cependant les institutions féodales et l'esprit chevaleresque amenèrent en Europe des événements qui eurent une grande portée, même sur l'avenir.

Une idée noble et religieuse, nourrie et soutenue par l'institution de la chevalerie, s'était emparée des esprits, et avait imprimé jusqu'à la diplomatie du temps une direction dont généralement elle ne paraissait pas susceptible. Il s'agissait de protéger des chrétiens indignement persécutés et opprimés dans l'exercice de leur religion ; de délivrer la terre sainte du joug des barbares : de défendre contre eux l'empire chrétien d'Orient, et de préserver l'Occident de leurs invasions. — Ces motifs réunis, soutenus par l'élan irrésistible d'une foi sincère et d'un amour passionné pour la gloire, produisirent les croisades.

Les hommes d'État et les philosophes se sont accordés pour blâmer ces expéditions. Toutefois, si les princes et les nations qui y prirent part ont commis une erreur, ce n'a pas été du moins par un calcul d'intérêt, mais bien par un sentiment de piété et d'héroïsme.

Tous se précipitèrent dans ces lointaines expéditions par l'attrait du merveilleux, par un sentiment de commisération envers des frères opprimés, par un pieux enthousiasme, enfin pour satisfaire à leurs consciences, et pas un ne voulut songer ni aux périls qu'il allait affronter, ni aux avantages qu'il pourrait en retirer.

Certes, les premiers motifs des croisades furent plus beaux et plus nobles que ceux de la plupart des guerres, déclarées par jalousie, par avidité ou par ambition, et, quoique ces trois compagnes assidues de la diplomatie soient bientôt parvenues à corrompre les croisés, à dégrader leur caractère, à empêcher que leurs premiers succès se soient consolidés, il n'en est pas moins certain que cette entreprise, si relevée dans son principe, produisit d'heureux et importants résultats.

L'Europe put enfin respirer et jouir de quelque repos; les villes s'élevèrent et acquirent des libertés; le commerce avec l'Orient se rouvrit et réveilla l'industrie. Des croisades datent l'aurore de la civilisation européenne et de la renaissance des lettres et des arts, tant il est vrai qu'un élan noble et désintéressé, quand même il ne serait pas suffisamment éclairé, produit toujours de bons et salutaires effets, et que d'une source généreuse il ne peut jaillir que des bienfaits pour l'humanité.

L'Italie, dans les temps modernes, passe avec raison pour avoir été la première école d'une diplomatie raffinée.

Pour que l'art diplomatique et ses formes puissent acquérir un certain degré d'habileté et de consistance, il faut qu'il ait à se développer sur une scène étendue, où apparaissent beaucoup d'États, dont plusieurs, apportant le même degré de force et de puissance, éprouvent le besoin d'établir entre eux des relations de différente nature; c'est ce qui arriva de bonne heure en Italie. Les républiques italiennes du moyen âge, dès le déclin des empereurs mérovingiens, acquirent une sorte d'indépendance et formèrent des relations diplomatiques dont le but n'était pas seulement de s'entr'aider, mais aussi de défendre leur liberté et leur existence commune contre un pouvoir dominateur et étranger.

L'on vit alors plusieurs de ces États s'illustrer par des

traits mémorables et se dévouer sans réserve au bien des
autres États italiens. La longue résistance qu'éprouva Frédéric Barberousse de la part de la ligue lombarde, et les
conditions que cette ligue arracha enfin de ce puissant empereur, caractérisent l'époque la plus brillante des républiques italiennes. Leur courage, leur résignation héroïque
à tout souffrir plutôt que de tendre les mains aux chaînes
allemandes, et les succès qui avaient quelquefois couronné
leur persévérance, semblaient leur ouvrir un avenir plus
heureux. Mais, comme dans la Grèce, le danger commun
étant écarté, les cités d'Italie s'abandonnèrent à leurs dissensions, et leur funeste acharnement à se nuire et à se sub-
juguer empêcha que des périodes de succès, répétées à
plusieurs reprises, eussent jamais des résultats satisfaisants et définitifs. Jamais il ne fut possible d'établir solidement les bases d'une union durable et puissante qui aurait
pu assurer à l'Italie sa nationalité et une destinée bien différente.

La querelle du sacerdoce avec l'empire vint se mêler à
ces transactions. Elle rendit les haines plus envenimées, et
intervertit le principe simple et vrai de la politique italienne, c'est-à-dire l'union nationale contre tout pouvoir
étranger. Si les papes avaient suivi leurs vrais intérêts,
d'accord en cela avec ceux de la chrétienté, ils se seraient
faits l'unité de ce système national. Ils auraient été pour
l'Italie ce que le conseil des Amphictyons fut pour la Grèce,
ce que le sénat romain avait été pour l'Italie, avec bien
plus de chances de durée.

Malheureusement ils préférèrent user de leur influence
pour se former un plus grand État, ce qui ne put s'accomplir sans augmenter la division parmi tous les autres. Les
animosités héréditaires et irréconciliables des familles puis-

santes; les excès de la populace; la funeste idée des bandes soldées qui avait déjà perdu Carthage; l'abandon des qualités guerrières par les différentes classes de la société, firent passer successivement toutes les républiques sous le joug des tyrans domestiques qui établirent leur domination, en exterminant leurs rivaux et en versant le sang des sincères défenseurs de la patrie. Au milieu de la complication d'intérêts qui résulta de ces diverses causes, la diplomatie, proprement dite, trouva en Italie un théâtre pour s'exercer sans contrainte.

Les usurpateurs du pouvoir suprême dans leurs villes natales devinrent avec le temps la souche de plusieurs familles souveraines. Les premiers, ils mirent en pratique les préceptes de cette école fameuse de politique dont l'abominable théorie a été publiée par Machiavel.

Son principe unique, qui est l'intérêt personnel et exclusif, mis à nu et exempt de tout contrôle, fut adopté par la diplomatie des temps qui suivirent. A une époque plus récente, les cabinets s'effrayèrent eux-mêmes des maximes que la logique conséquente et rigoureuse de Machiavel avait montrées dans leur hideuse nudité.

L'on s'efforça alors de les pallier, de rejeter en apparence ce qu'elles avaient de trop révoltant, de trouver entre la politique et la morale des moyens termes (*mezzo termine*) des accommodements qui, sans blesser d'une manière trop choquante la morale, satisfissent néanmoins à toutes les vues de la politique.

Malgré tant de soins pour cacher le monstre sous des vêtements pudiques et sous des formes plus décentes, le bout d'oreille a percé dans toutes les transactions politiques.

Les Italiens furent réputés en Europe, pendant assez

longtemps, les diplomates par excellence ; et cette réputation, qu'ils ne méritent plus, a longtemps jeté sur leur caractère national une défaveur dont ils n'ont pas encore pu entièrement s'affranchir.

Quoi qu'il en soit, l'idée première de défendre l'Italie contre toute domination étrangère, et de délivrer *des barbares la terre classique* demeura, malgré son peu de succès, l'une des maximes favorites des cabinets italiens pendant le moyen âge. Elle eut une place distinguée entre les secrets d'État de la puissante République de Venise ; elle dirigea quelquefois les foudres du Vatican, et ne fut pas étrangère à la politique tortueuse des princes qui asservirent leurs villes natales. Les hommes les plus illustres de l'Italie s'en occupèrent constamment. Laurent de Médicis ne la perdit jamais de vue, et ce fut l'un des rêves de Pétrarque.

Mais cette idée était trop simple et trop juste pour se soutenir longtemps dans des siècles d'intrigue et de déception. La haute diplomatie en fit justice et la frappa de ridicule et de nullité. Tombée en désuétude, elle se perdit dans les vœux tacites de quelques honnêtes gens ou dans les folies impuissantes de quelque cerveaux brûlés.

L'Italie qui, depuis les Othons, n'avait combattu que pour être délivrée des Allemands, leur est encore soumise et asservie.

La réputation d'habileté politique, longtemps le partage presque exclusif de l'Italie moderne, fut due aussi en grande partie à celle que la cour de Rome déploya, de bonne heure, dans ce genre d'affaires.

Pour tous les autres États de l'Europe, le cercle des combinaisons politiques fut longtemps renfermé dans des bornes plus ou moins circonscrites. C'était, d'une part, la France,

la Flandre, l'Angleterre et l'Écosse; de l'autre, l'Allemagne
et l'Italie; à l'extrême Occident, la Péninsule hispanique
partagée encore entre les chrétiens et les Maures; et enfin,
dans les régions du Nord, les races Teutoniques et Slaves
qui, dispersées sur de vastes étendues, tout en se disputant
dès lors le cours de l'Oder et de la Vistule, n'en formaient
pas moins des groupes d'États ayant entre eux des relations
directes et suivies. Les combinaisons s'étendirent momentanément, pendant les dissensions qui agitèrent l'Église,
par l'ambition inquiète des princes, qui essayaient leurs
forces hors des limites habituelles de leur action. Mais ces
tentatives, quelquefois couronnées de succès, n'eurent pas
de résultat durable, et l'Europe ne commença à se lier en
système qu'à l'approche du règne de Charles-Quint, qui
allait devenir maître tout à la fois de l'Espagne et de la
Flandre, de l'Italie et de presque toute l'Allemagne.

Dès lors, la diplomatie embrassa l'ensemble de l'Europe,
et ses combinaisons se compliquèrent et s'agrandirent par
les progrès de la navigation, par la découverte du nouveau
monde et par les immenses développements que prirent tout
d'un coup l'esprit humain et la civilisation européenne.

La religion vint aussi plus tard, mais avec une action et
des effets tout différents de ceux qu'elle avait produits du
temps des croisades, se mêler à la politique. Ce fut pour
diviser les chrétiens entre eux et pour sanctifier des violences et des cruautés réciproques. Sa douce influence, une
fois pervertie, n'amena plus les avantages qu'on aurait pu
attendre d'inspirations sincères et pures. L'esprit de l'É-
vangile fut oublié dans des dissensions dont il était l'objet.
La moindre divergence de croyance fut une cause suffisante
pour allumer les passions jusqu'à la haine, et pour rendre
tout rapprochement impossible entre les peuples.

Cependant, si d'un côté la religion mal comprise anima les catholiques et les protestants, au point de se haïr et de s'entre-tuer en son nom; de l'autre elle établit, par besoin, des unions plus régulières entre les peuples attachés au même culte.

Au temps des croisades, l'esprit religieux avait dans son essor entraîné la diplomatie; au temps de la réformation, ce fut la diplomatie qui finit par maîtriser et diriger le zèle religieux.

Du côté du catholicisme était le pouvoir temporel et spirituel, et un pouvoir qui voulait dominer, ce qui devint pour son autorité une cause d'affaiblissement. Tous les intérêts qui étaient froissés ou qui craignaient de l'être penchèrent vers le protestantisme.

La maison d'Autriche, en persécutant les réformateurs dans ses vastes États, et en agitant par ses entreprises et ses intrigues le reste de l'Europe, menaça d'un double despotisme les pays qui ne lui étaient pas encore soumis, et souleva contre ses projets l'Allemagne, la France, l'Angleterre et les royaumes du Nord. Cette situation forcée établit des rapports plus intimes et plus suivis entre des pays qui, par leur position géographique et par d'autres circonstances, avaient cru jusqu'alors n'avoir que des intérêts distincts et même opposés. Ils sentirent qu'ils étaient menacés d'un péril commun. La liberté de la réforme et l'abaissement de la maison d'Autriche furent les fins de la diplomatie du seizième siècle, et devinrent les mots d'ordre de la lutte politique autant que religieuse dont l'Europe fut ensanglantée pendant trente ans sans interruption. Cette guerre, qui n'était que le développement imparfait des grands desseins de Henri IV et d'Élisabeth d'Angleterre, fit la gloire de Gustave-Adolphe et la célébrité de Richelieu, sans avoir amené, pour aucun parti, des résultats bien décisifs.

Vers sa fin, l'acharnement religieux s'était bien calmé sur le continent, et la politique avait commencé à diriger seule les mouvements des États.

Les gouvernements et les peuples épuisés et rassasiés de guerre avaient senti un égal besoin de repos. Dans le but de l'obtenir, chacun ajourna pour le moment ses projets ambitieux; l'Europe tout entière émit un seul vœu, que personne n'osa ni ne voulut contredire : celui de régler, par une paix générale, les prétentions réciproques et les limites des États, de manière à garantir, au moins pour quelque temps, le maintien d'une tranquillité qui était devenue l'objet des soupirs et des vœux sincères de toute l'Europe.

Ce fut l'œuvre du traité de Westphalie.

VI

DIPLOMATIE MODERNE JUSQU'A LA FIN DES GUERRES DE LA RÉVOLUTION FRANÇAISE.

Le traité de Westphalie est l'acte le plus honorable de la diplomatie moderne. C'est là et son commencement et son chef-d'œuvre. Jusqu'à présent elle n'a rien produit de mieux, rien même qui en approche; et, parmi ses faits et gestes, c'est le seul qu'on ait à citer en bien, et dont on puisse la louer.

La réforme avait suscité un esprit d'analyse et de discussion, qui se reporta sur la politique extérieure. On voulut rechercher les bases sur lesquelles étaient établies les relations des États, et créer une science du droit des gens. Le travail des mandataires de toute l'Europe, réunis à Osnabrük et à Munster, se ressentit, jusqu'à un certain point, de cette heureuse tendance et des dispositions de quelques hommes d'État qui mettaient de l'amour-propre à s'occuper de cette nouvelle étude, et qui avaient même contribué à ses premières productions.

Ce traité, quelque peine qu'il ait coûté pour l'amener à bonne fin, quelque mérite qu'il ait eu ou qu'on lui ait accordé, ne fut guère qu'un échafaudage artistement élevé, qui n'avait pas de fondement assez solide. Ce fut une législation positive, dont on n'avait pas abordé les principes ; une œuvre de convenance, dont les détails furent réglés d'après les volontés balancées des contractants ; mais on n'essaya pas de limiter et de définir ces volontés de manière à les rendre invariables dans l'avenir.

Cependant le traité de Westphalie répondit en partie à l'idée qu'on y attachait, et ne fut pas, sans motif, l'objet des éloges unanimes des contemporains. En effet, il embrassa et régla tous les intérêts alors en litige, et devint le code diplomatique de l'Europe pendant un siècle.

A la faveur de cette loi positive, que les États affectaient de respecter, alors même qu'ils cherchaient à l'éluder, il s'établit entre eux de certaines maximes, des formes, des précédents que personne ne se permit de transgresser. L'on put remarquer dans les gouvernements une sorte de respect humain, qui les empêcha plus d'une fois de mal faire, et qui, s'il eût continué, aurait pu conduire la diplomatie à des principes politiques plus purs et mieux précisés. Le traité de Westphalie donna surtout un grand crédit au système de la balance politique de l'Europe, qui devint pour un temps la maxime fondamentale de la diplomatie. L'on crut y avoir trouvé un principe fixe, qui avait en lui de quoi suffire à toutes les nécessités, qui était capable de protéger efficacement l'indépendance des États existants, et de les guider avec sûreté, quelles que fussent d'ailleurs les difficultés que le temps ramènerait sur l'Europe.

L'objet principal du traité de Westphalie avait été de fixer les limites des différents États, et de prononcer sur leurs prétentions opposées. Il s'agissait de donner à cet arrangement, qui devait être définitif, une garantie qu'aucun autre traité n'avait encore présentée. Or, cette garantie ne devenait possible qu'en balançant convenablement les intérêts qui se froissaient, et qu'en plaçant chaque État dans une situation qui pût et le satisfaire et lui fournir les moyens de la conserver. La lassitude générale favorisa l'accomplissement d'une œuvre aussi importante. L'on se flatta donc d'avoir réellement établi, en Europe, un équilibre qu'il suffirait de conserver pour maintenir l'existence de chaque État en particulier, et pour garantir la tranquillité de tous.

Ce fut sous les auspices et sous le charme trompeur de la balance européenne que l'on vit se former les coalitions qui manquèrent d'accabler Louis XIV, et que l'on parvint, plus tard, à susciter ces guerres qui ensanglantèrent la première moitié du dix-huitième siècle.

Il était facile de prévoir que le principe de la balance de l'Europe, pris isolément, finirait par devenir vacillant et arbitraire, et que, loin d'être suffisant pour garantir seul l'indépendance de tous les États, il pourrait aisément se

prêter à des vues ambitieuses qui ne seraient pas sans
danger pour les États moins puissants. Il y a équilibre,
dès qu'il y a poids et contre-poids. S'il ne faut que de l'é-
quilibre, et que par lui tout soit obtenu, il importe peu de
quelle manière seront formés les deux poids qui se balan-
cent. Ils peuvent tout aussi bien être représentés par deux
grandes puissances que par plusieurs moindres États également additionnés de deux côtés.

S'il y avait eu oppression et envahissement d'un des
États les plus forts sur des voisins plus faibles, et qu'il
n'y eût pas eu moyen de l'empêcher, le principe de l'équilibre exigeait-il autre chose d'un autre État puissant,
sinon d'envahir et d'opprimer aussi de son côté, afin que
la balance générale fût toujours maintenue?

Cette dialectique devait merveilleusement convenir aux
grandes puissances, et il était facile de prévoir que chacune
d'elles s'empresserait d'en user à son tour ; de telle sorte
que, lorsqu'il se commettrait quelque part une injustice,
on penserait moins à la redresser qu'à commettre des injustices semblables. *Prenez et laissez-moi prendre*, allait
être l'adage favori de la diplomatie, et l'on pouvait s'attendre que l'idée de partager l'Europe entre deux conten-
dants, sous prétexte toujours de conserver son équilibre,
finirait, tôt ou tard, par être une des combinaisons possibles de ce système[1].

Du moment qu'on se permit de toucher aux limites posées par le traité de Westphalie, ce Palladium de la paix
européenne, les prophéties que nous venons d'énoncer
après coup ne manquèrent pas d'inquiéter les esprits pré-
voyants. Ces infractions arrivèrent bien peu après sa con-

1 Napoléon le proposa plus d'une fois à Alexand .

clusion. Néanmoins, la période de son existence peut être prolongée jusqu'au premier partage de la Pologne.

Malgré les changements considérables que l'Europe avait déjà subis à cette époque, le traité de Westphalie n'en demeurait pas moins le pacte fondamental des relations européennes. Il était invoqué dans les manifestes, rappelé dans les traités ; c'était à cet acte qu'en appelaient les puissances belligérantes et contractantes. Toutes les transactions politiques étaient censées émaner de ce traité; elles pouvaient bien le modifier, mais non le renverser; et la conservation de l'équilibre était toujours le but supposé de toutes les sollicitudes diplomatiques.

Le partage de la Pologne prouva aux moins clairvoyants que les maximes suivies jusqu'alors n'avaient plus de valeur, et qu'on entrait dans un nouvel ordre de choses. La diplomatie brisa les liens qu'elle s'était imposés; l'Europe se vit hors d'état de soutenir les règles qu'elle avait adoptées. Trois puissances se liguèrent pour montrer au monde étonné, que les maximes, les précédents, les formes, suivies et observées depuis un siècle, étaient illusoires et que l'on pouvait se dispenser de les respecter.

Il n'y a que le premier pas qui coûte. Une déviation, suivie de succès, des règles gênantes de la justice, encourage à de nouvelles transgressions. Les deux autres partages de la Pologne, qui n'étaient que la suite du premier, eurent, s'il est possible, un degré plus grand de culpabilité par les circonstances qui les accompagnèrent.

La Russie avait multiplié ses menées et prodigué ses trésors, pour démoraliser la Pologne, pour prolonger et augmenter l'anarchie de son gouvernement. Les désordres qu'elle avait elle-même suscités, elle les prit pour prétexte de ses hostilités; plus tard elle fit un crime aux Polonais des efforts qu'ils ne cessèrent de faire depuis 1761, pour corriger les abus de leur gouvernement, et elle prétendit les punir d'avoir réussi en 1791 à se donner une constitution monarchique et régulière. Elle taxa leur conduite d'agitation révolutionnaire, et mit ce motif en avant pour couronner son œuvre de la destruction finale de la Pologne.

Le roi de Prusse, après avoir poussé les Polonais à se délivrer de l'influence de la Russie; après avoir contracté un traité d'alliance avec eux, pour les garantir de la vengeance de Catherine, manqua à la parole la plus solennelle, et, non-seulement il les abandonna quand ils furent attaqués, mais il se joignit à la Russie pour avoir sa part et pour détruire jusqu'au nom même de la Pologne.

Frédéric-Guillaume et Catherine furent également perfides; le premier envers le roi et la diète, la seconde envers des citoyens qu'elle n'entraîna à se déclarer contre les pouvoirs légitimes et la volonté unanime de la nation, que sous la clause formelle que la Pologne ne serait plus démembrée. Cette promesse n'empêcha pas l'impératrice de Russie de procéder à un nouveau partage, immédiatement après avoir placé ces mêmes citoyens à la tête du gouvernement.

Les deux derniers partages de la Pologne furent surtout funestes à la morale politique, en ce qu'ils ne laissèrent aucun doute sur les sentiments et les doctrines des cabinets qui passaient alors pour les plus influents en Europe. Ils répétèrent, à trois reprises, le même attentat avec des circonstances aggravantes. Et pourtant, dès le début, il s'était élevé un cri général d'indignation. C'était donc se moquer de l'opinion unanime des gens de bien, se placer en dehors du monde civilisé prouver à la face de la terre que les gouvernements n'avaient ni pudeur ni conscience, et qu'ils se faisaient un jeu des notions sacrées du droit et de la justice.

Pendant que les gouvernements déclaraient n'admettre aucun principe dans leurs relations, ces mêmes principes, depuis l'époque du traité de Westphalie, avaient continué d'être l'objet des travaux de quelques publicistes, également recommandables par leur savoir, leurs talents et la droiture de leurs intentions. Dans une direction opposée à celle des gouvernements, ils s'étaient efforcés, avec des succès plus ou moins satisfaisants, d'épurer la théorie des rapports internationaux et de l'asseoir sur les bases immuables de la justice.

Mais les doctrines du droit naturel et du droit des gens, développées par Grotius et Puffendorf, par Burlamachi, Vatel, Mably et plusieurs autres, ne pénétrèrent que faiblement dans les cabinets des princes. Gustave-Adolphe avait seul été capable de faire du livre de Grotius sa lecture favorite. Frédéric II, pendant qu'il était prince royal, voulut réfuter Machiavel; une fois monté sur le trône, il ne se fit pas de scrupule d'agir d'après quelques-unes des maximes dévoilées par le diplomate florentin.

Les publicistes qui voulaient tout ramener au droit et à la justice furent considérés comme des idéalistes, des songe-creux qui se complaisaient dans de vaines théories; leur doctrine passa pour de la métaphysique inapplicable dans la pratique, et la diplomatie ne s'en servit, quelquefois, que pour couvrir par des phrases sonores les motifs les plus intéressés, dont personne n'était la dupe.

Les doctrines du droit naturel et du droit des gens, qui ne pouvaient se faire jour dans les cabinets, trouvèrent au contraire de la faveur dans l'opinion publique. Ces progrès

en sens opposé, cette marche directe et inverse des idées
dominantes parmi les nations et parmi les gouvernements,
augmentèrent les fâcheux effets produits par la politique
pratique.

D'une part, les gouvernements perdirent de la considération et de l'estime publique, qui ne s'accordent en réalité qu'à la morale et à la justice; de l'autre, l'exemple
funeste de perversité et d'absence de toute droiture qu'ils
donnaient dans leurs relations relâcha les principes des
particuliers.

Les notions de droit sont si pures et si saintes, que la
moindre tache suffit pour effacer leur splendeur et leur
puissance. Chacun se crut en droit de demander pourquoi
les gouvernés seraient obligés à une rectitude de principes,
que les gouvernants, devenus esprits forts, traitaient entre
eux avec tant d'insouciance. Les leçons que les princes
avaient données fructifièrent parmi les sujets, et chacun
songea à les appliquer dans sa sphère et à sa façon.

La Révolution française éclata; elle aurait été invincible,
si elle avait pu être conséquente. Mais bientôt l'intérêt,
sous des formes hideuses et sanguinaires, avec tous les
vices pour cortége, prit en main une cause qui prétendait
établir le règne des principes et de la justice sur la terre.
Le général Bonaparte chercha plutôt à profiter de cette direction qu'à la rendre plus conforme à ce qu'elle devait être,
et ne fit que régulariser les mêmes maximes en y ajoutant
l'éclat de l'empire. Pendant son règne il ne fut malheureusement arrêté, tant à l'intérieur qu'à l'extérieur, par aucun
principe, par aucun droit, mais sa chute ne les a pas re-
levés.

Les puissances contre lesquelles le pouvoir sans limites
de Napoléon Ier est venu enfin se briser rétablirent d'an-

ciennes injustices en place des plus récentes ; en commirent de nouvelles, et s'efforcèrent de tenir le continent de l'Europe, aplati, en quelque sorte, sous leur énorme poids.

L'on n'y a pas fait assez d'attention, et l'histoire sera obligée de relever avec sincérité une circonstance aussi frappante. Ce fut toujours la même alliance qui, à sa naissance, débuta par partager la Pologne, qui a détruit entièrement l'équilibre européen, et contre laquelle, plus tard, tout le génie de Napoléon et sa puissance colossale sont venus échouer; c'est, dis-je, la même alliance qui, encore après sa chute, a voulu seule dominer sur le conti-nent : tant est fort et indissoluble le lien d'un délit commun! tant il rend les complices inséparables! Après l'expérience d'un succès coupable, les trois puissances copartageantes, à travers toutes les vicissitudes des dernières trente années, sont restées, hautement ou tacitement, mais toujours invariablement, fidèles à leur premier pacte. La proie lacérée, dont chacun veut retenir les lambeaux, est la victime sur les entrailles de laquelle leur union a été jurée. C'est la vraie garantie de leur mutuelle fidélité qui, souvent, a empêché des souverains bien intentionnés et innocents des méfaits de leurs prédécesseurs, de se livrer à des inspirations justes et bienfaisantes. La diplomatie, pour les en détourner, leur a constamment présenté le spectre de la Pologne se relevant de son tombeau. Pour le bien de leur avenir, et dans l'intérêt de leur gloire, puisse quelque événement majeur rompre un jour ce nœud de coupable mémoire, ou le délier par un grand acte de saine politique, par un grand bienfait envers l'humanité, qui efface enfin le souvenir de sa première source impure!...

Quoique le traité de Westphalie, et le siècle dont il fut le code, ne puissent être regardés comme une époque de stricte justice et de sécurité durable, puisqu'on la vit en-sanglantée par des guerres continuelles, cependant la di-plomatie de ce temps fut de beaucoup préférable à celle qui lui succéda après le partage de Pologne.

Les formes tiennent quelquefois lieu du fond; si elles ne font pas la justice, elles la représentent; elles en prennent l'attitude et elles entravent du moins l'action de l'injustice. Les formes sont une manière d'entretenir et de conserver la pudeur parmi les hommes. Le costume gênant d'autre-fois contraignait des vices qui peuvent aujourd'hui être plus facilement satisfaits. Il y a beaucoup de choses incon-venantes, qu'on ne se serait pas permis en habit et le cha-peau sous le bras, qui semblent sans conséquence en sur-tout gris et en chapeau rond.

L'on pourrait en dire autant de la diplomatie. Lorsqu'il n'y avait pas moyen de remonter aux principes du droit et de la morale, encore valait-il mieux que les intérêts de l'Europe fussent confiés à des hommes d'État formalistes, qui dissertaient gravement sur une virgule, et se dispu-taient un pouce de terrain, qu'à ces ministres de nos jours qui traitent les affaires d'État comme leurs intrigues d'a-mour, et qui ne se croient pas obligés à plus de bonne foi envers les nations qu'envers leurs maîtresses.

Les minuties pédantesques et souvent captieuses des for-malistes des dix-septième et dix-huitième siècles, ont été remplacées par un cynisme diplomatique que la Révolution a montré dans toute sa laideur, que l'Empire a soutenu au milieu de l'éclat des cours, et qui maintenant se cache sous le système avoué d'arrêter les progrès de la civilisa-tion, de comprimer les sentiments qui tendent au bien de l'humanité, et de consacrer toutes les injustices précédemment commises, par un éternel *statu quo*.

VII

LE CONGRÈS DE VIENNE

La mémorable époque de l'année 1815 doit maintenant être caractérisée et il faut s'arrêter sur la manière dont la diplomatie d'alors s'acquitta de la tâche importante qui lui fut abandonnée sans contrôle, et sans qu'elle en comprît la pesante responsabilité.

Le traité général de Vienne devait remplacer le traité de Westphalie, dont l'autorité, comme base du droit international européen, ne pouvait plus être réclamée, puisque tout ce qu'il avait établi n'existait plus.

Pendant la durée de la guerre de Trente-Ans, les États, les souverains, avaient été exposés aux chances les plus dangereuses de combat; mais généralement aucun d'eux n'avait perdu son existence, son nom, sa place sur la carte de l'Europe. Pendant les vingt-cinq ans de la tourmente révolutionnaire et les victoires colossales de l'Empire français, il y avait eu destruction de ce qui existait.

L'ancien état des choses avait disparu, de nouveaux royaumes avaient surgi, et lorsque la chute subite et imprévue de Napoléon survint, il y eut pour ainsi dire table rase en Europe, où tout fut à reconstruire.

L'illustre assemblée réunie à Vienne pour procéder à cette création fut bien plus imposante, plus solennelle, réveilla des espérances qui semblaient plus fondées que celles qu'avaient fait naître les travaux des négociateurs envoyés à Osnabrück et à Münster.

Ce ne furent plus des ministres seulement qui furent chargés de négocier la paix générale ; les souverains les plus puissants de l'Europe, une foule de princes accompagnés de leurs ministres se réunirent de leurs personnes à Vienne, habitèrent pendant plus de six mois sous le même toit, dans la vaste *Bourg* de cette capitale, et, grâce à l'hospitalité de l'empereur d'Autriche, purent se voir, se visiter journellement, et s'assurer par eux-mêmes de ce qui se traitait en leur nom.

Malgré les circonstances exceptionnelles qui amenèrent la réunion du congrès de Vienne, et l'autorité, la splendeur que sa composition lui donnait, malgré les espérances qu'il avait fait naître et qu'il aurait dû réaliser, son œuvre ne dura intacte que peu d'années, ne satisfit aucune ambition, ne remédia à aucune plainte, fut bientôt ou complétement remaniée ou violée par les contractants eux-mêmes, tellement cette nouvelle loi fondamentale du code international manqua son objet et mérita peu de porter ce titre.

Les souverains et leurs ministres accoururent à Vienne pleins de vues intéressées, mais sans penser à aucun principe qui eût pu régler les prétentions, dominer les appétits excessifs, et donner la possibilité de produire une œuvre digne du but qu'une telle assemblée était appelée à remplir, et dont la durée méritât d'être désirée et soutenue par l'opinion publique de toute l'Europe. Il en fut tout autrement.

La diplomatie se livra sans contrainte à ses propres in-

stincts, dont nous avons essayé de dépeindre les inconvénients; ces mauvais instincts inspirèrent encore seuls et
gouvernèrent souverainement les transactions de l'auguste
assemblée, et seuls dictèrent le traité définitif de Vienne,
où quelques clauses et quelques articles furent rédigés de
manière à en obscurcir le sens précis.

L'empereur Alexandre, comme nous aurons encore l'occasion de le redire, sembla, jusqu'à un certain point, pouvoir être excepté de cette accusation. Mais en général toutes
les négociations, durant le congrès, tout ce qui s'y est dit
et fait, les motifs et les résultats ont été empreints de l'é-
goïsme le plus intéressé, qui, partout le même, n'ayant
pas de raison de se cacher, se montra à l'aise et put agir
sans contrainte.

Les gouvernements de l'Europe, en se liguant contre le
grand usurpateur qui avait courbé leur puissance sous son
épée victorieuse, avaient senti la nécessité de se renforcer
par l'opinion et le concours des peuples.

De magnifiques promesses avaient été faites aux nations
pour les animer à se lever en masse et à combattre l'ennemi commun.

Mais, après la chute de Napoléon, les coalisés, maîtres
absolus de la situation, ne pensèrent plus à s'acquitter envers les nations ; on ne s'inquiéta ni de leurs plaintes, ni de
leurs droits, ni de leurs vœux ; elles furent mises hors de
cause comme un objet qui ne méritait pas d'entraver les
négociations.

Le congrès ne fut qu'une curée où toute l'habileté des
négociateurs diplomates s'exerça uniquement à partager
les pays libérés, à rogner telle part, arrondir telle autre,
et à se les disputer sans égard au sort que ces arrangements arbitraires préparaient aux peuples.

La question polonaise fut la seule dans laquelle un désir de justice sembla poindre ; une pensée noble et généreuse se fit jour ; mais la diplomatie s'empressa de la fausser, d'introduire dans la rédaction des articles des tournures qui en rendaient le sens incertain, et qui donnaient à ceux qui les signaient l'avant-goût de pouvoir se dispenser de les exécuter.

M. Thiers, dans son *Histoire du Consulat et de l'Empire*[1], a tracé celle du congrès de Vienne avec plus de vérité et d'habileté que ceux qui l'avaient précédé dans cette tâche, et qui, rapprochés de l'époque qui était l'objet unique de leur travail, auraient dû mieux la juger et l'approfondir.

M. Thiers a eu en main la correspondance de M. de Talleyrand avec Louis XVIII, peut-être des fragments de celle de lord Castelreagh avec son gouvernement, et il a dévoilé avec un rare talent, avec une netteté frappante les motifs secrets, les conversations particulières, causes véritables des péripéties, des revirements, qui ont à chaque pas arrêté la marche de ces négociations.

M. Thiers est surtout habile dans la manière dont il trace les portraits des personnages les plus marquants de l'époque ; on les voit pour ainsi dire vivants, agissant devant nous.

Lord Castelreagh est dépeint comme un spécimen du plus pur sang britannique. Cette grande nation se distingue par les avantages et les inconvénients qui découlent de ce que les millions d'individus qui la composent ont tous été pétris pour ainsi dire absolument dans le même moule :

---

[1] Il est facile de voir que ce fragment sur l'*Histoire* de M. Thiers a été écrit postérieurement à la première composition de l'*Essai*. Il trouve ici sa place la plus naturelle et n'est que le développement de l'idée de l'auteur. (Note de la 2e édition.)

ministre, grand seigneur, homme politique, orateur, savant, littérateur, négociant, boutiquier, industriel, ouvrier, chaque Anglais placé dans les positions les plus diverses, et possédant une instruction tout à fait différente, est le même individu, a la même force primitive, pense, agit, répond de la même manière, n'est capable d'admettre, de comprendre aucun but, aucune tendance, aucune idée que les siennes, toujours dominées par un intérêt personnel, pour ainsi dire national, qu'il ne perd jamais de vue.

L'intérêt de lord Castelreagh était de pouvoir, à son retour à Londres, expliquer devant la Chambre des communes sa conduite, de manière à assurer la durée du ministère.

Tout lecteur français appréciera aussi combien M. de Talleyrand est décrit au naturel dans le récit de M. Thiers.

Il est moins précis et moins détaillé en parlant de M. de Metternich, dont il n'a pas fait remarquer l'hostilité envers l'empereur Alexandre, que ce ministre s'avisa de faire croire atteint d'une maladie mentale, à cause de ses opinions libérales.

M. Thiers s'attache surtout à peindre l'empereur Alexandre, qui, en effet, était alors le personnage principal du congrès, et qui semblait dominer la situation. Il avait été l'Agamemnon de la coalition pendant ia guerre, et conservait encore le prestige, l'apparence de cette dignité dans les négociations de la paix.

Le portrait moral de l'empereur n'était pas facile à dessiner ; car personne n'était un composé de tant de nuances, de contradictions, de qualités qui ordinairement ne peuvent se combiner. M. Thiers a réussi à tracer le caractère de ce prince avec une impartialité, un tact, une vérité, qui donnent la mesure de l'habileté du peintre. On serait tenté de croire que M. Thiers avait connu et pu étudier person-

nellement le modèle remarquable qu'il esquisse. Il s'est
pourtant trompé dans un des traits principaux du portrait.
L'empereur n'était pas ambitieux, comme le prétend
M. Thiers; ce genre d'entraînement n'était pas à lui reprocher ; il n'était pas non plus possédé de l'amour de la
gloire, tel qu'il se manifeste chez les hommes remarqua-
bles et qui leur fait endurer les positions les plus pénibles,
les travaux les plus difficiles, affronter les mécomptes les
plus poignants dans le présent, par le désir et l'espoir que
leur nom vivra éclatant dans les siècles à venir. Cette disposition sublime, Alexandre ne l'avait pas non plus. Sa passion
dominante était, si j'ose le dire, une noble et généreuse
vanité. Il voulait à chaque moment gagner les cœurs, faire
effet, en imposer aux cabinets, plaire aux militaires, aux
gens de lettres, aux dames, se faire admirer dans les salons
les plus brillants, dans les réunions les plus intimes aussi
bien qu'à la tête de ses armées.

Ce besoin continuel de succès momentanés en tous
genres l'exposait à des critiques sévères, quelquefois méritées; cependant il serait injuste de lui reprocher cette
faiblesse, ce trait de son caractère, qui souvent lui fit tort,
mais qui était ennobli toujours par des motifs louables et
bienveillants, qui avaient leur source dans son cœur.
M. Thiers a eu raison de dire qu'Alexandre avait éminemment le sentiment de la conscience, qualité extraordinaire
et rare parmi les souverains; car, habitués à voir l'État
dans leur personne, et agissant comme tels, ils se croient
en droit de suivre une autre morale que celle qui lie le
commun des hommes.

M. Thiers observe avec raison que la France, à ce congrès, aurait dû se joindre à la Prusse et à la Russie; que
c'était un moyen de rétablir son influence et d'améliorer

ses frontières, sans faire tort au roi de Saxe, qui aurait été plus tranquille et mieux partagé sur le Rhin, et sans diminuer les chances d'une prochaine chute de Murat à Naples, qui était inévitable. Mais M. Thiers n'a pu soustraire son cœur à l'influence glaciale, à la contagion des ministères qu'il a traversés ; malgré sa supériorité d'esprit, il n'a pas saisi, non plus que tous les diplomates distingués réunis alors à Vienne, la question polonaise telle qu'elle leur était, en 1815, présentée par l'empereur Alexandre, ni les avantages qu'on aurait pu en tirer pour l'avenir de l'Europe.

La phrase : *Sauver la Pologne*, répétée souvent dans le brillant récit de M. Thiers, veut dire couper en morceaux ce malheureux pays, de manière à mieux assurer les frontières des puissances allemandes contre l'agression russe, sans imposer aux spoliateurs aucune condition en faveur de la victime.

L'empereur Alexandre ayant à peine dix-sept ans, vit avec horreur, indignation, la conduite inique, sans foi ni loi, de sa grand'mère Catherine II envers la Pologne ; il prit envers lui-même un engagement de jeunesse de réparer un jour une si odieuse injustice. Cet engagement, il le répéta bientôt après à de jeunes Polonais qu'il avait su s'attacher. Plus tard, déjà sur le trône, il ne cessa de répéter les mêmes promesses à beaucoup de Polonais qui lui étaient présentés, dans les fréquentes courses qu'il faisait en Pologne, ainsi qu'aux dames avec lesquelles il se plaisait à causer.

L'empereur, comme le dit avec vérité M. Thiers, avait une conscience ; il se crut lié par cet engagement de jeunesse, qu'il avait pris sincèrement, de bonne foi avec lui-même, et qu'il n'oublia jamais jusqu'à sa mort. Le rétablissement de la Pologne, à la manière dont il le concevait, c'est-à-dire comme son œuvre et non comme celle d'aucune autre puissance étrangère, fut, si l'on veut, sa marotte, son *hobby-horse*, comme disent les Anglais ; l'un des rêves de sa vie, auquel il pensait, il revenait sans cesse, malgré les intervalles dans lesquels ses opinions libérales l'abandonnaient pour faire place aux craintes que lui inspira l'esprit révolutionnaire pénétrant jusque dans ses armées.

L'on a fait un grave reproche à l'empereur Alexandre de s'être exprimé, dans une conversation entre M. de Talleyrand et lui, avec si peu de ménagement sur la nullité trop fréquente des transactions diplomatiques. Ce fut un moment d'emportement dans une discussion très-vive où l'on ne pèse pas assez ses expressions et qui eut lieu avec un ministre qui, lui-même, ne pouvait se retrancher dans une trop grande rigidité de principes.

D'ailleurs tous les événements du dix-huitième siècle auxquels Alexandre avait assisté depuis sa jeunesse ne pouvaient manquer de lui donner cette conviction intérieure, dont il sentait les graves inconvénients, mais qui, avouée par un souverain, était une preuve d'une franchise poussée à l'excès et fait encore l'éloge de son caractère, qu'on taxait de duplicité ; et, en effet, chose sans doute fort extraordinaire, il se croyait plus lié par les engagements personnels pris spontanément en vertu d'une aspiration de l'âme profondément sentie, que par des transactions où personne n'était de bonne foi.

Je le répète, les négociateurs et les souverains rassemblés à Vienne ne comprirent ni les motifs qui faisaient agir Alexandre, motifs en effet fort étranges dans un souverain, ni les avantages que l'Europe pouvait retirer de la question polonaise telle qu'elle se présentait à Vienne.

L'empereur Alexandre, à la première nouvelle de la retraite des Français de Moscou, incertain encore sur la coopération du roi de Prusse et sur l'attitude que prendrait l'Autriche, s'était hâté d'offrir à la Pologne une existence distincte, depuis la Dzwina et le Dnieper, avec une constitution basée sur celle du 3 mai, et en demandant que les Polonais se réunissent à son armée pour délivrer l'Europe du joug insupportable d'un dominateur absolu. Les ministres les plus sages du grand-duché de Varsovie furent d'avis que le salut du pays exigeait qu'on acceptât les propositions d'Alexandre ; mais l'armée polonaise, commandée par le prince Joseph Poniatowski, resta fidèle à Napoléon et à la France, et quitta le pays pour aller combattre à Leipzig et à La Fère-Champenoise. Le refus des Polonais de se joindre aux ennemis de Napoléon, pendant que la lutte était encore incertaine, ne détourna pas Alexandre de l'exécution de ses projets en leur faveur. Dans cette pensée il s'entendit à ce sujet avec le roi de Prusse, et, d'un commun accord, les deux souverains proposèrent au début du congrès le rétablissement de la Pologne telle qu'elle était avant le deuxième partage ; elle aurait eu sous le sceptre de l'empereur de Russie une constitution distincte, tandis que la Prusse aurait reçu la Saxe en compensation. M. Thiers raconte comment ces propositions, dont la France ne sut pas comprendre les avantages, échouèrent devant la crainte de l'Autriche.

Les représentants de l'Autriche, de la France et de l'Angleterre se donnèrent le mérite de soutenir dans des notes rédigées avec soin, que puisque l'empereur Alexandre voulait s'occuper du sort de la Pologne, c'était de son entière indépendance qu'il fallait traiter. Cette proposition des ministres ne fut jamais sérieuse ni faite avec l'intention d'en poursuivre l'exécution : ce n'était qu'une manière

d'embarrasser Alexandre, de lui faire abandonner ses projets sur la Pologne ; car les quelques offices d'apparat que
les plénipotentiaires de l'Autriche et même de la France
lancèrent, et auxquels eux-mêmes n'attribuaient aucune
portée et qui n'étaient faits que par acquit de conscience,
se terminaient toujours par la conclusion que, si, dans les
circonstances du moment, l'indépendance complète d'une
Pologne restaurée était impossible, il fallait en prendre son
parti, y renoncer et ne penser qu'à la plus convenable
répartition du pays polonais reconquis par la coalition ;
ce qui voulait dire de partager le duché de Varsovie de
manière à accorder aux deux puissances allemandes la
frontière la plus étendue et stratégiquement la plus rassurante.

Le congrès ne pouvait pardonner à l'empereur Alexandre
son obstination, qui arrêtait seule la marche des négociations et en rendait toute conclusion impossible.

L'empereur François, auquel son âge et toutes les vicissitudes par lesquelles il avait passé donnaient le droit d'a-
dresser des conseils aux autres souverains, lui disait qu'il
fallait écouter les avis de ses ministres qui entendaient
mieux les affaires que leurs maîtres.

L'empereur François savait que tous les plénipotentiaires, les ministres d'Alexandre et les conseillers dont il
estimait le plus les talents, tels que le général Pozzo di
Borgo et le baron Stein, étaient unanimes à blâmer sa manière de résoudre la question polonaise, et se réunissaient
pour soutenir la politique des autres cabinets, et pour l'engager à y obtempérer, à céder à l'opinion générale ameu-
tée contre lui à Vienne. Seul au milieu des fêtes, des dis-
tractions, des conseils, des conférences, des conversations
diplomatiques (si bien décrites par M. Thiers), il ne cédait

pas. Cette obstination était attribuée à une ambition excitée par les services qu'il avait rendus à la coalition et le rôle brillant et supérieur qu'il y avait joué.

En effet, Alexandre, par une foule de bienfaits accordés spontanément dès le commencement de son règne et même depuis ses succès en France, avait su gagner la confiance des Polonais, dans ce moment repoussés par tous les autres gouvernements; et l'on disait avec une inquiétude croissante que la puissance de la Russie, renforcée par l'enthousiasme si facile à enflammer en Pologne, deviendrait plus dangereuse pour l'Europe que la domination de Napoléon à laquelle on venait d'échapper.

L'inquiétude s'accrut tellement, que les cabinets d'Autriche, d'Angleterre et de France se décidèrent, sous les yeux de l'empereur Alexandre et à son insu, à contracter une alliance secrète contre lui, qui ne fut connue que lorsque Napoléon, revenu aux Tuileries au commencement des Cent-Jours, en envoya le texte à Vienne, ce qui n'engagea pas Alexandre à se détacher de ses alliés.

L'apparition de Napoléon et son retour triomphal à Paris aplanirent toutes les difficultés; on se hâta de les écarter et de terminer tant bien que mal l'œuvre du congrès, pour courir au plus pressé, à la défense commune.

L'empereur Alexandre, vaincu par l'opposition et le mauvais vouloir de toute l'Europe, qui ne le comprenait pas, et par la pression des circonstances, céda à la fin et se réserva la possibilité de suivre l'exécution de l'une de ses idées favorites, en se soumettant à des conditions que personne n'avait le désir de lui imposer.

Il avait voulu d'abord, par la coopération de l'armée polonaise aux succès de ses armées, et, plus tard, par un agrandissement considérable du côté de la Russie, faire une

Pologne associée à son empire, obtenir l'assentiment des Russes à ses projets ; et, lorsque ces combinaisons lui échappèrent, il se réserva, en prenant le titre de roi d'un petit État qu'on nomma Pologne, la faculté d'étendre ses frontières par la suite.

Cette phrase ne fut pas dictée par les autres plénipotentiaires de l'Europe, mais par l'empereur Alexandre lui-même, qui, jusqu'à sa mort, fut toujours occupé de la pensée d'y donner suite, et ne cessa de le promettre aux Polonais.

Si les puissances ses rivales avaient été capables de comprendre ses véritables motifs, sincèrement libéraux, et auxquels ne se mêlait aucune pensée ambitieuse qui dût les alarmer, elles auraient pu faire servir ces vues au plus grand bien de l'Europe ; loin de décourager Alexandre, elles auraient dû l'aider à les exécuter, et, par là, assurer les suites salutaires qui pouvaient en découler.

L'Europe aurait dû déclarer qu'elle ne pouvait reconnaître à l'empereur de Russie le titre de roi de Pologne que sous la condition que cet État restauré recouvrerait ses anciennes limites et deviendrait une réalité.

L'Europe aurait dû exiger que le lien du royaume de Pologne avec l'empire de Russie fût exclusivement concentré dans la personne seule d'un souverain commun, et que, par conséquent, le royaume jouît d'une administration et d'une existence distinctes. Il fallait que l'article qui aurait contenu ces conditions fût soigneusement rédigé, afin d'en assurer l'exécution exacte et durable, et prévenir toute interprétation fausse et malveillante. C'est le contraire qui eut lieu par les soins des ministres, aussi bien européens que russes, parce que les deux puissances allemandes partageantes n'adhéraient aux tendances de l'empereur Alexandre qu'avec humeur, avec l'intention de les suivre le moins possible et de se libérer de leurs engagements.

L'apparition de Napoléon en France et sa marche triomphale jusqu'à Paris fit signer à la hâte le traité définitif, qui, lu avec attention, a l'apparence d'un premier jet plutôt que d'une œuvre méditée, rédigée et achevée avec le soin, la bonne foi, la réflexion exigés par son extrême importance.

Si la Pologne avait obtenu, par l'insistance et sous la garantie positivement exprimée de l'Europe, une existence distincte et les frontières plus étendues et plus convenables que l'empereur Alexandre voulait lui donner, un pas immense aurait été fait vers un état normal de justice et de sécurité durable, que l'Europe poursuit toujours sans jamais l'atteindre. La Pologne, plus satisfaite et plus heureuse, aurait été plus tranquille; dans des limites plus étendues, elle aurait été respectée par la Russie, et pouvait, comme le désirait Alexandre, aider à moraliser le grand empire, au lieu d'être une cause continuelle de vices et de corruption.

Dans cet état de choses, tout insuffisant encore qu'il parût, la Pologne aurait pu devenir pour longtemps l'un des gages de sécurité réciproque entre le Nord, l'Orient et l'Occident.

Les deux nations jouissant d'une vie séparée, sous le même sceptre également juste et également paternel pour chacune d'elles, auraient fini par s'estimer, par fraterniser, par ne plus se détester d'une haine irrémédiable; cet état de choses, toujours jusqu'à un certain point transitoire, était parfaitement assuré tant qu'aurait duré le règne d'Alexandre; les jours de ce prince auraient été peut-être prolongés par la vue de l'accomplissement de ses gé-

néreuses intentions, tant envers la Russie qu'envers la
Pologne, dont les succès déjà compromis furent une des
causes des accès de tristesse et de découragement qui l'ac-
cablèrent dans les dernières années de sa vie.

Et si, par la suite des temps, des intentions contraires
et des vues perverses de la part de la Russie s'étaient ma-
nifestées, à la manière dont le petit royaume de Pologne a
su résister à toutes les forces réunies de la Russie, soutenue
par le concours de la Prusse, on peut conjecturer, sans
craindre de se tromper, combien une Pologne plus grande
aurait su défendre ses droits et contribuer à garantir l'Europe d'une agression injuste.

Aucune de ces considérations ne vint à la pensée des
négociateurs de Vienne, absorbés uniquement par la discussion sur l'étendue du pays, sur les parties ou les parcelles
de territoires qui devaient être accordées ou refusées à tel
ou tel autre des grands ou petits, faibles ou puissants pré-
tendants à la curée générale.

Cette préoccupation fut si complète, qu'elle produisit sur
les membres du congrès un aveuglement digne d'être cité.

La république des iles Ioniennes délivrée, affranchie du
joug mahométan, sans cesser de reconnaître la suzeraineté
du sultan, avait existé sous l'influence et la protection directe de la Russie. Le ministère de l'empereur Alexandre,
par des motifs difficiles à expliquer, déclara que le gouvernement russe voulait être déchargé de ce protectorat
gênant. Personne ne voulut accepter : l'Angleterre elle-
même parut se défendre comme ses co-États d'une charge
aussi peu désirable ; elle finit cependant par céder à leurs
instances et consentit à s'emparer des îles Ioniennes et à
s'établir à Corfou.

N'est-il pas incroyable que l'Europe ait eu la bonhomie

pour ne pas employer une autre expression plus appropriée, de forcer l'Angleterre d'accepter une station formidable, dominant sur les deux rives de l'Adriatique, elle qui avait su déjà augmenter sa prépondérance dans la Méditerranée en refusant de rendre Malte, comme elle s'y était obligée par le traité d'Amiens, et en y fondant un établissement maritime de premier ordre. Lord Castelreagh eut de la peine à cacher, par l'animation de son regard et l'expression de son visage, la joie extrême qu'il éprouva de ce dénoûment d'une question que le congrès considéra comme de trop peu d'importance pour s'en occuper sérieusement.

L'œuvre du congrès de Vienne fut donc défectueuse sous plus d'un rapport, et ne répondit pas à ce que l'Europe s'en promettait.

Dans les nombreuses difficultés qui furent réglées à Vienne, le congrès ne sut s'élever à des considérations de justice et d'humanité dépassant le commun niveau des motifs diplomatiques, que dans deux questions, celle de la traite des nègres et la question polonaise, que quelques-uns alors nommèrent la traite des blancs.

M. Thiers s'empresse de donner un tribut d'éloges à l'unanimité avec laquelle les puissances condamnèrent un commerce inique et en proscrivirent la continuation. Mais on est en droit de lui reprocher, et le peu d'intérêt qu'il témoigne à la cause de la Pologne, et même une espèce d'opinion arrêtée contraire à tout ce qui conduirait à la reconnaissance de ses droits et à la réalisation de ses espé-rances. La cause de la Pologne, en effet, est un sujet toujours mal accueilli par ceux qui ont le bonheur d'avoir une patrie et qui n'ont d'autre but que de jouir paisiblement de ce bienfait.

Quoi qu'il en soit, la solution de la question polonaise,

si imparfaitement réglée par le congrès de Vienne et laissée, par la manière dont les articles qui la concernent
furent rédigés, sans aucune garantie qui en assurât l'exécution, resta cependant de la part de l'Europe comme un
témoignage de regret et du désir d'adoucir le malheur
que la force arbitraire avait fait peser sur cette nation.
D'autres peuples, les Génois, les Lombards, les Grecs des
Sept-Iles, les villes libres de Dantzig et de Thorn ne purent
obtenir la moindre marque d'intérêt et furent livrés à leurs
nouveaux maitres sans aucune condition.

VIII

COMPARAISON DE LA DIPLOMATIE DES ANCIENS ET DES MODERNES.

En comparant les peuples anciens et modernes, nous
trouverions, pour excuser la diplomatie des premiers,
des raisons qui nous manqueraient pour la diplomatie des
derniers.

La guerre a été la vie habituelle de l'antiquité et du
moyen âge. C'était l'occupation la plus agréable et la plus
entrainante. Quand elle cessait, les populations, ennuyées
de ce qu'elles croyaient être un désœuvrement, ne savaient
trop comment passer leur temps dans un repos qui leur
devenait à charge. Les peuples vivaient alors isolés, étrangers les uns aux autres ; ils étaient peu à portée de se connaitre, encore moins de se comprendre ; les communications étaient difficiles, les routes peu fréquentées, le
commerce rare et chanceux. Les langues ne faisaient pas

partie de l'éducation[1]. Chaque peuple croyait n'avoir d'obligations que chez soi, et ne concevait que très-imparfaitement des devoirs plus étendus. Tout tendait ainsi à maintenir les nations dans des sentiments de méfiance, d'hostilité et de complète séparation.

Aujourd'hui la situation des choses est entièrement changée. Les arts, les sciences, l'industrie et ses nombreux bienfaits sont devenus la jouissance favorite des peuples civilisés. Les occupations paisibles leur sont plus agréables et plus utiles que la guerre et son butin. Des relations de commerce non interrompues, des mœurs adoucies, et, par-dessus tout, une seule religion morale, ont rapproché toutes les nations du monde chrétien.

La Providence paraît avoir de longue main préparé ces admirables résultats, si prospères, en comparaison de l'état où se trouvait le genre humain il y a deux mille ans. Le doigt de Dieu ne saurait s'y méconnaître.

Il fallait qu'une grande partie du globe passât sous la domination romaine, afin de recevoir une civilisation à peu près uniforme, afin que les communications établies dans l'empire rapprochassent les distances, et qu'une seule langue officielle devînt un moyen prompt d'intelligence entre tant de peuples divers répandus sur une si vaste étendue. La formation d'un seul empire était d'ailleurs une condition nécessaire à la propagation de la religion chrétienne, destinée à prendre racine dans la partie policée du globe. Mais ce grand but une fois atteint, la carrière du bonheur social ne pouvait être ouverte aux hommes que par le partage de ce même empire. Le monde civilisé, soumis à un

[1] La connaissance du grec ne devint générale à Rome qu'après la soumission de la Grèce. Toute autre langue était réputée barbare et complétement négligée.

seul maître, devait déchoir, tout progrès y devenait impossible. Il fallait donc que la domination romaine fût bri-
sée, et cette grande catastrophe ne pouvait s'opérer sans
de terribles révolutions, sans tout replonger encore une
fois dans la confusion et dans les ténèbres. Les hordes innombrables du Nord devaient-elles être exclusivement privées des bienfaits du christianisme, et rester étrangères à
une civilisation qu'elles semblèrent d'abord vouloir anéantir, mais à laquelle elles devaient pourtant fournir plusieurs éléments nécessaires qu'elles possédaient sans en
connaître la valeur?

Quelque affligeante que fût donc la barbarie qui couvrit
l'Europe à la chute de l'empire romain, c'était néanmoins
une transition indispensable pour parvenir à la situation
la plus favorable au bien de l'humanité. Pour y arriver il
fallait que des peuples divers vinssent se partager l'Europe,
et commencer sur leur propre territoire une vie nationale.
Les rapports qui à la fin viendraient à s'établir entre ces
nations distinctes ne devaient plus être du même genre
que ceux qui avaient existé entre les peuples de l'antiquité.

Ces nations reçurent en effet dans leurs nouveaux foyers
une impulsion et des éléments de perfectibilité qui n'avaient
jamais été à la portée des peuples anciens. D'autre part, les
nations modernes eurent toutes les chances de développement social qu'une existence séparée peut seule procurer;
de l'autre, elles conservèrent dans leurs rapports cette
unité de la domination romaine dont le souvenir, trop
profond pour pouvoir s'effacer, fit comprendre et adopter
l'unité de la chrétienté. La langue latine, au milieu des
dialectes divers qui prirent naissance en Europe, et tout en
préparant leur perfectionnement, continua d'être un moyen

7

universel de s'entendre et devint partout la langue privilégiée des affaires, des lois, des sciences et d'un culte unique, dont la voix puissante, malgré quelques aberrations passagères, prêchait toujours aux hommes la concorde et l'oubli des offenses. Chaque nation, tout en prenant son essor particulier, participa au mouvement général, et ne put jamais y rester étrangère comme dans les temps anciens.

Les progrès de l'humanité furent d'abord languissants à cause des obstacles qui se présentaient de toutes parts; mais dans ce chaos existait le germe d'une civilisation universelle, qui se fortifiait par ses racines et préparait son développement par une émulation salutaire entre les peuples. Comment rétrograder dans la carrière qui était ouverte? Il fallait bien marcher entre ceux qui devançaient et ceux qui suivaient. Le moindre perfectionnement qui se manifestait dans un pays se communiquait tôt ou tard à d'autres pays; s'il était abandonné au lieu de sa naissance, on le voyait ailleurs prendre des forces et recevoir des développements. Des progrès se firent donc dans tous les genres; ils furent lents d'abord, mais uniformes, et atteignirent partout au même niveau, ce qui les rendit plus sûrs, plus stables, plus positifs, et leur donna un mouvement ascensionnel qui prit enfin une vitesse entraînante et une puissance irrésistible.

Depuis lors toutes les relations, toutes les communications sont devenues de plus en plus faciles; les obstacles ont été successivement levés; les distances se sont plus rapprochées que jamais elles ne le furent dans l'empire romain; bientôt il n'y aura pas un seul point sur les mers et les continents qui ne soit exactement connu. Tous les peuples veulent se voir, se parler et s'entendre; les rapports commerciaux ont adouci l'âpre diversité des mœurs; enfin

chaque nation a un désir égal de se perfectionner et de
profiter des améliorations qui lui parviennent, et qu'elle
fait parvenir à son tour avec un degré de plus.

Mais le plus grand avantage des nations modernes, la
source principale et première de leur supériorité, consiste
dans cette religion morale et universelle, l'âme de tout ce
mouvement merveilleux dont les bienfaits attestent la sainteté ; qui, à mesure qu'elle se dépouille de tout abus et des
erreurs qui ne sauraient lui appartenir, qu'elle se rapproche de sa pureté primitive, plane sur les deux hémisphères
et forme le lien indissoluble de tant de peuples divers qui
la professent.

Que l'on observe seulement ces associations bienfaisantes
qui ont pour but de chercher l'infortune dans les contrées
les plus lointaines, et de lui porter des secours à travers
mille difficultés qu'une charité ardente et pure peut seule
surmonter ; que l'on compare cette manière de sentir et
d'agir avec celle des anciens, et l'on jugera du chemin que
nous avons parcouru. Se dévouer au bien, répandre partout l'instruction, montrer aux peuples le bonheur, est
l'une des passions et des occupations favorites de beaucoup
d'hommes de notre temps.

La situation respective des nations et les chances de
l'humanité ont donc entièrement changé d'aspect. Les peuples se considèrent sous un point de vue tout différent.
Jadis, animés de sentiments hostiles, et ne respirant que
les combats, ils entraînaient les gouvernements, souvent
contre leur gré, à des guerres interminables ; maintenant
les nations sympathisent entre elles, et ce sont les gouvernements qui se regardent encore avec une froideur mé-
fiante, et qui veulent seuls arrêter des sentiments qui leur
semblent trop fraternels.

Au milieu d'une pacification spontanée et d'un rapprochement universel, suites nécessaires des grandes causes que nous avons indiquées, la diplomatie seule est restée rebelle au mouvement général, j'oserai dire aux vues de la Providence, qui semble avoir manifesté sa volonté par cette chaine d'événements déroulés depuis tant de siècles. Les cabinets prétendent gouverner le monde actuel, qui, divisé en plusieurs parties, n'en forme pas moins un seul tout, avec les mèmes règles que suivirent les anciens lorsque chaque peuple était isolé, étranger à tous les autres, et ne se croyait obligé qu'envers soi-mème.

Souvent l'on témoigne de l'étonnement de ce que les nations anciennes, douées de tant de belles qualités, n'ont pu arriver à une meilleure diplomatie ; mais l'on devrait bien plus justement s'affliger de ce que les cabinets modernes n'ont pas pu, jusqu'à présent, adopter des épurations et des améliorations que toutes les circonstances et tous les événements enseignent, facilitent et commandent.

CHAPITRE II

DU DROIT DES GENS

I

AMÉLIORATIONS PROGRESSIVES ADOPTÉES PAR LES GOUVERNEMENTS.

Les causes que nous avons indiquées, et leurs résultats divers, ne pouvaient manquer d'influencer en bien certaines parties du droit des gens, qui étaient soumises directement à leur action, et qui, considérées comme de moindre importance par la diplomatie, n'étaient pas l'objet continuel de son attention. Elle laissa aller à son cours naturel ce qui, à ses yeux, n'entravait en rien la libre exécution de ses vues essentielles.

Peu importe à la diplomatie de quelle manière se fait la guerre, pourvu que les résultats répondent à son attente. Il est assez singulier que ce soit dans l'état de choses le plus arbitraire, là où la force seule décide, où il y a suspension de tout droit; il est assez singulier, disons-nous, que ce soit par rapport à l'état de guerre que le droit des gens ait reçu ses premières et peut-être ses plus grandes améliorations.

Les prisonniers de guerre ne sont plus réduits en esclavage ; on n'a plus sur eux droit de vie et de mort ; ils sont traités avec humanité ; l'usage même des rançons n'existe plus, excepté chez les Turcs et chez les Barbaresques, qui n'en ont pas moins la prétention de compter parmi les pouvoirs légitimes[1]. Les gouvernements ont senti, assez généralement, que les cruautés, en temps de guerre, à quelque degré qu'on les porte, n'amènent que des représailles plus cruelles encore ; ils ont reconnu que les ravages commis deviennent funestes à leurs auteurs, et qu'on peut se faire beaucoup de mal en pure perte sans que la lutte en soit plus décidée. Des mœurs adoucies et des passions plus voilées ont fait réprouver et rejeter beaucoup d'erreurs et d'excès qui n'avaient aucune espèce d'utilité pour personne. L'on ne met plus le pays ennemi à feu et à sang ; mais on le met à contribution avec ordre et mesure ; les populations ne sont plus enlevées pour être transplantées dans des déserts éloignés, et le vainqueur ne contraint plus les vaincus à changer de religion[2].

Les publicistes du dix-septième siècle crurent aller au

---

[1] Dans la dernière guerre d'Orient, les Turcs eux-mêmes sont rentrés dans les mœurs européennes, quant au sort des prisonniers. Il dépend des puissances chrétiennes d'obtenir le même résultat des puissances barbaresques. (Note 1858.)

[2] Ces odieuses coutumes des temps barbares furent pratiquées, pour la dernière fois, par les Russes, en Pologne, pendant la guerre de la confédération de Bar ; et, plus tard, dans les provinces démembrées par le second partage. L'on vit encore, en 1793 et 1794, des détachements de soldats marcher, avec le canon, contre les paroisses grecques-unies qui ne voulaient pas passer au schisme. Les commandants, accompagnés des prêtres, avaient ordre de forcer la population à changer de culte. Le curé qui n'apostasiait pas était enlevé et perdait son seul moyen d'existence.

plus pressé en s'occupant d'abord de ce qui est le plus dangereux à l'homme, et en s'efforçant d'établir, jusque dans la guerre, un droit qui la rendît moins arbitraire et lui défendît des pratiques révoltantes. Ce point une fois obtenu, l'on pouvait en effet se flatter que le droit de paix serait plus facile à déduire et à consolider. Mais il en arriva tout autrement : la force abandonnée à elle-même affecte souvent de la grandeur d'âme. Nous l'avons déjà dit, le soldat se plait à être franc et fidèle à sa parole. L'esprit chevaleresque, qui ne fut jamais entièrement banni des camps, sympathisa avec les théories et leur donna force de loi. Bien souvent la bonne foi et les procédés généreux, attributs du guerrier, durèrent aussi longtemps que l'on eut les armes à la main, et cessèrent aussitôt que la paix fut signée.

L'on a plus d'un exemple d'interventions, d'occupations et même de spoliations positives qui se sont passées en pleine paix.

Au fond, l'état de paix ne ramène que l'apparence du calme, sans rien changer aux principes et aux sentiments des contractants. C'est toujours le règne de la force et de l'intérêt qui continue, mais il est combiné avec le besoin et le fait du repos. Rien n'a changé, excepté le genre ou le degré de l'action. Les hostilités restent dans les pensées, dans les soupçons, dans les projets, dans le désir de se nuire ou de contrecarrer le bien d'autrui.

Parmi les branches du droit des gens qui se rattachent principalement à l'état de guerre, le droit maritime tient une place majeure.

Il a fait, depuis ces derniers temps, de notables progrès, par rapport à certains points qui concernent plus directement la liberté du commerce. L'établissement des consu-

lats lui devint surtout favorable, et cette salutaire institution fait le plus grand honneur aux négociants des ports
méridionaux de la France, qui en donnèrent la première
idée à François Ier, et dont les soins actifs réussirent à la
mettre immédiatement en exécution.

Des publicistes recommandables se sont occupés, à plusieurs reprises, de la théorie du droit maritime; mais il
leur a été difficile d'épurer cette matière épineuse des injustices invétérées d'une longue pratique. L'autorité des
principes qu'ils ont cherché à établir a toujours été contestée, du plus au moins, par les parties intéressées, qui,
souvent même, ont varié d'opinion suivant les circonstances et le changement de position. Les questions générales, telles que l'armement en course, la garantie du
pavillon neutre, le droit de visite et de blocus, sont restées
dans un état d'incertitude qui fait peu d'honneur à notre
siècle, et qui laisse la porte ouverte à des mésintelligences
continuelles dans le présent, et, peut-être, à des guerres
sanglantes dans l'avenir [1].

Pour ce qui concerne l'état de paix entre les nations, leur
loi commune s'est considérablement améliorée, à l'égard
de la conduite que les gouvernements tiennent envers les
étrangers, qui, par leur séjour dans le pays, se placent
sous leur juridiction. Ceux-ci jouissent partout des droits
civils à l'égal des nationaux, et la protection qui leur est
accordée s'étend même au cas de rupture. Les droits barbares de naufrage et d'aubaine ont été généralement abro-
gés ou sont tombés en désuétude.

Le traité de Paris signé à la suite de la guerre de Crimée a réglé plusieurs points importants du droit public maritime conformément aux vœux
exprimés ici : abolition de la course, reconnaissance du droit des neu-
tres, etc. (Note de la 2ᵉ édition, 1863.)

Tous ces divers perfectionnements, et plusieurs autres
sur lesquels il nous semble qu'il n'est pas encore temps de
s'arrêter avec plus de précision, concernent uniquement,
comme on peut le voir, la partie du droit des gens qui a
pour objet de régler les rapports individuels des hommes
de différentes nations, soit entre eux, soit à l'égard des
gouvernements qui leur sont étrangers. Cette partie est le
chaînon, le point de contact où le droit des gens se rencontre et se lie avec le droit civil, et au moyen duquel il
peut participer à ses progrès. En effet, toutes ces améliorations sont dues, soit d'une manière générale, aux motifs
de religion et de civilisation que nous avons déjà examinés,
soit d'une manière spéciale, aux progrès immenses de la
législation intérieure et à l'esprit qui anime les tribunaux
dans la plupart des pays chrétiens. Ces impulsions, combinées et réunies, font espérer que les améliorations déjà
réalisées resteront, et que celles qui chaque jour sont ré-
clamées finiront par être obtenues; car l'influence des peuples et de leurs institutions civiles s'exerce sur cette partie
du droit des gens d'une manière tout à fait indépendante
de la diplomatie. Celle-ci a consenti à tous les perfectionnements tant qu'elle les a jugés indifférents ou profitables.
Elle ne croit pas devoir les entraver tant qu'ils n'empiètent
pas sur son domaine direct, tant qu'ils ne pénètrent point
dans le sanctuaire où elle veut préparer en secret ses combinaisons tortueuses.

Or, quelque importantes que soient les améliorations
pour les rapports individuels, leur introduction n'ajoute
rien aux garanties des droits des nations, et n'a pas fait
respecter davantage leur indépendance et l'intégrité de leur
territoire.

Comparons le demi-siècle qui vient de s'écouler, de-

puis 1773, avec un pareil laps de temps à toute autre
époque de l'histoire ; rappelons les malheurs qui ont pesé
sur la Pologne, sur la Suède, sur le Danemark ; considérons les morcellements et les répartitions des États d'Italie
et d'Allemagne, et sans compter les abus de pouvoir de
Napoléon, nous serons convaincus que jamais, pendant le
même nombre d'années, il n'y a eu plus d'infortunes pour
les États faibles, ni plus d'injustices de la part des États
puissants.

Nous ne voulons pas fatiguer le lecteur en lui retraçant,
avec détail, tous ces événements affligeants qui ne peuvent
qu'être trop présents à sa mémoire ; il nous suffira de conclure, encore une fois, que la haute politique, celle qui
règle les relations d'État à État, celle qui décide des grands
intérêts collectifs des nations, ne s'est encore améliorée en
rien. De tout temps elle a peu différé, quel qu'ait été
d'ailleurs le régime intérieur des nations ; et, sous ce rapport, les cabinets des princes et les assemblées tumul-
tueuses des peuples, les absolutistes et les démagogues,
Rome impériale et Rome sacerdotale, Vienne et Lacédé-
mone, qui le croirait ! ont des traits de ressemblance et des
points de conformité. Tous ont commis les mêmes fautes ;
tous ont également péché contre la justice et l'humanité ;
et les traités signés au nom de la sainte Trinité n'ont pas
été plus sacrés ni mieux gardés que ceux jurés sur les autels des faux dieux.

Que ce soit donc dans une sphère étendue ou circonscrite, dans les temps reculés ou sous nos yeux, entre des
despotes ou des républiques, l'action diplomatique a toujours fini par se montrer avec les mêmes caractères ; son
principe moteur et régulateur a toujours été cet intérêt
personnel qui n'admet aucune loi, aucune autorité au-

dessus de lui, excepté la force et la nécessité. Pour nous
en mieux convaincre, écoutons un écrivain spirituel qui,
après avoir lui-même manié les affaires dans de hautes
fonctions diplomatiques, après avoir observé de près les
événements, les cours et les cabinets, s'est trouvé à portée
de voir les choses telles qu'elles sont, et sans aucun motif
de taire ou de déguiser la vérité. Voici le tableau qu'il trace
de la situation actuelle des relations politiques entre les
États de l'Europe.

« Si l'on considère les nations à l'égard les unes des
autres, on peut les regarder comme des individus sortant
à peine de l'état de nature, possédant cependant tous des
propriétés territoriales plus ou moins considérables, que
les conquêtes et les temps ont données à chacun d'eux : mais
ne reconnaissant ni souverain pour les réprimer, ni tribunal pour les juger ; ayant plutôt des usages que des lois, et
ne réglant leurs prétentions diverses que d'après un code
très-imparfait, nommé droit des gens : code perpétuellement éludé par l'adresse ou violé par la force, et qui n'est
au fond qu'une collection de traités, souvent contradic-
toires, que les vainqueurs ont dictés aux vaincus, qui sont
respectés tant que dure la lassitude de la guerre, et que
rompt l'ambition dès que les circonstances offrent une
chance favorable à leur avidité [1]. »

Triste spectacle que présente l'humanité ! où l'on voit
qu'après plusieurs milliers d'années des mêmes maux et
des mêmes leçons sans cesse répétées, elle se trouve toujours au même point, sans avoir avancé d'un seul pas relativement à l'objet le plus essentiel, son bonheur général
et durable.

---

[1] Ségur, *Politique des Cabinets de l'Europe*

Ce fait, assurément, est digne des plus sérieuses réflexions. Tandis que les sciences, les mœurs, les lois, tout, en un mot, marche et se perfectionne, sous l'égide d'une religion d'amour, dans un monde toujours progressif, la diplomatie seule n'a pas subi de variation dans ses points cardinaux ; et, sous ce point de vue immense, la situation du genre humain, malgré les circonstances les plus favorables à son bonheur, est, à peu de chose près, tout aussi précaire, tout aussi peu assurée de nos jours, qu'elle l'était dans les temps les plus anciens.

II

TRAVAUX DES PUBLICISTES.

Ce serait un travail important, mais qui demanderait beaucoup de soins et de recherches, que de présenter un tableau raisonné des ouvrages politiques, depuis la naissance de l'étude appelée *droit naturel* et *droit des gens*, au dix-septième siècle, jusqu'à nos jours. Il serait curieux d'y suivre, pas à pas, la marche de l'esprit humain dans cette matière et d'observer le genre d'influence que les événements ont exercé sur la science. Nous y verrions les publicistes sacrifier toujours quelque chose aux préjugés de l'époque, et transiger plus ou moins avec des difficultés dont ils ne savaient comment se tirer, et avec des faits qu'ils ne voulaient ni entièrement admettre ni ouvertement repousser.

En général, les premiers publicistes pèchent par une

théorie incertaine et embrouillée, dont les déductions, dans
beaucoup de cas, ne sauraient être satisfaisantes. Leurs
successeurs s'efforcèrent de remédier à ces inconvénients.
Ils cherchèrent à asseoir leur théorie sur des principes
moins contestables et plus précis; mais ils n'y réussirent
pas toujours. Plusieurs de leurs traités ont, sans doute,
un grand mérite; mais il s'y trouve toujours quelque chose
à désirer. Les idées qu'on y puise ne sont jamais assez
claires pour ne pas laisser des doutes dans l'esprit. Le fil
de leurs raisonnements semble plutôt éluder que résoudre
certaines questions, et laisse apercevoir des lacunes dont
une dialectique déliée peut se servir pour rétorquer leurs
conclusions et les rendre vaines dans l'application.

Peut-être que les traités du droit des gens, publiés
jusqu'à ce jour, n'ont pas encore établi dans toute leur
rigidité les principes naturels de la morale politique,
ou bien qu'ils n'en ont pas tiré assez sincèrement et assez
franchement les conséquences nécessaires. L'embarras
des auteurs pour concilier ces principes avec les événements et avec la pratique constante de la diplomatie,
qui ne s'est jamais laissé déconcerter par leurs arguments, perce souvent et fait découvrir dans leurs écrits
des réticences et des accommodements qui ébranlent la
conviction pleine et entière que leur lecture aurait dû
produire.

Rendons toutefois justice à quelques-uns d'entre eux,
et reconnaissons que, pour tout homme qui cherche de
bonne foi la vérité, Vatel, Burlamachi, Mably et plusieurs
autres, fourniront des solutions justes, et presque toujours
satisfaisantes, de tous les problèmes que pourraient proposer ceux qui doivent méditer sur les relations des peuples. Cependant le contraire a eu lieu. L'expérience a prouvé

que ces ouvrages, si recommandables qu’ils soient, ont faiblement satisfait les peuples et n’ont pas du tout persuadé les gouvernements : car toutes les actions qu’ils défendent et condamnent n’ont cessé d’être commises après comme avant leur publication.

La grande faute que l’on peut reprocher à la plupart des publicistes, c’est d’avoir accordé, dans leurs théories, une place trop éminente au principe de l’intérêt, d’avoir prétendu épurer ce qui ne peut jamais l’être, et d’avoir voulu bâtir leur édifice sur une base qui ne pouvait le supporter. Ils ont dit aux gouvernements : Soyez justes les uns envers les autres, parce que c’est votre intérêt; mais la cause ne fut pas plutôt évoquée que l’intérêt se crut en droit de la juger. L’on eut beau s’écrier que c’était *l’intérêt bien entendu* qu’on avait dit de consulter, chaque ministre décida, non sans raison, qu’en matière d’intérêt il en savait plus lui seul que tous les philosophes ensemble. La prédiction des maux lents et hypothétiques, qu’une injustice devait produire dans un avenir éloigné, eut peu de force à côté des avantages immédiats et palpables qu’on s’en promettait sur-le-champ. *Après moi le déluge* est un vieux proverbe qui conserve toujours son autorité dans la pensée secrète des ministres et des souverains.

La ténacité de la haute diplomatie à ne pas se départir de ses errements, à ne jamais faire de concessions qui soient de nature à la pousser dans ses derniers retranchements; l’affectation qu’elle mit toujours à montrer la vanité des théories dans la pratique, produisirent un effet très-remarquable sur les travaux des publicistes.

Le traité de Westphalie, tant que son influence dura, avait favorisé leurs essais tendant à élever la science au-dessus des préjugés et des abus d’une routine funeste et enracinée. Il était pour eux un point d'appui qui semblait consolider les théories et les conduire à de réelles applications ; mais les tristes événements de la dernière moitié du dix-huitième siècle et les excès diplomatiques de la France révolutionnaire paraissent avoir surmonté pour un temps la persévérance des publicistes.

Depuis lors, des écrivains de première force se sont occupés à l'envi, et avec les plus heureux résultats, de la forme des gouvernements, du maniement des finances, de la législation civile et criminelle, en un mot de toutes les branches de l'économie politique ; mais pas un n'est entré dans la lice des relations extérieures avec l'intention de relever l'étendard renversé et foulé aux pieds des vrais principes du droit des gens.

Faut-il supposer qu'il n'y ait plus rien à dire sur cette matière, et que la science ne soit pas susceptible d'avancer ni d'acquérir un plus haut degré de clarté et de précision ? Cette pensée serait trop désolante lorsqu'on réfléchit à la nullité des résultats que cette science à produits. Il est plus consolant et plus naturel de conclure que son peu de succès a répandu le découragement parmi ceux qui auraient voulu s'y vouer. Ils ont peut-être désespéré de la cause, ou du moins ils ont cru que c'était peine perdue que de travailler un champ si ingrat, où le plus pur froment ne produisait que de l'ivraie. Les exhortations adressées aux gouvernements pour soumettre leur politique aux règles de la justice et de la morale, ont fini par être considérées comme des déclamations qui, à force d'être sans résultats, devenaient puériles et fatigantes.

Pour ne pas tomber dans des redites et dans les lieux communs, pour se mettre au courant et prendre un ton moins lamentable, plusieurs publicistes ont peu à peu dé-

laissé leur véritable terrain ; le droit et le fait se sont de
plus en plus confondus dans leurs écrits ; ils se sont tenus
plus que jamais attachés au principe de l'intérêt, en l'ac-
compagnant toujours des épithètes de *solide* et de *bien
entendu*. Dans leur conviction, c'était frapper au seul endroit où il y avait encore quelque espoir d'être entendu.
Sortir de ce cercle d'idées parut ne présenter aucun avantage pratique, et ne fournir aucun moyen de conviction,
ni pour les peuples, ni pour les gouvernements.

Quelques écrivains ont eu la faculté de fouiller dans les
archives de l'État ; ils y ont trouvé nombre de mémoires,
d'anciens projets que les cabinets tiennent en réserve, qu'ils
ne perdent jamais de vue, et qui constituent proprement
leur système politique. Ce sont des précédents dont l'influence les retient toujours dans l'ornière, et les éloigne
de tout principe plus large et plus favorable à l'humanité.
Munis de ces matériaux, les publicistes ont dû être entraînés dans le même sens ; ils ont savamment discuté les intérêts d'une seule puissance ; ils ont consacré leurs veilles
à la politique d'un seul pays. C'est ainsi que la France, sa
sûreté, sa tranquillité, son crédit, sa puissance, ont été
l'unique objet des travaux de Favier, de Ségur, de Flassan
et de plusieurs autres. Les droits des autres États, quoique
parfois dignement soutenus dans leurs écrits, n'y sont cependant que des considérations secondaires, des motifs
toujours subordonnés au but principal, celui de la prospérité d'une seule nation, qui est le principe fondamental
d'où partent tous les raisonnements et d'où sont tirées
toutes les conclusions. L'on y reconnaît qu'il faut être juste
et humain, mais seulement parce que c'est l'intérêt de tel
ou tel État.

Cette observation pourrait s'appliquer à d'autres ouvrages du même genre publiés par des écrivains pour le moins tout aussi éminents; la conduite des gouvernements n'y est jugée, les actions et le caractère des souverains n'y sont appréciés uniquement que par rapport à leur propre pays; lorsqu'il s'agit de prononcer sur leur mérite, les torts envers d'autres nations ne sont pas mis en ligne de compte : comme s'ils n'avaient été tenus à aucune espèce de devoir envers le reste du genre humain [1]! Quand ceux qui écrivent pour toutes les nations et pour la postérité ne dépassent pas ce cercle d'idées, comment s'attendre à des méditations plus étendues et plus épurées de la part des cabinets et des ministres? L'on est à peine en droit de leur reprocher qu'ils ne sachent imaginer aucun autre système que celui de maintenir un *statu quo* tel quel à la suite de chaque guerre, aussi longtemps que l'attitude générale le permettra. C'est le suprême bien que la diplomatie, dans la situation où on l'a laissée, puisse à tout jamais faire espérer à l'humanité. Stationnaire depuis des milliers d'années, elle continuera de l'être tant qu'on la confirmera dans la conviction qu'elle n'est susceptible d'aucune amélioration, ni d'aucun progrès. Le célèbre Kant lui-même, dans un écrit qu'il publia sur la paix perpétuelle, propose de considérer le *statu quo* des possessions et des limites existantes, quel qu'il soit, comme ne pouvant jamais varier; de le préciser avec la plus grande exactitude et de le déclarer, d'un commun accord, état perpétuel du globe, auquel personne ne pourra jamais et sous aucun prétexte rien changer. C'est, à peu près, un résultat semblable que le traité de Westphalie avait en vue, lorsque beaucoup de spoliations en Europe n'étaient pas encore consommées, et c'est aussi de

---

[1] Voyez les écrits politiques de d'Ancillon.

nos jours ce que la Sainte-Alliance avait cherché à établir.

Kant n'a pas fait attention qu'il n'y a que la justice qui puisse donner le repos réel ; qu'un *statu quo* quelconque, sans égard aux vœux des nations et à la manière dont l'équilibre de l'Europe aurait été obtenu, ne saurait être un élément de bonheur et de tranquillité générale ; qu'un repos forcé n'est pas du repos ; que le monde moral tend irrésistiblement et sans cesse vers la justice, comme à son niveau naturel, et qu'une paix qui sanctionne des injustices ne peut devenir la paix perpétuelle.

Certes, lorsque les cabinets ne sont que trop plongés dans les calculs de l'intérêt propre, qui leur donne sur toutes choses une vue rétrécie et fort inférieure à leur vocation, combien serait-il à désirer que les publicistes n'appréhendassent pas au moins de s'élever à de plus hautes combinaisons !

Beaucoup de choses ont été faites et se font encore pour l'avancement des autres branches de la science du gouvernement. De grands talents devraient maintenant réunir leurs efforts pour faire sortir la diplomatie de l'état d'arrêt où elle se trouve, et pour la mettre à flot, afin qu'elle pût enfin avancer avec l'humanité, et contribuer dorénavant à son bonheur qu'elle n'a cessé évidemment de contrarier jusqu'à ce jour. Je sens combien ma voix est faible ; et, si je la fais entendre, ce n'est pas dans l'espoir qu'elle puisse contribuer directement à cette grande œuvre, mais plutôt dans l'idée d'en réveiller de plus puissantes qui sauraient mieux l'entamer et la poursuivre.

Nous avons cherché, dans un autre chapitre, à rappeler les progrès étonnants de la civilisation et ses résultats bienfaisants ; mais quelque favorable que soit à l'humanité la situation actuelle des choses, il ne faut pas croire qu'elle n'ait aussi de grands dangers. La Providence conduit les hommes vers le bien ; elle le facilite, elle l'indique ; mais c'est à eux à suivre volontairement ses inspirations, à savoir profiter de ses secours, et à ne pas les faire servir à des fins contraires ; car, à côté des plus grands biens, il y a toujours la chaine des maux correspondants que les hommes doivent prévoir et s'efforcer d'éviter.

La civilisation se partage en deux branches : la civilisation matérielle qui soumet le savoir à l'impulsion de tous les intérêts, et la civilisation morale qui les juge et les réprime. La première fait des progrès qui ont de quoi effrayer l'imagination ; si elle continue sa marche précipitée, tout pourrait bien devenir calcul, poids, mesure, rouage, et des machines suffiront à tout. Pendant que l'homme anime la matière pour le suppléer et pour la plier à toutes ses fantaisies, ne verrons-nous pas la morale perdre de sa dignité et de sa valeur ? L'homme au milieu des machines ne deviendra-t-il pas une machine ? Nous courons peut-être le risque que l'art mécanique ne l'emporte sur la sagesse, sur la bonté, sur la vertu, et que la vie ne s'éteigne au sein du mouvement. Que deviendront le courage, le dévouement, l'héroïsme, si les moyens de destruction parviennent à ce degré de perfectionnement horrible que les progrès toujours croissants des sciences physiques peuvent leur donner, et à quelles mains ces moyens seront-ils confiés ?

Pour conjurer les progrès effrayants de la civilisation matérielle, et pour qu'ils ne deviennent pas funestes à l'humanité qui s'en glorifie, il n'y a qu'un moyen : c'est de la faire toujours devancer, ou du moins accompagner par la civilisation morale qui, seule, si elle est également puissante, peut empêcher ses mauvais effets et les tourner à bien. Les gouvernements n'aperçoivent pas cette vérité ; ils n'encou

ragent au contraire que la civilisation matérielle, parce
qu'ils croient pouvoir l'employer à leurs fins, et ils entravent, tant qu'ils peuvent, la civilisation morale, parce
qu'ils craignent des plans de réforme. Ils sont néanmoins les plus intéressés à se mettre sous sa sauvegarde. Mais pour lui rendre toute sa force, il faut que les
gouvernements lui rendent hommage et se soumettent
 es premiers à ses lois, qu'ils les respectent et les exécutent
saintement dans leurs mutuelles relations. C'est l'unique
moyen de préserver l'humanité des maux que peuvent lui
attirer ces immenses progrès matériels, dont elle est si
vaine. Les préceptes et les exemples doivent venir d'en
haut pour être efficaces, et jamais il ne fut plus urgent et
plus indispensable de faire rentrer enfin, dans le giron de
la religion et de la morale, la diplomatie souillée d'anciennes injustices.

DEUXIÈME PARTIE

DE LA DIPLOMATIE TELLE QU'ELLE DEVRAIT ÊTRE

Pour apprendre ce que la diplomatie devrait être, il faut remonter jusqu'aux éléments des rapports sociaux entre les hommes. Je n'ai pas la prétention de donner ici un traité du droit naturel et du droit des gens; mais je serai forcé d'en dire assez, — d'une part, pour rectifier quelques erreurs graves qui se sont introduites dans la manière de présenter cette théorie , — de l'autre, pour parvenir, s'il est possible, à des conclusions qui, si elles ne doivent pas influer sur la conduite des cabinets, puissent du moins ne laisser aucun doute sur ce qui est bien ou mal, permis ou condamnable, en fait de politique extérieure : car il faut le dire avant de passer outre, c'est encore une particularité de la diplomatie actuelle, que les hommes n'ont pas d'opinion fixe sur les actions qui la regardent ; ils ne sont pas bien certains de ce qui est licite ou criminel, de ce qu'ils doivent louer ou blâmer; de telle sorte qu'il n'y a ni honte, ni honneur, ni remords, pour les crimes commis par les gouvernements, quelque odieux qu'ils soient. On ne reconnaît pas d'étalon pour les apprécier, de point de départ pour les faire remonter à leur source, de terme de comparaison pour juger de leurs résultats; et, si nous pouvions seulement susciter contre eux ces sentiments de réprobation qui atteignent partout le crime, ne laisser aucun doute dans la conscience des honnêtes gens de tous les pays sur la véritable valeur des actes politiques, nous croirions avoir beaucoup fait, et nous serions presque tentés de nous flatter que ces premières lueurs ne seraient pas perdues pour l'avenir.

CHAPITRE IV

Supposons que des hommes de nations différentes et entièrement inconnues les unes aux autres, abordent, par des côtés opposés, et se rencontrent, pour la première fois, dans une île déserte; à coup sûr, ils devront immédiatement se conduire entre eux selon les règles de la justice et de la morale. Peut-être se conduiront-ils autrement; mais l'obligation de bien agir n'en est pas moins incontestable.

L'idée de justice et de morale est une idée universelle; elle est évidente pour chacun; elle est commune à tous. C'est une partie constituante de l'homme qui remonte au souffle divin dont il tient son existence.

De quelque manière et sous quelque forme que cette idée cherche à se faire jour, à se rendre palpable, à devenir applicable aux choses de ce monde, son premier principe est toujours le même; c'est une tendance, une lumière innée, une loi intérieure qui appartient à la nature de l'homme, et qui, dans tous les temps et dans toutes les positions, lui répète sans cesse : *Tu dois être juste ; ton objet est d'éviter le mal et de faire le bien.*

Cependant, comme tant d'autres axiomes que personne

ne saurait nier, et qui pourtant ne sauraient être rigou-
reusement démontrés, l'idée du devoir échappe à toute
démonstration positive, et ne se classe pas moins parmi les
faits qu'il est impossible de révoquer en doute.

« Vois dans chaque homme ton semblable. Ne fais pas
« à autrui ce que tu ne voudrais pas qu'il te fût fait. —
« Prends pour objet constant de ta conduite le bien de
« tous. — Agis toujours de manière que tes motifs se dé-
« duisent de la règle générale et avouée par la morale. —
« Il n'y a pas de droit qui n'oblige nécessairement à des
« devoirs correspondants, » etc. Toutes ces expressions
sont autant de modes plus ou moins heureux de locution,
par lesquels la loi de justice, l'idée du droit, inhérentes à
l'homme, ont cherché à percer et à se faire comprendre.
Cependant le devoir, la nécessité morale d'agir de la sorte,
de suivre invariablement ces maximes, comment les prouver? comment démontrer mathématiquement que la justice
est un devoir absolu, qu'il faut, quoi qu'il arrive, s'abstenir
de mal faire, qu'à tout risque, l'on doit être bon et travailler même à devenir meilleur?

Ce sont des vérités que chacun sent et reconnaît, dans
sa conscience, avec une force et une clarté qui l'emportent
sur tous les arguments de la plus fine dialectique. L'enfant,
dès qu'il commence à distinguer les objets, subit cette loi
impossible à démontrer ; l'homme simple la suit sans qu'il
lui vienne jamais à l'esprit qu'il soit nécessaire de la prouver. L'impossibilité d'atteindre par des raisonnements
humains à l'axiome que la voix unanime de l'humanité
proclame est précisément la preuve irréfragable de sa vérité éternelle. Le premier dans sa catégorie, il n'est pas
d'invention ni d'institution humaine ; et s'il échappe à une
démonstration raisonnée, c'est que c'est lui qui est la

source d'une série de déductions et de raisonnements les plus importants à notre existence.

Que s'il y a des hommes qui, par exception et à la honte de l'espèce, nient le fait fondamental de leur vie morale, qui disent ne pas avoir aperçu dans leur conscience l'idée de justice et de devoir, qui, après examen de soi-même, continuent d'affirmer qu'ils ne font jamais ce qu'on appelle *bien* que parce qu'ils ont calculé que c'était conforme à leur intérêt, à quoi servirait de parler morale à de pareils individus? concluons seulement que, s'ils disent vrai, ils ne sont pas encore hommes ou ont cessé de l'être. Et pourtant ils ne peuvent s'empêcher de prononcer les mots de justice et de devoir; tout en les repoussant, ils les comprennent et ne sauraient leur refuser un hommage d'autant plus remarquable qu'il est rendu sans qu'ils s'en doutent et contre leur gré.

L'idée de justice n'est pas un résultat du pacte social, comme on l'a prétendu ; c'est elle, au contraire, qui a fait la société. Les besoins physiques n'auraient pas suffi pour y conduire. Le lien essentiel des hommes est dans leurs besoins moraux, dans la nécessité qu'ils éprouvent d'appliquer les lois de la raison, et de satisfaire à ses commandements. Cause et base de toute société, et par conséquent antérieure à elle, l'idée de justice et de devoir est le type éternel donné à notre âme, auquel le créateur a voulu attacher la qualité d'homme. C'est aussi la loi que Jésus-Christ est venu confirmer par ses préceptes et ses exemples. Il a rétabli ce que le Père éternel et tout-puissant avait révélé par sa création dès le commencement des siècles.

LA LOI MORALE EST LE LIEN SOCIAL DE L'HUMANITÉ.

Il y a société là où il y a communauté de but; il y a lien social là où il y a réciprocité.

Or, chez tous les hommes, le but de leur existence est le but commun. Quel que soit ce but, assigné par la sagesse et la bonté de la Providence, assurément il ne peut qu'être le même pour tous les hommes sans exception.

D'une autre part, les lois, fondamentales de leur nature, supposent et exigent évidemment la plus parfaite réciprocité.

Ainsi donc ce but et cette réciprocité, d'où dérivent les lois de la nature morale, établissent nécessairement entre les hommes une société universelle, antérieure à toutes celles qu'ils ont pu ensuite se créer eux-mêmes partiellement. Le genre humain en masse la constitue. Il est lié nécessairement par des droits et des devoirs, par des idées et des sentiments communs, qui sont le principe de la vie, et que personne ne saurait négliger ni pervertir sans violer l'ordre moral et éternel de la création.

Les fastes de l'histoire, l'observation des mœurs à tous les degrés de civilisation, confirment ces convictions de la conscience. L'humanité, dans tous ses âges, n'a pu se dispenser d'écouter la loi première de la nature. L'homme inculte. incapable encore de s'en rendre raison, n'en éprouva pas moins la puissance. Elle a surnagé dans tous les siècles comme un phare sur un océan battu par les tempêtes, et sa lumière a brillé dans les ténèbres.

Le besoin de défendre la justice et la morale naturelle produisit la société civile et amena ses perfectionnements. L'homme ne put trouver un appui pour sa faiblesse, une sûreté contre ses écarts, qu'en s'associant autour de lui d'une manière plus suivie avec un nombre circonscrit de ses semblables.

La loi morale, commune à tous les hommes, est le principe et la fin des institutions partielles qu'ils se sont données. Libre et spontanée de son essence, elle fit connaître la nécessité de se soumettre volontairement à une contrainte qui assurait l'exécution de ses préceptes.

Le genre humain ne pouvant se passer d'une force agglomérée et défensive, pour obéir aux injonctions de la loi universelle sur la terre, dut nécessairement se partager en groupes séparés et distincts, dont chacun dans sa sphère et ses limites, sous des formes spéciales et souvent fort différentes, développa la même idée de justice et de droit.

Cependant les hommes, qui ne peuvent s'élever à la vérité que par des efforts continuels et prolongés, perdirent de vue l'ensemble de leurs devoirs pour ne s'occuper que de leur association partielle.

Chaque nation, quelquefois une seule peuplade[1], crut être toute l'humanité, et se borna à pratiquer dans son sein les préceptes de l'équité naturelle bien ou mal expri-

---

[1] Les voyageurs racontent avoir trouvé des peuplades qui se croyaient seules sur la terre. L'orgueil et l'amour exclusif de sa nation, de sa corporation, etc., équivalent chez les peuples civilisés à l'aveugle ignorance des sauvages.

mée et garantie par les lois positives de son association,
sans penser à les étendre à ceux qui n'y étaient pas compris; et si, dans les institutions civiles, les hommes se sont
trop souvent éloignés du principe et du but de toute société, c'est que, ces institutions n'étant formées que pour
réprimer les passions ennemies de l'ordre, les résultats des
combats et des accommodements varièrent de mille façons
différentes.

Quelles que fussent, au reste, au milieu de cette lutte
qui ne cesse jamais, l'imperfection et l'incohérence des
œuvres de l'homme, surtout à la naissance des sociétés,
l'on y reconnaît pourtant le sentiment de justice naturelle
qui aspire toujours à se garantir des atteintes déréglées de
ses éternels ennemis.

La qualité d'homme ne fut jamais entièrement méconn-
nue. Dans tous les temps, on entrevit la société universelle au delà de la société nationale. L'hospitalité envers
les étrangers a été une des plus anciennes vertus pratiquées sur la terre. Elle est encore sacrée pour l'Arabe du
désert.

A mesure qu'on s'est élevé à des considérations plus générales et, par conséquent, plus morales; que l'on a su
observer l'homme dans toute sa dignité, ses obligations
spontanées et universelles ont acquis plus de force, de
clarté et d'étendue. La foi chrétienne leur a donné le dernier sceau de certitude et d'importance; et quand la conscience et la religion nous enseignent leurs préceptes,
certes ce n'est pas pour les limiter à des parents ou à des
concitoyens, à un seul individu ou à une masse d'individus : la loi chrétienne, comme la loi naturelle, parle à tous
les hommes et de tous les hommes.

Elle est également obligatoire et également favorable

pour tous, et c'est pourquoi ils forment ensemble l'union, l'assemblée, l'Église universelle dont tous, sans exception, nous sommes membres ou comme élus, ou comme candidats d'élection. Personne ne peut en être exclu : car, tout réclamant est frère et prochain; c'est une vérité que chacun doit reconnaître sous peine de perdre la qualité d'homme et de chrétien.

L'association éternelle du genre humain demeure donc à jamais le résultat primitif et immédiat de la loi morale. Les sociétés civiles et leurs gouvernements n'en sont que les résultats secondaires, que les conséquences obligées.

Les hommes cependant, dans le besoin de s'entr'aider, ne se contentèrent pas du lien civil. Diverses circonstances, différentes considérations les portèrent à s'unir souvent sous divers noms, sous différentes formes, par des associations plus spéciales et plus circonscrites, qui naquirent dans le sein de la société civile et sous sa protection.

De quelque nature qu'elles soient, ces associations, dont le temps, l'habitude et les avantages ont consacré l'existence, peuvent-elles jamais infirmer ou contre-balancer les obligations positives et universelles du lien social de l'humanité? c'est ce que nous allons chercher à éclaircir, afin de dissiper, s'il est possible, tous les doutes sur ce sujet d'une si haute importance.

II

LES SOCIÉTÉS PARTICULIÈRES PEUVENT-ELLES JAMAIS AFFAIBLIR LE LIEN DE LA SOCIÉTÉ UNIVERSELLE?

Si, pour répondre à cette question, nous considérons d'abord, dans une société civile, les associations plus restreintes qu'elle renferme, nous verrons que celles-ci ne peuvent et ne doivent s'imposer des obligations qui lui seraient contraires. Ainsi l'intimité du lien de famille deviendrait coupable, si elle était portée jusqu'à transformer de bons parents en de mauvais citoyens. Les différentes associations ou corporations contenues dans un État ne sauraient donc adopter des règlements qui seraient en opposition avec les lois de l'État : car ces règlements seraient de nulle valeur par le seul fait de cette opposition.

Pour être placé dans le cas de modifier notre assertion, il faudrait supposer que la société civile se fût donné des institutions contraires à la justice et à la morale universelles, et que l'association formée dans le sein de cette société civile adhérât plus strictement à cette justice et à cette morale. Dans ce cas spécial, ou bien les obligations naturelles, mieux comprises, s'exercent uniquement dans les limites de l'association particulière, ce qui est sans inconvénient pour la société civile qui ne s'est pas élevée au même niveau de perfection, telle fut la situation de la primitive Église ; ou bien l'association prétend agir sur les institutions mêmes de la société civile, et alors ce serait un appel aux principes ; mais tant que l'opinion de la société civile n'est pas suffisamment éclairée à cet égard, elle se croit et demeure justifiée dans les mesures qu'elle croit devoir prendre pour défendre et maintenir ses droits.

La grande société du genre humain, qui est l'ensemble de toutes les sociétés civiles, se trouve à leur égard précisément dans le même rapport, avec cette différence qu'il ne peut jamais naître d'incertitude sur la validité respective de leurs lois ; car, en cas de doute, le dernier appel est toujours par-devant le tribunal de la morale naturelle qui fait le lien indestructible de l'association universelle des hommes. Ainsi donc, de même que les règlements ou statuts de toute association ou corporation partielle ne peuvent être en opposition avec les lois de la société civile dont elle dépend, de même, et à plus forte raison, les lois des sociétés civiles, plus ou moins nombreuses, qui composent l'espèce humaine, ne peuvent être en opposition avec les lois de la société universelle, non-seulement parce que ces lois générales constituent l'union de toute l'humanité, mais aussi parce que chaque association partielle, ne déduisant son existence et son droit que de ces mêmes lois générales, ne saurait les transgresser sans se mettre en contradiction manifeste avec son principe et sa fin.

Au fond, ce sont toujours les mêmes devoirs qui nous obligent tous également ; leur application seule produit des modifications et des nuances qui semblent quelquefois se contredire. Si je vois deux hommes en danger de périr, et que je ne puisse les secourir à la fois tous deux, il faut nécessairement que je fasse un choix, et ce choix, autant que possible, doit avoir un motif. Si l'un de ces hommes est mon père ou mon bienfaiteur, il évident que c'est préférablement à lui que je dois courir. Les membres d'une même famille qui, depuis le berceau jusqu'au cercueil, vivent sous le même toit, dans une intimité continuelle d'affections et de sentiments réciproques, se doivent, par cette raison, plus de dévouement, plus d'oubli de soi-même. C'est une chose due ; c'est une chose juste, parce que chacun, dans sa famille, doit trouver les mêmes soins, les mêmes sentiments, le même abandon. Que si quelqu'un les prodiguait à une famille étrangère au préjudice de la sienne, il lui donnerait ce qu'elle est supposée avoir déjà, et en priverait sa propre famille qui ne trouverait pas de compensation autre part. Un délit contre la justice et contre la morale, commis envers un père, un frère, un époux, est donc plus odieux et plus criminel, puisqu'il suppose plus de dureté et d'ingratitude, une plus grande difformité du caractère d'homme.

Les devoirs du citoyen ne sont aussi que les devoirs d'homme, appliqués et développés de préférence autour de soi. Vous vous devez à la patrie, parce que c'est là, et non autre part que vous êtes né[1] ; c'est là que furent vos premières affections, et que seront toujours vos souvenirs ; c'est là que, dès votre naissance, vous avez trouvé une force protectrice qui vous garantissait l'accomplissement des préceptes de la morale, et le libre exercice de toutes vos facultés. Vos concitoyens, de génération en génération, ont sacrifié leur fortune et leur vie pour vous assurer ces bienfaits, à vous et à ceux qui vous ont donné le jour, et vous avez à acquitter une dette sacrée.

---

[1] Nacqui in Atene. — METASTASIO, in *Temistocle*.

C'est donc à votre patrie et à vos concitoyens que vous
lient vos premiers devoirs ; parce qu'ils sont les premiers
à votre portée, et que, nulle part, vous ne pourriez satisfaire d'une manière plus juste, plus opportune , plus
efficace, ce besoin de dévouement et de sacrifice que font
éprouver à l'homme ses idées les plus nobles et les plus
puissantes. L'équité vous impose cette préférence, car
chacun a une patrie, et cette patrie a droit à un dévouement spécial ; le prodiguer à un autre pays, ce serait lui
donner ce qu'il a déjà et ce qu'on ne pourrait remplir
aussi bien.

L'exercice des vertus et le développement des facultés
naturelles exigent un théâtre et doivent se manifester
quelque part. Toutes choses égales d'ailleurs, il est clair
que c'est à la patrie que la préférence est due, parce que la
possibilité de satisfaire à nos devoirs sous ce rapport commence avec la vie, et qu'elle établit une suite d'obligations
qui ne finissent qu'à la mort.

Cependant les obligations particulières du citoyen, quelque importantes qu'elles soient, ne peuvent affaiblir en
rien les devoirs sacrés et universels de justice et de morale naturelle, dont elles-mêmes ne sont que les conséquences et l'application. Considéré sous ces deux points de
vue, l'exercice pratique des mêmes obligations présente
néanmoins une difficulté qui demande à être examinée.

Les lois naturelles, en tant qu'elles constituent la société
universelle du genre humain, sont abandonnées à la libre
volonté de chaque individu, tandis que, lorsqu'elles concernent spécialement la société civile ou qu'elles s'y rattachent, elles deviennent obligatoires, parce qu'elles sont
soumises à la contrainte des lois positives.

La possibilité de contrainte pourrait-elle ajouter à la

force de l'obligation? Il est évident qu'une obligation doit être remplie par cela seul qu'elle est un devoir, et non pas parce qu'on s'attend à y être forcé. La liberté ne diminue pas plus l'essence du devoir que la contrainte n'y ajoute. Le devoir commande par lui-même, abstraction faite de toute circonstance qui ne tient pas directement à son accomplissement.

L'on aperçoit même, dans la société civile, une multitude de devoirs commandés par la morale naturelle et qui échappent à l'action des lois positives, sans être pour cela moins obligatoires, ni moins essentiels et nécessaires à l'existence de toute société.

La justice est claire et péremptoire ; ses formules sont rigoureuses et déterminées avec la plus grande précision et elles seules sont reproduites par la loi civile.

La bienveillance est le complément nécessaire de la justice et va plus loin. Ses nuances, ses degrés, sont infinis et ne sauraient être circonscrits. Elle produit la clémence, l'oubli des offenses, la charité, le dévouement, l'héroïsme, et c'est précisément parce que ses nuances sont infinies, ses degrés hors de toute numération, qu'elle échappe aux lois de contrainte de l'union civile, qui ne peuvent atteindre que les délits contre la justice. Toutefois la société civile ne saurait subsister sans le lien de la bienveillance ; la justice, qui en est la pierre angulaire, seule, ne lui suffirait pas et serait elle-même mal garantie, si elle était privée de son complément. La bienveillance, et les délits contre ses préceptes, sont du ressort de l'opinion publique et des mœurs, qui sont plus puissantes que les lois, et sans lesquelles celles-ci dégénéraient en de vaines paroles.

La honte, la réprobation, l'indignation des hommes, poursuivent les délits contre la bienveillance, et c'est alors

que, sous l'empire même du régime civil, l'on voit le lien
social de l'humanité déployer toute son énergie et la morale universelle faire entendre sa voix, d'autant plus puissante, qu'elle est libre de toute contrainte positive.

Des unions et des rapports partiels ne peuvent donc jamais infirmer des obligations générales. Dans aucun cas,
personne n'est justifié d'agir contre ses devoirs d'homme,
sous prétexte du lien contracté comme membre d'une association particulière, et la contrainte civile, qui n'a d'autre
but que de mieux assurer la partie des lois naturelles susceptible de sa garantie, ne saurait diminuer une autorité
universelle, dont elle tient la sienne, ni affaiblir la responsabilité qui, dans chaque circonstance et dans chaque position possible, pèse sur tout violateur du lien de l'humanité.

La religion chrétienne a soutenu, confirmé et développé
ces principes immuables ; elle a exercé son influence sur la
législation civile, criminelle et politique ; elle a fait admettre dans les codes, au rang des personnes, les étrangers,
les femmes, les enfants, les esclaves ; l'égalité devant Dieu
a conduit à l'égalité devant la loi, qui n'avait jamais existé
auparavant. Le christianisme a nivelé toutes les vanités humaines, et n'a reconnu d'autres supériorités que celles de
la bonté et de l'oubli de soi-même. Il a répandu ses lumières sur les esprits les plus humbles et les plus faibles.
Il les a élevés à des vérités qui semblaient réservées à une
haute sagesse. Il a même changé en loi positive la loi naturelle qui unit tous les hommes. Mais, qu'on ne s'y mé-
prenne pas, la contrainte dont on l'environne n'est pas de
ce monde ; le christianisme est tout fondé sur la libre volonté ; il ne saurait en être privé un seul instant : il est tout
en esprit et en conviction, comme la morale naturelle, dont
il n'a fait que confirmer la révélation permanente. En l'é-

purant de tout ce qui l'obscurcissait, en la rétablissant dans
toute sa force, le Sauveur a apporté la lumière et la vie au
genre humain ; et son Église doit représenter cette fraternité
universelle, l'idéal de la société naturelle, véritable cité de
Dieu, dans laquelle, sous sa législation éternelle, les
hommes rempliraient spontanément les préceptes de la
justice et de la morale par bienveillance et par charité.

Le paganisme, à son plus haut degré de culture, ne mé-
connaissait pas sans doute la loi universelle ; mais, privé de
la foi, il n'imaginait pas que ses inspirations fussent applicables et obligatoires dans la pratique de la vie, jusqu'au
degré où le christianisme nous a montré qu'on pouvait atteindre. Grâce à ses bienfaits, nous sommes infiniment
plus avancés sur ce point, qui les renferme tous. Il nous
reste cependant beaucoup à faire, et c'est surtout dans les
relations d'État à État que nous sommes en retard et que
nous errons depuis des siècles.

Tout en proclamant l'universalité de la morale évangélique et naturelle, l'on prétend n'y voir clairement que les
obligations d'individu à individu. Faut-il en conclure que
les masses entre elles, qui sont composées d'individus, ne
sont pas placées sous le commandement du droit qui est
obligatoire pour chaque homme ? A Dieu ne plaise que nous
admettions une conclusion aussi funeste dans ses conséquences qu'elle est erronée dans son principe ! Les publicistes les plus célèbres ont établi, d'une manière incontestable, que les nations et les États sont soumis au droit
naturel. Cependant cette matière n'est rien moins qu'éclair-
cie de manière à fixer suffisamment l'opinion générale sur
les différentes questions qui peuvent en ressortir.

III

LES ÉTATS, OU MASSES D'INDIVIDUS PERSONNIFIÉS, SONT ENTRE EUX SOUMIS
A LA LOI MORALE.

L'on a souvent confondu dans les théories, et dans les discussions, le droit naturel avec l'état de nature. Cette confusion d'idées a donné lieu à des assertions qui ne sauraient soutenir un examen approfondi. Rien n'est plus différent, rien ne va si mal ensemble que l'état de nature et le droit naturel.

L'on entend ordinairement par *état de nature*, à tort ou à raison, l'état sauvage où l'homme, sans reconnaître encore ni frein ni loi, erre dans les forêts avec les bêtes fauves qu'il combat et dont il diffère bien peu, puisqu'il n'écoute que ses appétits et n'obéit qu'à ses besoins physiques. L'erreur de déduire le droit naturel de ce premier degré d'abrutissement imaginaire, et de l'y appliquer spécialement, a pu naitre de la définition que les jurisconsultes romains donnèrent de leur *jus naturæ*, qu'ils ont appelé la loi commune qui régit tous les animaux vivants sur la terre.

Cette définition n'a aucun rapport avec le droit naturel tel que nous l'entendons aujourd'hui ; elle lui est même diamétralement opposée ; car le droit naturel des hommes est la morale qu'ils sont appelés à suivre spontanément d'après leur nature d'êtres moraux, nature qui les oblige à se contenir, à se vaincre, à se diriger selon les préceptes éternels de la justice et de la bienveillance.

Par conséquent, le droit naturel, avec ses développements, loin d'être applicable à l'état de nature, dans l'acception ordinaire de ce mot, doit être considéré, au contraire, [comme la législation de l'homme parvenu à sa perfection.

Cette première confusion d'idées a conduit à une seconde erreur capitale, inséparable de la première, dans laquelle sont tombés la plupart des publicistes. Ils ont prétendu fonder le droit naturel sur l'intérêt personnel.

Ce n'est pas que l'*intérêt*, envisagé dans un espace de temps un peu étendu, ne coïncide le plus souvent avec la justice : nous devons le croire et nous y attendre ; car, autrement, il n'y aurait pas d'harmonie dans l'ensemble de la création ; mais l'intérêt ne saurait être la base ni le motif principal de nos actions. En le donnant pour principe à la morale, on la détruit et on efface de fait toute différence entre l'honnête homme et l'homme pervers. Il ne s'agirait plus que de savoir lequel des deux sait le mieux calculer, ou bien introduire des qualités plus réelles dans son calcul. La notion pure du devoir n'existerait plus, puisque la fin dernière ne serait également, dans tous les cas, que de se procurer le plus de jouissances possible, et que chacun aurait le droit de les choisir comme il l'entendrait, avec le pour et le contre, à ses risques périls. Ce ne serait, je le répète, qu'une affaire de calcul qui mettrait la valeur intrinsèque de la vertu au niveau de celle du crime.

On nous objectera que plusieurs des formules par lesquelles la morale a voulu s'énoncer semblent indiquer qu'elle tire sa source de l'intérêt personnel. *Ne fais pas à autrui ce que tu ne voudrais pas qu'on te fît. — Aime ton prochain comme toi-même*, sont des sentences qui peuvent, dit-on, se commenter ainsi : *Ne fais pas de mal pour qu'on ne t'en fasse pas. — Aime ton prochain afin de l'engager à t'aimer.*

Nous ferons observer, d'abord, que les préceptes de ce genre ne sont pas les seuls que commande la morale ; il en est un grand nombre qui sont exprimés sans aucun retour sur soi-même, et l'Évangile ordonne d'aimer Dieu, c'est-à-dire sa loi suprême, de toutes nos pensées, de toutes nos forces, et au-dessus de toute autre chose. Nous répondrons ensuite que le commentaire n'est pas exact. Le changement des termes dénature le sens des deux formules. Le retour sur soi-même, ne prouve aucunement qu'elles ne sont obligatoires qu'en vue de l'intérêt personnel. Le devoir d'aimer son prochain et de faire le bien reste toujours absolu ; et on ne peut alléguer son propre avantage, puisque tout homme, pour remplir ce devoir, doit tout sacrifier. Le retour sur soi-même n'est entré dans la formule que comme moyen explétif et afin de fournir à l'homme, pour accomplir son devoir, un point de comparaison qui est, en général, le meilleur qu'on puisse lui fournir. L'intérêt palpable, celui dont chacun éprouve et comprend l'action continuelle et entraînante, est l'allié naturel de la force ; ce n'est qu'à son corps défendant qu'il se soumet au droit. Il ne le fait que par calcul, quand la force lui manque, quand il se sent faible pour maintenir ses avantages, et qu'il cherche à se garantir de la force alliée à d'autres intérêts. C'est donc parce que la force est toujours incertaine, passagère et soumise à des réactions, que l'intérêt, mieux avisé, s'est mis dans ce monde sous l'égide du droit. Le droit prononce sur les questions de l'intérêt, par conséquent, il lui est antérieur et ne saurait en découler.

L'intérêt, même celui qui est durable et bien entendu ne peut donc être invoqué, dans l'œuvre de la création, que comme complément de motifs plus élevés et plus absolus : c'est un auxiliaire dont se sert la frêle humanité pour s'affermir dans les voies de la justice, et nullement le principe fondamental du droit et de la vertu parmi les hommes.

Les erreurs graves qui s'étaient glissées dans les théories n'eurent pas de très-grands inconvénients quant aux relations individuelles : car l'impulsion de la loi morale, plus puissant que tous les faux raisonnements, maintint, dans chaque individu, l'idée du devoir et le pouvoir de la vertu. Les institutions civiles vinrent garantir ces résultats et suivirent la même tendance. Elles ne pouvaient subsister sans maintenir la justice et seconder la bienveillance qui étaient leur principe, et elles se perfectionnèrent dans le même sens, parce que c'était une condition nécessaire de leur existence et de leur action.

Il en fut tout autrement des rapports entre les nations. La diplomatie s'est saisie d'une théorie mensongère qui semblait être le résultat des plus hautes lumières et des méditations les plus profondes. Autorisée par la science, elle se crut en droit de déclarer que les gouvernements étaient entre eux dans l'état de nature, ce qui veut dire dans l'état sauvage ; et que, dans leurs mutuels rapports, ils étaient soumis à un droit naturel uniquement basé sur l'intérêt personnel.

Nous ne devons pas manquer cependant de prendre acte de cette soumission des États à un droit quelconque. L'unanimité des publicistes qui déclarent les États, personnes morales, nécessairement obligées de se conformer au droit naturel, toujours et partout en vigueur sur la terre, et l'admission avouée que les gouvernements ont faite de cette maxime qu'aucun d'eux n'oserait renier, est un point important obtenu, qui, malgré les erreurs de la doctrine dont il fut déduit, n'en assure pas moins la reconnaissance de l'humanité à ceux qui, par leurs écrits, ont contribué à l'établir ; car si maintenant le droit naturel, mieux analysé et mieux compris, se trouve être fondé sur un principe plus sacré, plus pur, plus fixe que ne pouvait jamais l'offrir l'intérêt personnel ; si les déductions qu'on en tire deviennent par là plus certaines, plus étendues, plus bienfaisantes, les gouvernements prétendront-ils y trouver une raison suffisante pour se délier de l'autorité suprême du droit naturel, après l'avoir reconnue lorsqu'elle péchait par ses fondements? Pourront-ils désavouer cette autorité depuis qu'elle est replacée sur sa base immuable, et rejetteront-ils ses conséquences uniquement parce qu'elles deviennent plus salutaires et qu'elles partent d'une source plus respectable et plus sainte ? Les publicistes, du moins, ne révoqueront certainement pas leur sentence unanime au moment où elle peut gagner en force, en évidence et en résultats bienfaisants.

A la vérité, dès que nous sortons de la sphère d'action des sociétés civiles sur elles-mêmes ou sur les individus qui en font partie; dès qu'il s'agit de ces mêmes sociétés civiles agissant les unes à l'égard des autres, comme corporations ou masses quelconques d'individus ayant une volonté collective, tout moyen de contrainte, toute garantie semblent devenir impossibles, non-seulement pour l'accomplissement des obligations de la bienveillance, mais même pour celles de la stricte justice. Les mœurs particulières à chaque pays, l'opinion publique qui peut ne pas avoir d'unité dans certains cas, paraissent insuffisantes pour remplacer la rigueur des lois positives, et produire quelques résultats salutaires sur les relations extérieures.

Mais qu'importent toutes ces circonstances réunies? Ont-elles pu affaiblir en rien l'autorité du lien commun de l'humanité sur l'individu? Nous avons vu le contraire, et si les préceptes de la loi morale et chrétienne sont toujours et partout obligatoires pour l'individu, dans quelque position qu'il se trouve, sous quelque forme et aspect qu'il agisse, comment cette règle, sans exception, perdrait-elle de sa valeur lorsqu'elle se reproduit dans plusieurs individus, et qu'elle concourt de cette manière à des résultats collectifs? En d'autres termes, comment ne serait-elle pas tout aussi obligatoire pour les corporations, dont la volonté et les actions ne sont qu'une réunion de volontés et d'actions des individus qui les composent?

Ce ne sont jamais que des individus qui veulent, qui décident, qui agissent; et, pour le faire, ils doivent avoir des motifs justes et légitimes. Que l'individu prenne seul une résolution, ou que ce soit après s'être concerté avec d'autres individus; que le nombre de ces derniers soit comparativement petit ou grand; que le premier ait à se prononcer sous des rapports personnels ou collectifs : tout cela ne change rien à son obligation absolue de se considérer toujours sous l'empire de la loi morale de l'humanité : il ne saurait ni agir seul ni concourir avec d'autres à aucune action, que par des motifs que cette loi consacre et autorise.

La masse personnifiée n'existe que par abstraction; mais cette abstraction était nécessaire pour déterminer les droits et les obligations collectifs, et pour mieux préciser, dans des masses, les responsabilités individuelles qui sont les seules réelles. Elles le sont dans la mesure où chacun concourt sciemment et volontairement à faire le mal et à soutenir l'injustice.

La volonté de la société civile se manifeste, ou dans sa propre sphère, en statuant sur les relations des individus à son égard et des individus entre eux, ou bien hors de sa sphère, relativement à d'autres sociétés civiles.

Or, si dans la législation intérieure civile, criminelle et politique, ceux qui sont appelés à énoncer la volonté collective de la société ne peuvent le faire qu'en se fondant sur la loi naturelle et divine de l'humanité, qui est la source et le motif de toute loi positive, comment donc, dans les rapports extérieurs de la société, se croiront-ils en droit de fonder leur conduite sur une autre règle quelconque, tandis que parmi les hommes il n'en existe aucune autre qui soit permise?

En matière de législation intérieure, les États statuent souvent d'après des lois positives, déjà existantes, qui, bien que toujours fondées sur la même base primitive, la remplacent quelquefois dans les conséquences successives qu'on en tire. Mais dans leurs relations extérieures, les sociétés ne peuvent avoir recours que directement à cette source primitive et pure; et ils sont, par conséquent, dans une obligation plus évidente de la suivre.

De ce qu'elles n'ont entre elles aucun moyen convenu de rigueur pour faire respecter cette loi, s'ensuit-il qu'elles puissent ne pas la reconnaître, ou se délivrer en masse de l'obligation d'y rester fidèles? Les sociétés partielles ne sont pas liées ensemble par une union civile, mais par l'union éternelle de l'humanité dont elles font partie; comment serait-il donc permis à l'une d'elles de rejeter effrontément, de son autorité privée, une loi immuable et commune, qui seule rend possible sa propre existence? car aucune société civile n'aurait pu se former, sans la préexistence du principe fondamental, qui fait que les hommes ont une justice et une morale, et que, sur ces points cardinaux, ils sont capables de s'entendre : et, s'il a existé, s'il existe encore des États, de même que des individus, qui ont méconnu ces vérités, qui ont violé ces préceptes sacrés de la justice envers leurs co-États, envers leurs semblables, s'ensuit-il que la morale n'ait pas continué d'être une loi absolue dans la création ?

Les nations de l'antiquité, divisées par tant d'obstacles et tant de difficultés physiques et morales qui obstruaient leurs communications et s'opposaient à leur rapprochement, pouvaient être excusables de se croire toujours entre elles dans l'état de nature ; mais à présent, depuis que les progrès de la civilisation et du christianisme ont rapproché les peuples et les ont liés de fait, comment les gouvernements pourraient-ils, contre toute évidence, se déclarer encore obstinément dans un état sauvage, qui n'a aucun point de ressemblance avec leur état vrai, et qui est si diamétralement opposé à la pratique de la loi universelle qui les lie tous également ?

Non, aucun doute raisonnable n'est plus admissible sur ce sujet important. Les États, de même que les particuliers, existent sous l'empire de la même loi naturelle, de la loi que Dieu a donnée à la raison et à la conscience, et qui est également obligatoire, soit que les hommes agissent individuellement ou collectivement, soit qu'ils aient ou qu'ils n'aient pas des moyens de contrainte pour la faire respecter. Ceux qui y manquent, ceux qui rompent les liens qui unissent tous les hommes en une seule famille, n'en sont pas moins criminels, pas moins dégradés de leur qualité d'homme dans l'un et dans l'autre cas. Bien plus, l'idéal

de la loi universelle admet une entière indépendance, et,
dans l'indépendance, l'adhésion libre et volontaire à ses
prescriptions. Or, combien cette conviction devrait parler
puissamment à la conscience de ceux qui représentent les
nations et qui agissent en leur nom ! Dans leurs relations
réciproques, ils sont appelés à se conduire d'après la législation universelle, suivant les règles de la grande association du genre humain ; seuls, sur la terre, ils sont dans le
droit naturel assigné à l'espèce par le Créateur, pour en
relever la dignité et assurer sa destinée future. Enfin, ils
ont la vocation de se montrer, comme personnes morales,
supérieures aux passions, et de puiser spontanément leurs
motifs dans les règles de la stricte justice et de la bienveillance.

IV

AVEC QUELLES MODIFICATIONS LES SOCIÉTÉS CIVILES SONT—ELLES TENUES
D'OBÉIR A LA LOI MORALE?

Si les principes que nous venons d'établir ont l'évidence
que nous leur attribuons, comment se fait-il qu'ils n'aient
pas influé davantage sur la conduite des États souverains,
et que le christianisme lui-même n'ait pu faire pénétrer sa
morale et sa justice jusque dans les relations internationales?

Nous avons cherché à l'expliquer, plusieurs fois, dans le
cours de cet ouvrage. Cependant il ne faut pas attribuer ce
triste résultat uniquement aux passions des hommes et au
funeste principe de l'intérêt personnel. La rébellion perma-

nente que la politique extérieure a soutenue, haut la main, contre l'équité naturelle et contre les préceptes les plus sacrés de l'humanité, n'aurait pu se maintenir aussi longtemps, si la loi morale n'avait eu, en elle-même, des motifs pour pallier et justifier, jusqu'à un certain point, un état de choses qui pourtant lui était directement contraire; de telle sorte que la conscience des hommes n'aperçût jamais assez clairement le devoir sur ce point si essentiel, et ne pût susciter d'opposition efficace à un système d'action qui ne cessait de lui répugner, et qui souvent la blessait dans ses inspirations les moins douteuses.

Une foule de circonstances dans la vie, ainsi que nous l'avons déjà remarqué, diversifient l'application de la loi morale. Parmi ces circonstances, aucune n'est plus sensible que celle qui amalgame un simple particulier avec une association civile, et semble, pour ainsi dire, faire disparaître son individualité dans une volonté collective. Nous allons voir que cette circonstance modifie, en effet, constamment, les obligations de tout membre d'une société civile, et qu'il existe des motifs justes qui ne permettent pas aux États de se conduire comme pourraient le faire des particuliers. Il est de la plus haute importance de préciser d'où naissent, en quoi consistent et où s'arrêtent ces modifications de la même loi naturelle, selon qu'elle s'applique à des individus ou à des associations.

Quand la société civile est appelée à se montrer comme corporation représentant une seule volonté, il faut nécessairement que cette volonté, sinon dans son principe, du moins dans ses diverses applications, soit déléguée à un certain nombre de personnes ou même à un seul individu, chargé de l'apprécier, de la déclarer et d'en assurer l'exécution.

Il est dans la nature des masses, lorsqu'elles prétendent agir en corps, de ne le pouvoir autrement que par procuration, et l'individu, dès qu'il est question des intérêts communs, particulièrement dans les rapports mutuels des sociétés, ne saurait évidemment ni juger, ni agir pour lui seul, mais toujours comme s'il le faisait pour d'autres, en ayant de justes égards à leurs droits et à leurs obligations.

Dans les démocraties les plus larges, la masse des citoyens ne peut pas être continuellement rassemblée, afin que chacun puisse dire et exprimer sa volonté ; ces rassemblements sont rares et momentanés, en comparaison du besoin continuel d'agir, et ils répondent d'autant moins au nécessités de l'association, que celle-ci devient plus nombreuse et se répand sur une plus grande étendue.

Mais, en outre, dans une réunion générale et souveraine, devant tous les citoyens rassemblés, aucun membre à son tour ne peut émettre d'opinion purement individuelle ; il faut bien que chacun parle au nom et pour le compte de tous [1].

L'expression des devoirs, des désirs, des sentiments d'une société, ne peut donc jamais avoir lieu que sous la forme représentative. Cette forme est générale, et, d'un seul trait, elle nous met à même de préciser les devoirs civiques et spécialement les devoirs des autorités, qui, dans la hiérarchie civile, se trouvent appelées à diriger et à exprimer la volonté et l'action collective de leurs concitoyens.

Il y a société civile réglée, là où la pensée de tous, par une volonté tacite ou expresse, a été incorporée, et, pour

[1] Le gouvernement représentatif est dans la nature même de toutes les sociétés civiles. Pour leur repos et leur prospérité, il serait à désirer qu'on ne cherchât pas à l'annuler ou à l'éluder.

ainsi dire, incarnée dans un ou plusieurs individus qui agissent dans tel ou tel cas, pour telle ou telle circonstance, momentanément ou constamment, comme s'ils étaient toute la société, au nom et pour le compte de tous. Les États ne peuvent avoir de relations entre eux que par ceux qui représentent la corporation, par leurs gouvernements. Il résulte de là que les masses personnifiées et leurs gouvernements, ou, pour mieux dire, les individus qui composent ces gouvernements, dans chaque moment et dans chaque circonstance, ont, ni plus, ni moins, les mêmes règles à suivre, les mêmes devoirs à remplir que tout honnête et fidèle fondé de pouvoir.

Cette modification, très-juste en elle-même, servit de prétexte pour excuser les plus grandes injustices que les hommes aient pu commettre. Les fondés de pouvoir des peuples, dans l'ordre naturel de la société universelle, pratiquèrent les mêmes fraudes, se rendirent coupables des mêmes délits que les fondés de pouvoir des particuliers dans l'ordre civil, avec la seule différence que la crainte du châtiment rendit ces derniers plus circonspects. Les gouvernements, comme les procureurs fondés, crurent qu'il leur était permis, qu'il leur était même méritoire, de défendre des propriétés usurpées, de créer et de soutenir de faux titres, de ne pas reconnaitre les droits les plus évidents chez les autres, d'employer tous les moyens de ruse, de corruption et de violence, pour faire réussir, *per fas et nefas*, les plus mauvaises affaires dans l'intérêt de leurs commettants, et pour perdre et ruiner leurs adversaires.

Cependant il serait insensé de croire qu'il y ait une autre justice et une autre conscience pour les fondés de pouvoir que pour les commettants; les uns, comme les autres, doivent hommage et soumission à la même loi morale.

Les modifications que cette loi peut admettre découlent
d'elle-même et ne peuvent la détruire; et les modifications dont il s'agit sont loin de conduire aux conséquences
que les gouvernements en ont tirées.

Nous allons, s'il est nécessaire, essayer de préciser la
juste nuance des obligations imposées aux gouvernements.

Et d'abord, comme individu, chacun est libre de donner
aux devoirs de bienveillance toute l'étendue qu'il lui plaît;
de se dévouer, de se sacrifier pour le bien de son semblable; il n'a pas la même latitude quand il parle au nom
d'un autre. Le membre d'une famille n'est pas en droit de
la dévouer pour le bien général de la société civile. Les devoirs de bienveillance, dans toute leur étendue, quoiqu'ils
soient tout aussi obligatoires que ceux de la justice, ne peuvent cependant ressortir que de la volonté libre et directe
de chaque individu, et l'on ne saurait les imposer, ni en accepter l'obligation au nom d'un autre, sans son consentement formel. Plus les intérêts confiés sont importants, plus
la délicatesse des fondés de pouvoir doit être scrupuleuse;
ils ne peuvent s'obliger sans réserve à des sacrifices que
d'autres auront à porter; ils ne sauraient se rendre juges,
uniquement d'après leurs propres sentiments, du degré de
dévouement dont d'autres pourraient vouloir se charger,
d'après leur manière d'être individuelle et selon les circonstances qui les environnent; ce dévouement n'aurait
même plus de mérite, du moment qu'il serait imposé et
contraint.

L'on ne peut non plus exiger des membres d'une société
civile, et encore moins de ceux qui sont plus spécialement
chargés de la représenter, qu'ils renoncent aux devoirs
et aux affections qu'ils ont contractés envers elle en nais-
sant; ils sont, au contraire, dans l'obligation, comme ci-

toyens, toutes choses égales d'ailleurs, de donner la préférence à leur pays sur tout autre ; cependant cette préférence ne sera juste que si elle ne dégénère pas en partialité aveugle, si elle ne fait pas violer les règles de l'équité,
et si, se changeant enfin en ressentiment invétéré, elle n'é-
touffe pas jusqu'au dernier souffle de la bienveillance qui
unit les hommes.

En effet, si le fondé de pouvoir n'est pas autorisé à se laisser aller, sans de justes réserves, au devoir de bienveillance,
il n'en résulte pas que celui-ci soit entièrement annihilé ;
il n'en résulte pas surtout que l'on puisse ranger, dans la
même catégorie, les obligations de stricte justice, qui ne
connaissent pas d'exception. L'on n'a pas besoin de demander à son commettant s'il veut ou s'il ne veut pas être juste,
s'il veut ou ne veut pas participer à une mauvaise action;
et si même il consentait au mal ou l'ordonnait, le fondé de
pouvoir ne pourrait s'en prévaloir, ni prétexter l'avantage
de son commettant pour s'y prêter.

La justice est imposée à tous également, quels que soient
les rapports où ils se trouvent placés et quelque difficulté
qu'ils aient à résoudre. Aucune incertitude n'est admissible
sur ce point; c'est le devoir implicite de chacun, auquel
personne ne peut se soustraire, sur lequel il serait superflu
de consulter ou d'attendre une autre autorisation : car ce
devoir est nécessairement entendu entre tous les hommes
et de toute éternité.

Les préceptes de la justice sont par conséquent de rigueur
pour tout fondé de pouvoir. Mû par une coupable partialité,
il ne doit pas conspirer contre la fortune, contre la liberté
ou la vie de son semblable, ou se joindre à ceux qui conspi-
rent et vont accabler le faible et l'innocent; il ne doit pas
traiter les commettants d'un autre comme les siens ne vou-

draient pas être traités ; il ne doit pas induire en erreur,
ni retenir le bien d'autrui, ni faire de fausses promesses
au nom de ses commettants, ni manquer à la parole qu'ils
ont donnée... en un mot, il ne lui est permis, dans aucun
cas, ni de commettre une injustice, ni de l'encourager, ou
d'y participer directement ou indirectement.

Toutefois ces formules ne suffiront pas encore aux diverses combinaisons des rapports internationaux. Les
fondés de pouvoir des particuliers ne sont, pour la plupart, chargés que de la régie de leur fortune et des affaires
litigieuses devant les tribunaux ; mais il y a une infinité
de cas dans lesquels l'individu agit par lui-même et ne confie pas son action à un fondé de pouvoir, ou, s'il le fait,
c'est en se réservant la faculté d'être consulté et de faire
connaître sa propre volonté à chaque occurrence. Tels sont
les cas où les devoirs plus exigeants et moins déterminés
de l'honneur et de la bienveillance sont mis en jeu, et
dans lesquels, pour se décider, l'homme a besoin d'un
autre genre de motifs que ceux qui découlent des ordres
précis de la stricte justice. Or ces cas arrivent pour les
États tout aussi bien que pour les particuliers, et demandent une décision quelconque. Les masses ne peuvent cependant sortir de leur existence représentative; ceux en qui
se personnifie la corporation ne sont pas à même de consulter chacun de leurs commettants, et, s'ils le pouvaient,
chacun de ces commettants n'émettrait son avis qu'au nom
et pour le compte de tous. Il survient donc des cas, et ce
ne sont pas les moins difficiles, où les gouvernements,
sans pouvoir jamais se démettre de leur caractère de fondés
de pouvoir, sont néanmoins dans la nécessité de prendre,
au nom de tous, des résolutions pour lesquelles la stricte
justice ne peut leur fournir des règles suffisantes. Ils ne

sauraient alors se dispenser d'écouter aussi les inspirations de la bienveillance, parce que, après la justice, l'homme n'a pas d'autre guide à consulter et à suivre, s'il veut rendre sa conduite morale et conforme au lien social de l'humanité.

Plus tard, nous aurons l'occasion de revenir sur ces principes et d'en indiquer les conséquences ; il nous suffit pour le moment d'ajouter quelques courtes réflexions.

La justice est de première nécessité dans la vie morale ; mais, seule, elle ne saurait suffire à toute l'activité de notre existence. Dans l'action pratique, les limites de la justice et de la bienveillance se confondent ; leurs mutuels préceptes se soutiennent et se remplacent continuellement. Ces deux branches de la morale, que nous avons distinguées pour nous mieux expliquer, sont rarement séparables et s'entr'aident réciproquement pour éclairer la conscience et rendre l'action de l'homme aussi conforme que possible à son devoir. Partout où l'homme agit d'après la stricte justice, il doit écouter le devoir de faire le bien et d'empêcher le mal, même sans engagement préalable, ni fait antécédent. Les États entre eux, sous leurs formes représentatives, ne sont rien moins que déliés de ce devoir universel, quand l'alternative d'y avoir égard, ou d'y manquer, se présente. Cependant les principes de la bienveillance, indéterminés de leur nature, sont, en général, soumis au contrôle de la justice que chacun se doit à soi-même aussi bien qu'aux autres ; et cette réserve devient un devoir infiniment plus grave pour un gouvernement que pour un individu, parce que celui-ci est, jusqu'à un certain point, maître de soi et de ses actions, tandis que, dans la société civile, personne n'est ainsi maître d'un autre, et encore moins maître de l'État, qui est la réunion de tous. Ainsi donc,

dès qu'il est question d'obligations qui ne résultent pas de
la stricte justice, les représentants de la corporation ne
sauraient se présenter qu'avec beaucoup de précaution,
pour ne pas manquer, d'un autre côté, à leurs devoirs envers l'association qui leur confie ses droits. Ils ne peuvent
en son nom dépasser la limite de l'équité qu'en ayant égard
à la volonté présumable de leurs commettants, et en balançant, avec une attention scrupuleuse, le dévouement
demandé pour autrui, avec la juste préférence et la sollicitude spéciale qu'ils doivent, comme délégués et citoyens,
à leur propre association.

CHAPITRE V

DE LA LÉGITIMITÉ DES ÉTATS

Les vérités établies dans les chapitres précédents semblent déjà nous mettre à même d'arrêter, dans de justes limites, les droits et les obligations réciproques des corporations sociales, sous l'empire de la loi morale, et d'en déduire la nécessité d'un respect scrupuleux pour l'existence et l'indépendance de chaque État : objet final que doit se proposer le droit des gens, et qui rendrait toutes ses prescriptions claires et faciles à observer. Il reste cependant une dernière question à examiner, sans la solution de laquelle toutes les autres retombent dans le vague et ne peuvent acquérir aucune garantie dans l'application. Cette question n'a jamais été, que nous sachions, convenablement approfondie ; et c'est la cause principale pour laquelle le droit des gens est resté jusqu'à présent une théorie sans résultat, un échafaudage compliqué toujours près de s'écrouler sous les pas de ceux qui voulaient y bâtir, parce que, dans une de ses parties essentielles, il lui manquait un soutien, un appui solide et indispensable.

Par la loi naturelle et divine, le respect le plus scrupuleux est dû à l'indépendance de chaque État existant. Personne ne le conteste. Mais qu'est-ce qui constitue la légi-

timité d'un État? Qu'est-ce qui donne à une masse d'hommes le droit de se compter toujours parmi les sociétés
civiles existantes, et d'être reconnue comme telle par les
autres États coexistant sous les mêmes conditions?

Les transactions variables et souvent criminelles de
l'homme, des victoires et des traités injustes, la violence
et la perfidie, ont créé ou détruit les États, ont changé et
rechangé la face du monde. Est-ce donc uniquement de
cette source troublée et arbitraire qu'il faudra déduire le
droit qu'un État a d'être regardé comme tel, et prendre
pour point de départ nécessaire de l'exécution d'un code
international, tout *statu quo* quel qu'il soit? Les États qui
existeront dans ce moment seront-ils tous également légitimes? Enfin l'acte le plus injuste, par cela seul qu'il serait
accompli, deviendrait-il la base de la justice, jusqu'à ce
qu'une nouvelle violence vint en prendre la place?

Il est de la plus haute importance d'examiner ces questions et de démontrer que le Droit existe par lui-même, et
que si le Fait le produit quelquefois, le plus souvent il ne
saurait l'établir.

Pour remplir cette tâche, nous devons encore nous reporter au but de l'existence de l'homme, en déduire le but
des sociétés civiles séparées, et trouver par ce moyen la
marque distinctive de leur légitimité.

*Le but de l'existence de l'homme sur la terre n'est pas
d'être heureux, mais de se rendre digne du bonheur.*

Le but d'être heureux, qu'on s'obstine à nous assigner
ici-bas, y serait en effet trop imparfaitement atteint.

La possession du bien le plus ardemment désiré ne répond jamais à l'idée qu'on s'en était formée. Le bonheur,
avant d'être obtenu (moment le plus heureux de la vie de
l'homme), n'est pas encore, et il n'est déjà plus aussitôt

que nous croyons l'avoir obtenu ; car toute jouissance amène la satiété et souvent le dégoût, et toute félicité est empoisonnée par la crainte, ou plutôt par la certitude de la voir décliner et s'évanouir. Le bonheur parfait, tel que l'homme l'imagine, le désire, l'espère, n'est pas de ce monde ; comment serait-il donc le but de son existence sur la terre ?

D'ailleurs, le bonheur seul et ses jouissances ne sont pas suffisants pour satisfaire l'homme sur le but de son existence ; il lui faut absolument un *bonheur mérité*. Le Créateur a mis dans son âme l'idée du devoir et de la justice, et l'a doué de liberté, afin que, soit qu'il obtienne ou non le bonheur, il puisse toujours s'en rendre digne. Voilà le but de son existence : bonheur et iniquité ne sauraient s'allier dans la conscience.

Dire continuellement à l'homme qu'il est né pour être heureux, c'est le mettre en contradiction avec l'évidence des possibilités et avec la rigueur de ses devoirs. La soif de bonheur qu'on nous inspire par cette fausse doctrine, dès notre enfance, est le plus grand obstacle qu'on puisse élever pour que nous obtenions même la modique part de félicité, quelquefois possible, sur cette terre.

L'objet de l'éducation, à tous les âges et dans toutes les conditions, devrait être de guérir l'homme d'une persuasion qui lui est funeste, parce qu'elle le détourne de sa véritable tendance, et qu'elle le fait courir là où son attente est continuellement et cruellement trompée.

Toutes ces convictions sont des conséquences immédiates des lois de notre nature ; elles participent de leur évidence de fait et sont du nombre des causes fondamentales du lien social de l'humanité.

L'on ne saurait satisfaire, tout seul, aux idées de devoir, de justice, de bienveillance ; elles impliquent, nécessaire-

ment, une relation avec d'autres êtres : elles la supposent et
y conduisent. Pour pratiquer ses devoirs, pour atteindre
le but de son existence, pour se rendre digne du bonheur,
l'homme doit se mettre en rapport avec ses semblables.

La meilleure partie de nous-mêmes, dans sa tendance
vers le bien, ne veut pas de limites, se plaît à écarter ce
qui la borne, et semble prendre l'essor d'une nature infi-
nie. Mais l'être physique et mortel ne peut agir qu'avec
des modes limités. Ces deux natures se contrarient, s'arrê-
rêtent et se modifient sans cesse.

Dès son enfance, et jusqu'à sa mort, l'homme ne peut
remplir ses devoirs envers tous ses semblables que d'une
manière circonscrite, autour de soi, dans les bornes de ses
sens, et là seulement où il peut atteindre. Les rapports de
famille commencent à être ennoblis par l'idée du devoir.
Cette première pratique des règles éternelles de justice et
de bienveillance est loin de suffire à la surabondance de
l'activité morale qui nous anime ; alors nous cherchons à
l'exercer dans une sphère de plus en plus étendue. Les
familles s'agglomèrent et forment ensemble des masses
plus considérables qui sont appelées *nations*. Dans ces deux
situations réunies, l'homme profite de tous les moments
d'une courte vie pour satisfaire aux lois de son être ; c'est
même une condition indispensable, et le seul mode possible
qu'il ait pour se créer et trouver ici-bas une sorte de
bonheur mérité, puisque, pour en approcher, il lui faut
pratiquer journellement ses devoirs, trouver autour de
soi des objets d'affection et des motifs de dévouement,
afin de se juger digne du bonheur et d'être capable d'en
jouir en paix.

L'image d'un bonheur mérité et la possibilité d'y aspirer
n'existent donc sur la terre que par l'union des familles et

par leur rapprochement en masses, nécessairement limi-
tées, pour qu'elles puissent répondre aux facultés d'un
être limité. Ces masses, étant bornées, deviennent, par cela
même, jusqu'à un certain point, séparées et distinctes; car
les hommes qui les composent contractent, par la pratique
continuelle de leurs devoirs et par le développement de
leurs qualités généreuses et bienveillantes, des liens plus
intimes et plus resserrés : fruit de localité, de présence,
de contact, d'habitude, et cause du lien de nationalité,
qui n'est que le lien de la société universelle rendu praticable selon la faiblesse de l'homme et la brièveté de sa vie,
et devenu par là, pendant le peu de temps qu'elle dure,
plus intense et plus fort.

Si donc les hommes, toujours maîtres de leurs passions,
avaient même été toujours purs et supérieurs aux erreurs
et aux délits dans lesquels ils se sont laissé entraîner; si,
par conséquent, toute contrainte des lois positives avait
été superflue, encore, dans cette supposition, il aurait
suffi de l'imperfection de leurs organes, du mode de leur
existence et de la brièveté de leur séjour sur la terre, pour
partager le genre humain en certaines sections composées
de familles, en nations, dans le sein desquelles les hommes
auraient trouvé la possibilité de réaliser sur la terre leur
loi morale et de satisfaire à l'activité de leurs aspirations,
sans toutefois que ce partage en unions partielles eût fait
le moindre tort au lien universel du genre humain, que
ces unions représentent d'une manière limitée et locale,
et qui, du reste, demeure dans toute sa force et produit
toutes ses obligations dès qu'il y a possibilité de rapport
et de contact.

Supposons le globe habité par deux familles isolées et
placées aux antipodes l'une de l'autre. Certainement ces

deux familles n'auront pu pratiquer leurs devoirs réciproques, qui cependant n'en auraient pas moins existé ; car la distance ne fait rien en principe à l'existence de l'obligation : la preuve en est que cette obligation agit aussitôt que la possibilité de la mettre en pratique survient. Cependant le fait accidentel de la distance laisse ignorer une obligation qui devient impossible à remplir ; et ces deux familles sont dans une position telle, qu'elles n'existent pas l'une à l'égard de l'autre : c'est donc le contact entre les masses, comme entre les individus, qui met aussitôt en vigueur la loi morale, et en commande l'application, en détermine les conséquences.

L'association générale du genre humain, et l'exercice pur et spontané de ses lois, ne peuvent se réaliser sur la terre que par des existences agglomérées, des groupes d'individus, que nous appelons *nations*, et qui sont au genre humain ce que les familles sont à ces mêmes nations.

Les nations sont donc les sections nécessaires, naturelles et primitives de la grande association du genre humain. Par suite des circonstances qui les font exister, elles sont séparées et distinctes, ce qui veut dire indépendantes l'une de l'autre. Elles sont uniquement et directement soumises au lien social de toute l'humanité ; car il n'y a pas d'intermédiaire entre la nation et le genre humain ; il n'existe pas d'agglomération naturelle plus grande qui comprenne plusieurs nations : elles sont donc, en présence de toute l'humanité, sur le globe, des masses égales en droits et en obligations ; elles constituent seules la société du genre humain.

L'homme, cependant, se trouve ici-bas dans un monde de contrastes et d'oppositions : il en est lui-même un composé. Placé toujours entre la justice et la force, entre la bienveillance et l'envie, entre l'esprit et la chair, entre l'intérêt propre et l'intérêt public, il demeure libre au milieu de toutes ces oppositions ; et ce ne pouvait être que dans cette situation, avec la liberté du choix et à ses risques, qu'il lui était facultatif de devenir *bon*, d'acquérir du mérite par soi-même et de se rendre digne du bonheur.

Chaque groupe sentit donc le besoin de garantir ces résultats par des lois positives, qui, soutenues de la volonté collective de tous ses membres, vinssent pondérer autant que possible les oppositions destinées à nous rendre difficile et méritoire l'accomplissement du véritable objet de notre existence.

Cet objet, dans toute sa perfection, semble appartenir à l'éternité ; mais l'homme essaye sans cesse de le réaliser dans sa vie présente et limitée.

Pour connaître sur la terre l'image, même imparfaite, d'un bonheur mérité, la continuité des rapports réciproques ne lui suffit pas ; il faut encore obtenir leur sûreté. L'homme a dû, par conséquent, trouver des moyens pour rattacher la force au droit et pour soumettre l'intérêt à la morale, afin de pouvoir les accorder ensemble et de faire en sorte que l'utilité ne se trouvât pas opposée à la justice.

Tel fut l'objet du pacte civil. Chaque nation se constitua en corporation qui pût employer sa force associée pour contraindre les plus obstinés à ne pas dévier de l'exercice de leurs devoirs, et à ne pas empêcher la majorité de les accomplir paisiblement.

L'existence comme nation, et l'existence comme société, quoique toujours réunies, ne doivent cependant pas être confondues. En les comparant, l'on trouvera que la première tient de plus près à la nature de l'homme, qu'elle est une

condition plus essentielle du but et du mode de sa vie sur
la terre, et qu'elle doit toujours être considérée comme
plus fondamentale et antérieure à l'existence civile.

Ce sont les nations qui eurent recours au pacte civil; ce
pacte ne les a pas créées; il fut adopté pour confirmer et
assurer leur existence. Le partage en nations est, pour ainsi
dire, d'institution divine, car il aurait lieu sous le régime
pur et spontané de la loi naturelle. Aussi la vie des nations
conserve-t-elle plus que toute autre chose sur la terre le
caractère d'unité et de continuité, tandis que la durée des
institutions civiles est soumise à toutes les vicissitudes de
leur faible auteur. Celles-ci sont le résultat de la nature
libre, mais vacillante, qui veut s'aider au milieu des écueils
qui l'entourent. Les causes de l'association civile marquent
ses limites, qui ne peuvent dépasser celles des sections naturelles du genre humain, dans le sein desquelles cette association fut instituée. L'œuvre de l'homme doit être bornée
comme ses facultés. Plusieurs fragments du genre humain
ne sauraient, en droit, former une seule société civile, car
alors il n'y aurait pas de raison pour que l'humanité tout
entière ne fût tout aussi bien soumise à une loi humaine, et
ne formât une seule société civile : ce qui est impossible,
vu que sa législation universelle est une œuvre divine.

L'histoire sacrée et l'histoire profane viennent à l'appui
de ce que la raison nous démontre. Dès son berceau, l'espèce humaine se partagea en sections multiples, suite
nécessaire des proportions relatives de l'homme avec le
théâtre sur lequel il fut placé. La séparation des nations
s'établit par l'action du temps et des événements, et par
une volonté supérieure que l'Écriture sainte nous fait
apercevoir sous la figure de la tour de Babel. Dieu n'a pas
permis d'autre domination, sur toute la terre, que celle de

ses lois éternelles. La prétention à un empire universel, ou seulement à une domination qui aspire à englober plusieurs peuples, est une démence qui a été rendue impie et que la diversité des langues suffirait seule pour écarter à jamais.

La raison naturelle et les Livres saints nous montrent donc que les sections qui partagent le genre humain ne sauraient être, en droit, soumises l'une à l'autre, parce que Dieu les a réparties sur la face du globe, et a accordé à chacune d'elles les éléments d'une existence distincte.

Toute réunion d'hommes, dès qu'elle est nation, a le droit d'être à soi, d'être indépendante, car elle ne peut être devenue nation sans avoir joui pendant des siècles de sa liberté, et, si elle l'a perdue, ce ne peut être que par une injustice qui n'a aucune valeur devant la loi naturelle.

Des actes fondés sur une violence, passagère comme ceux qui la commettent, et qui tous ne datent que d'hier en comparaison de l'existence de l'humanité et de l'ancienneté des nations, ne sauraient détruire les bases de l'union primitive et les droits élémentaires dont la légitimité, si elle ne provient pas du berceau même du genre humain, se perd dans la nuit des temps et a reçu la sanction divine, puisque la Providence a permis que la vie nationale se conservât à travers toutes les révolutions du globe.

L'économie naturelle et morale du genre humain ne saurait se maintenir, et l'objet sacré de son existence sur la terre n'est respecté et ne saurait être atteint qu'avec cette condition : que chaque nation restera ce qu'elle a été et ce qu'elle a droit d'être toujours, c'est-à-dire une fraction distincte et séparément groupée du genre humain.

Il est évident qu'une nation ne peut, en droit, devenir souveraine d'une autre nation, parce que ce serait ôter à celle-ci les moyens d'atteindre le but que Dieu a assigné aux hommes en leur donnant l'existence. Le droit, qui résulte du lien dans lequel les hommes ont marché selon les voies de leur nature et de leur Créateur, ne possède pas le pouvoir de les effacer.

Les nations sont tenues de reconnaître la loi commune du genre humain, qui produit et domine toutes leurs lois partielles; et c'est ce lien universel et suprême qui détermine leurs obligations réciproques et qui les constitue en personnes morales indépendantes, membres parfaitement égaux du genre humain, tous spontanément obligés aux règles de la justice et de la morale.

Le point cardinal du droit des gens se trouve donc assuré et mis hors de la catégorie des simples faits et du pouvoir de la violence. La nationalité est la base de l'indépendance; c'est le signe le plus certain du droit virtuel que possède une masse d'hommes d'être considérée comme membre effectif du genre humain.

Or, le caractère principal de la nationalité, c'est une langue commune et plus ou moins régulière. La Genèse attribue avec raison à la diversité des langues l'impossibilité d'une domination universelle, qu'elle marque du sceau de l'impiété, et elle déduit de cette diversité le partage de l'espèce humaine en sections séparées et distinctes.

La parole a été accordée à l'homme seul; elle n'est pas un avantage dû à la perfection de son organisation physique, mais un résultat de son organisation intellectuelle, qui seule rend possible le langage humain. C'est le lien et le moyen le plus puissant de l'homme : une langue commune produit l'harmonie dans toute réunion d'hommes, tandis que l'impossibilité ou même la difficulté de s'entendre devient une cause de méfiance et d'hostilité. Une langue commune, instrument par lequel tous les intérêts, toutes

les affections, tous les devoirs, se font connaître, se déve-
loppent et se lient, suppose, surtout quand elle est perfectionnée, une longue cohabitation, une vieille intimité ; elle
est le produit d'une communauté d'opinions, de mœurs,
d'institutions, de souvenirs et de travaux qui ont tous con-
couru à une civilisation progressive pendant une longue
série de générations et de siècles. Toutes ces circonstances
réunies, les plus graves et les plus marquantes de notre
vie sur la terre, sont tour à tour les causes, les effets et
les conditions de l'existence nationale, qui constitue la légitimité la plus ancienne, la plus évidente et la plus indélébile parmi les hommes.

CHAPITRE VI

Nous croyons utile de résumer les points cardinaux que nous avons essayé d'établir, ce qui nous conduira à la discussion de quelques préceptes plus spéciaux, et des conséquences qui peuvent en découler. L'ensemble de nos recherches peut être considéré, à ce que nous croyons, comme un travail préparatoire, destiné à fournir des matériaux à un code diplomatique.

Le lien d'institution divine qui existe entre tous les hommes est aussi celui qui unit leurs associations particlles. C'est la suprême loi morale dont toutes les autres lois ne sont que des expressions, des modifications, des nuances, des déductions. Les nations sont les fractions naturelles, les membres légitimes du genre humain. La puissance de fait ne peut provenir que de leurs droits; privée de ce fondement, il ne lui reste pas d'autre droit que la force. Le pouvoir humain en société civile doit être le soutien et la garantie du droit, car c'est là son but et son principe. Les nations, dans l'ensemble de l'humanité, sont des personnes, des êtres semblables, unis et obligés réciproquement, sous l'autorité divine, par la loi universelle que le Créateur a gravée dans la conscience de tous les hommes. Si, parmi des États indépendants, le maintien de la loi commune n'a pu être soumis à la contrainte réglée des institutions positives, elle n'en devient pour cela que plus sainte et plus sacrée ; elle reste, dans les rapports internationaux, tout aussi obligatoire que si les hommes avaient trouvé un moyen de la garantir par la force collective de la majorité du genre humain ; et chaque corps de nation, dans l'exercice de son pouvoir, partiellement associé, doit se considérer comme le fidèle exécuteur de ses préceptes.

D'après une pareille définition des rapports qui existent nécessairement entre les individus, leurs associations particles et la grande société du genre humain, l'on pourra en principe affirmer les mêmes choses d'un individu ou d'une famille dans l'association nationale, que de cette dernière dans l'association de toute l'humanité. Ce sera même la meilleure méthode à suivre pour ceux qui, chargés de diriger la volonté collective d'une nation, voudront éclairer leur conscience et celle de leurs commettants sur ce qui est dû ou permis relativement à d'autres nations.

Les États, comme les particuliers, ont des devoirs à remplir envers eux-mêmes, ce qui n'affaiblit en rien leurs obligations envers leurs semblables.

Si un hasard malheureux fait tomber un homme au milieu d'une tribu sauvage ou d'un repaire de brigands, force lui sera de prendre les précautions qu'exige un état permanent de danger et d'hostilité. Cet homme conserve tous les principes de justice et de morale ; il sera prêt à les suivre en toute occasion, tant pour les faire comprendre et les inculquer aux autres que pour obéir à sa propre conscience ; mais il n'ira pas imprudemment affecter les plus

hautes vertus, user de bonne foi et de désintéressement
envers des forcenés qui n'en ont aucune idée, et qui s'en
feraient des armes pour le perdre. Cependant, si les membres de l'association se trouvaient être meilleurs au fond
que ne l'indique l'apparence ; s'il y en avait dans le nombre qui eussent des mœurs et des principes, l'état de nature, l'état d'hostilité feraient place aussitôt au droit
naturel. Dès l'instant que ce droit est réclamé et qu'il parait praticable, il devient obligatoire ; et plus l'individu
sera bien armé et sans crainte pour lui-même, plus s'ac-
croîtra l'obligation d'être juste et bienveillant.

Il en est de même des nations. Souvent elles se sont jugées
réciproquement, comme cet homme jugeait les brigands,
et, comme lui, elles n'ont vu d'abord que des maux à attendre du voisinage. Mais, parmi les nations soumises à l'influence de la civilisation chrétienne, un pareil état de sus-
picion permanente ne saurait exister que par exception, et
dans des circonstances où, bon gré, mal gré, on est forcé
de suspendre momentanément l'exécution de la loi morale
dans toute son étendue.

Il existe encore des parties du globe, l'Asie, par exemple, où, par une longue suite de bouleversements, le lien
moral a été relâché, où sa violation n'est presque plus considérée comme un délit, mais sert plutôt de règle constante
à l'individu et aux gouvernants. Dans ces régions on ne peut
guère distinguer de nationalité réelle, par la raison que la
société civile, elle-même, a perdu son caractère et ses garanties. La Diplomatie aurait là de la difficulté à se diriger ;
souvent elle ne saura comment poser avec précision les
questions à résoudre, et elle ne trouvera aucun des éléments qui lui sont nécessaires pour agir selon les règles
dont elle ne voudrait pas se départir.

Un gouvernement qui se trouverait en relation avec cet état social dégénéré, eût-il la plus ferme volonté d'être toujours moral, serait forcé d'user de modifications. A la vérité, il ne lui serait permis de s'écarter du droit qu'autant que la nécessité l'y contraindrait ; mais ce ne sera pas chose aisée pour les publicistes de juger la conduite de ce gouvernement ; n'étant pas parfaitement instruits des particularités que présente une région où toutes les notions et toutes les circonstances qui conduisent à un ordre équitable peuvent avoir été étrangement embrouillées et perverties.

Sans prétendre excuser les cruautés exercées dans l'Inde par lord Clive et par le fameux Hastings, je ne me croirais cependant pas en mesure de prononcer un jugement rigoureux sur la politique anglaise dans cette contrée. Les habitants y sont divisés en castes, qui sont comme des nations différentes, et ne possèdent pas néanmoins l'existence nationale. Presque toutes les populations paisibles du pays avouent avoir été conquises par des bandes étrangères dont les chefs s'étaient partagé l'Inde, sans faire jouir ce vaste continent d'aucun repos civil.

Dans une telle situation, l'on ne sait comment sortir de l'empire de la force, pour arriver à un point d'appui qui puisse fournir un premier droit réel. Toutes les castes hindoues, et surtout les plus passives, sont plutôt des sectes que des nations, et ne s'unissent pas même de vœu et d'intention pour former un corps national. Elles éprouvent probablement plus de bien-être sous le régime anglais que sous le despotisme des princes mahométans. Le sceptre britannique devrait leur apporter les douceurs des institutions régulières et de la civilisation qu'elles ne pourraient connaître autrement, et dont l'influence immédiate et subséquente, avec ses effets lents, mais assurés, ne peut être considérée que comme un immense bienfait. D'un autre côté, quand on se rappelle que la domination anglaise s'exerce dans l'Inde par une compagnie de marchands qui règne sur plus de soixante millions d'hommes, l'on ne saurait s'empêcher de craindre que les bienfaits que nous supposons devoir découler de l'action d'un gouvernement civilisé ne soient fréquemment et fortement contrariés et paralysés. En effet, je ne connais pas de plus mauvais régime que celui dont le but final est l'argent. Assurément c'est le moins capable de donner l'espoir du bonheur aux peuples qui lui sont soumis. L'on est conduit à supposer que les agents de la compagnie, animés de son esprit, ne vont occuper leurs emplois que pour faire fortune le plus tôt possible, et ils se hâtent de revenir dans leur patrie, riches d'or et d'argent, mais pauvres de bonnes qualités et de bons exemples, ce qui n'est guère plus avantageux à la mère patrie qu'à la colonie[1]. On ne peut donc s'empêcher de désirer, pour l'honneur et le bien à venir de l'Angleterre, que ce régime, qui rend plus difficile la justification de sa politique, vienne à cesser au plus tôt, et que le gouvernement prenne lui-même en ses mains le sceptre qui doit décider du sort de soixante millions d'hommes, et d'un empire qui peut, dans l'avenir, influer sur ses destinées, selon le bien ou le mal qu'il en aura reçu.

Quoi qu'il en soit, les déviations forcées des préceptes de la vraie diplomatie ont été, pour la plupart, amenées par une première action peu morale, qui, au moment où elle

---

[1] Depuis la première édition de cet ouvrage, l'Angleterre a changé la forme de son gouvernement dans les Indes : a-t-elle changé aussi ses principes et ses procédés vis-à-vis des Indous?

fut commise, aurait dû être évitée; action par laquelle l'État s'est vu placé dans une sphère où la force seule exerçait son empire, et où le droit se trouvait presque réduit au silence. Cependant, même dans un pareil ordre de choses, et sous la nécessité de ce qui a été déjà fait, un gouvernement qui veut être moral ne jugera licites ces déviations qu'à son corps défendant, et seulement pour autant qu'elles ne lui feront pas violer un droit fondé et légitime. Dans un ordre de choses régulier, sous la pleine domination de la loi morale, la justice envers soi-même n'en reste pas moins la première obligation de toute société civile, et nous avons vu que la rigueur de l'équité une fois satisfaite, de graves considérations doivent toujours modérer les inspirations expansives que le devoir de bienveillance pourrait faire naitre dans une nation. Avant de s'y livrer, tout représentant de la société doit mettre en balance la bienveillance spéciale qui lui est due de la part de chacun de ses membres, avec celle qu'on veut lui faire pratiquer envers une autre association.

Il doit donc soigneusement peser et comparer les droits, les moyens, les dangers et la situation réciproque des États intéressés, et s'assurer, par-dessus tout, si le dévouement sollicité n'irait pas jusqu'à mettre en danger le salut du lien civil, qui est le bien le plus précieux que des commettants aient à confier, et que leurs délégués aient à défendre et à conserver. Cependant le flambeau de la justice, qui doit toujours éclairer les élans de la bienveillance, loin de les arrêter, ne fera que les confirmer en les régularisant.

Dans la société civile, l'individu est, sans doute, pendant toute sa vie, sous l'empire du devoir de la bienveillance. Est-ce à dire pour cela qu'il doive continuellement se sacrifier, exposer ses jours, ruiner sa santé et sa fortune? Cette nécessité n'arrive que très-rarement; peu de gens sont appelés à s'élever à la plus haute vertu. Chaque individu prend soin de sa vie, la conserve, l'améliore; mais cela ne l'empêche pas de s'abstenir de toute injustice envers d'autres et de suivre les préceptes de la bienveillance et de la charité, toutes les fois qu'il lui est possible de les pratiquer. Les États entre eux sont précisément dans la même obligation. Pour eux, comme pour les individus, le devoir de bienveillance, avec de justes réserves, finit par équivaloir presque à la rigueur de l'équité. Si par un léger sacrifice vous pouvez faire un grand bien; si, avec de la gêne seulement et de la fatigue, sans même vous exposer à un danger réel, vous pouvez sauver la vie à votre semblable, ne sera-ce pas strictement juste de le faire? Plus l'importance du service est grande pour ceux qui en ont besoin, en comparaison des inconvénients qui peuvent en résulter pour ceux à qui on le demande, plus aussi, pour ces derniers, l'obligation de ne pas s'y refuser approche du devoir absolu de justice. La valeur relative de l'action décide du degré de l'obligation. Le riche, en donnant quelques pièces d'or, se prive pour un jour de certaines jouissances de luxe, et sauve de la faim et du désespoir toute une famille. L'homme qui se jette à l'eau peut gagner quelques douleurs, mais il a sauvé la vie d'un enfant.....

Il y aura donc une infinité de cas où le principe de propre conservation ne pouvant sérieusement être allégué, l'État, par un juste retour sur soi-même, ne se convaincra que mieux du devoir qu'il a de suivre les préceptes de l'humanité et de la bienveillance.

Les avertissements sincères, les conseils véridiques, les bons offices, la haute manifestation des principes, la pro-

tection de l'humble, la défense du faible, l'assistance prê-
tée à l'opprimé, sont autant de modes plus ou moins ren-
forcés d'action qu'un État peut graduer selon la situation
des choses, et qui, pour une diplomatie morale, s'ils ne
sont pas commandés directement par la justice, découle-
ront de la bienveillance qu'elle éclaire.

Le devoir de faire le bien et d'empêcher le mal une fois
admis dans la vraie diplomatie, suffit pour lui faire atteindre
son dernier but : celui du bien général.

En effet, les nations, masses personnifiées de notre globe,
doivent toutes, et leurs vœux sincères, et leur coopération
active, au bien général du genre humain, et sont dans l'o-
bligation de prévenir ou d'arrêter les injustices. Le cos-
mopolitisme, qui, s'il est mal compris, peut avoir des
inconvénients pour l'individu, devient dans les États le
complément de leurs autres devoirs.

De même que les membres de chaque association civile
ont su allier leur devoir de propre conservation avec le
dévouement qui les attache à leur patrie, de même aussi
les sections du genre humain sauront le combiner avec leurs
devoirs envers l'association universelle qui les unit.

Rien de ce qui peut faciliter les progrès et le bien-être
de l'humanité, dans quelque partie du globe que ce soit,
ne saurait être étranger à aucune de ses fractions. Une
diplomatie morale leur enseignera que le bonheur se réfléchit de partout, et reflue sur le lieu même d'où l'on a su le
répandre. Plus la politique des États aura en vue le bien
général, plus elle leur rapportera des résultats prospères
et durables.

CHAPITRE VII

————

I

*

LE PRINCIPE DE LÉGITIMITÉ GARANTIT L'EXISTENCE DES NATIONS.

Il résulte de la différence essentielle et ineffaçable entre l'individu et la société, non-seulement que celle-ci ne doit souscrire à certains engagements qu'avec bonne et valable caution, mais aussi qu'il y a des engagements absolument impossibles à prendre en son nom ; parce que la forme représentative, dont elle ne peut sortir, ne s'y prête jamais.

Il y a des droits tellement inhérents aux commettants, qu'aucun délégué, aucun représentant, ne peut jamais posséder l'autorité de les annuler, car personne n'a la faculté de s'en démettre en faveur de qui que ce soit. Tels sont les droits d'une nation à être nation ; à former un groupe séparément incorporé sur la surface du globe. Tant qu'elle reste une fraction distincte, ce qui est un fait évident et palpable, elle a aussi le droit d'être ou de redevenir

un des membres de la grande famille du genre humain.
Les représentants auraient beau vouloir transiger sur ce
droit; s'ils l'ont fait, ils ont dépassé leurs pouvoirs. C'était
hors de leur compétence et des possibilités, car, si même
chaque commettant tour à tour eût été consulté, aucun
n'aurait pu sur ce point prononcer pour les autres. Quelles
que soient donc les transactions sur un objet qu'elles ne
sauraient atteindre, le droit n'en existe pas moins; en voulant le détruire, elles outre-passent tout pouvoir; elles prétendent à l'impossible et ne sont pas valables selon la justice
naturelle, seule base de la loi internationale.

Dans l'ordre civil, la force peut bien réduire tel ou tel
individu en servitude; cet individu néanmoins, selon
l'équité naturelle, est maître de sa personne, et devant la
loi morale il est l'égal de tout autre homme. Les codes des
nations civilisées ont admis ce principe. Tout homme qui
touche le sol anglais ou français ne peut plus être esclave,
quand même il l'eût été jusqu'à ce moment. Personne ne
peut se vendre en esclavage, ni donner à un autre sur
sa personne des droits que la loi n'admet pas. A plus forte
raison, quelque autorité qu'il ait d'ailleurs, il ne saurait
réduire qui que ce soit en servitude, encore moins en user
de la sorte avec la moindre apparence de légalité envers
des générations futures, envers des êtres qui ne sont pas
encore nés. Les mêmes réserves, les mêmes conséquences
existent avec bien plus de raison pour les droits réciproques des nations qui toutes se trouvent sous l'autorité
pure et directe de la loi naturelle. Toute nation, personne
morale et membre distinct de la grande société du genre
humain, quoique tenue en servitude par une autre nation,
ne perd pas pour cela son droit à l'indépendance et à une
existence séparée. Ce droit, en vertu de la loi naturelle et

de l'organisme de toute société, ne peut être infirmé, ni
perdu, tant que la nation vit et reste nation ; c'est-à-dire
tant qu'elle en conserve les caractères et le sentiment. Que
peut un acte injuste contre une telle légitimité, qui ne
saurait même souffrir d'aucune prescription, qui ne peut
s'éteindre par l'extermination ou par des moyens longuement oppressifs tendant à effacer le sentiment national, ce qui revient à un assassinat ou à une mort
morale ?

La prescription est un moyen civil imaginé pour mettre
un terme aux procès judiciaires, quand on suppose qu'ils
ne peuvent plus amener la découverte de la vérité, et que
leur prolongation ne ferait plus qu'ajouter des difficultés
nuisibles à l'activité des rapports civils.

Aucune de ces raisons n'est applicable aux rapports des
nations et à la sainteté de leurs droits. Le terme de la
prescription en droit civil, toujours arbitraire jusqu'à un
certain point, varie dans chaque code particulier. Quel
serait ce terme dans le code universel, dans le droit naturel ? Le compterait-on par années ou par siècles ? Qui
aurait pouvoir et qualité pour le fixer ? C'est une question
où la vérité et la justice ne sont pas à rechercher, où le fait
n'est établi et maintenu que par la contrainte, où enfin
l'assentiment même de plusieurs nations n'aurait aucune
valeur contre les réclamations de chaque partie lésée. Il
n'y a pas de prescription qui rende légitime l'esclavage de
l'individu, et il est clair que ce moyen tout à fait civil n'a
pas d'analogie avec la question de droit naturel qui nous
occupe ; qu'il n'a aucune prise sur la légitimité des nations,
la plus ancienne, la plus évidente, la plus respectable
parmi les hommes, et qui est le fondement de toutes les
autres légitimités civiles.

D'ailleurs chaque effort même malheureux et sans résultat pour reprendre son droit, chaque soupir, chaque plainte, chaque vœu inutile que répéterait la nation asservie seraient autant d'appels à la justice naturelle contre ses violateurs ; autant d'actes qui, en prouvant que la nation vit et que l'iniquité se prolonge, interrompraient toute prescription, si même elle pouvait être admise.

Il fallait ne pas biaiser sur cette question importante ; ce n'est qu'en la décidant nettement selon la vérité et la justice que l'on peut espérer de détruire le mal dans sa racine, de couper court à toutes les usurpations et de parvenir enfin un jour à la réforme morale de la diplomatie. Il faut que les usurpateurs, quels qu'ils soient, sachent bien qu'il n'y a pas d'acte si répété, si entouré qu'il soit de formalités et de précautions, qu'il n'y a pas de laps de temps si long qui puisse consacrer une injustice, impossible d'ailleurs à consommer, parce qu'elle ne saurait atteindre une évidence éternelle. La violence qui a détruit l'indépendance d'une nation est toujours moins ancienne que sa légitimité. Personne n'avait droit de transiger à cet égard, ni pour le présent, ni à plus forte raison pour l'avenir. La force, quelle que soit sa durée, n'a pas la puissance du droit et ne peut l'effacer. Dès qu'une nation recouvre le moyen de faire valoir son titre à l'indépendance, qui est un élément inséparable de son existence toujours distincte, elle a aussi le droit de l'exercer ; c'est ce qu'a confirmé dans tous les temps la conscience des peuples. A présent, comme dans le passé, l'on s'intéresse involontairement aux malheurs d'une nation avilie qui gémit sous le joug étranger ; l'on applaudit aux efforts qu'elle fait pour le secouer ; tous les vœux sont pour elle lorsqu'on la voit essayer de ressaisir son indépendance ; la lettre des traités que la force a dictés a peu d'autorité sur la conscience humaine, quand la loi morale y retentit.

La vie des nations, comparée à celle des individus, peut se considérer comme éternelle. Nous en avons un nouvel exemple dans les Grecs. La conquête des Romains, la corruption du Bas-Empire, suivie du joug anarchique des Ottomans ; des malheurs plus anciens que notre ère et qui se sont accomplis depuis quatre siècles par le plus horrible esclavage ; tous ces monts d'infortune accumulés et entassés sur ce malheureux peuple n'ont pu parvenir à détruire sa nationalité. Elle s'est soutenue au milieu des décombres, des massacres et des humiliations, pires que tout le reste.

La plus grande transgression que puisse commettre un être moral, c'est de vouloir s'approprier son semblable. L'on ne tue pas une nation à moins de l'exterminer ; mais lui ôter son indépendance, c'est commettre un assassinat moral, en infligeant à la victime le tourment d'une agonie sans fin.

Lorsqu'une nation conquérante exerce sur une nation asservie toutes sortes d'oppressions pour la dénaturer et lui faire perdre sa nationalité, elle se rend évidemment coupable du plus grand des forfaits qui puisse être imaginé en morale, parce qu'il contient en lui seul de longues séries de vexations, d'injustices, de meurtres juridiques, qui ont pour objet de priver des millions d'hommes de leur propriété la plus indubitable et la plus précieuse, de la seule condition possible qu'ils aient de répondre dignement au but de l'existence humaine, et de pouvoir l'atteindre autant qu'il est à la portée de l'homme sur la terre.

L'existence civile que chaque nation s'est donnée dans

ce but est donc une propriété sacrée, acquise par une
longue suite de siècles, qu'aucune autre nation n'a le droit
de lui ravir et qui lui est garantie par le principe de légitimité.

II

LE PRINCIPE D'INDÉPENDANCE EXCLUT L'INTERVENTION ÉTRANGÈRE.

Une société civile n'a pas le droit d'imposer à une autre
le mode par lequel elle croit pouvoir obtenir un bonheur
mérité : car la première condition de ce bonheur, et qui
doit être également respectée par toutes les nations, en
vertu du pacte universel, est que chacun soit maître chez
soi, libre d'y développer ses facultés et ses devoirs, afin
de s'assurer la part de bonheur dont il a pu se rendre
digne par les institutions qu'il croit les plus propres à lui
donner ces garanties.

Si une nation voulait s'ingérer dans le régime intérieur
d'une autre nation, elle y détruirait nécessairement la possibilité d'arriver à un bonheur mérité, puisque ce bonheur ne
saurait être obtenu que par les efforts libres et spontanés
de chaque nation chez soi. Lui en ôter la possibilité, c'est
donc dénaturer malicieusement l'ordre moral de notre
univers, c'est contrarier les causes immuables qui ont
partagé le genre humain en nations, et qui ont obligé ces
nations de se constituer séparément en sociétés civiles indépendantes.

A qui sera-t-il permis sans crime d'arrêter une nation qui poursuit le but légitime et suprême de la vie humaine, et qui le poursuit depuis des siècles, puisqu'elle est nation? Qui osera prononcer sans terreur sur de si hautes destinées? Tout le passé de tant de générations, leur civilisation, leur droit, leur existence propre et distincte, tout cela serait nul et non avenu! Des populations entières seraient vouées à ne plus être nations; elles ne devraient plus aspirer au but que Dieu a assigné; elles n'auront plus de patrie, elles ne connaîtront pas sur cette terre l'ombre d'un bonheur mérité!... Qui osera prononcer une telle impiété, proférer un tel blasphème contre les lois du Créateur et sa volonté évidente!

La loi de justice et de morale veut qu'un individu n'emploie jamais un autre individu comme un simple instrument de sa propre satisfaction, comme un jouet de ses affections ou de ses appétits particuliers : car, dans toute relation et dans toute action à laquelle il prend part, chaque individu a le droit de ne pas seulement être compté comme moyen, mais aussi d'être considéré comme but. De même, et à plus forte raison, une nation ne peut, sans manquer aux lois divines et naturelles, user d'une autre nation comme d'un instrument appliqué à ses propres fins, sans égard à l'existence nationale de son semblable et au but qu'elle doit avoir.

Toute nation, comme membre de l'association universelle, étant indépendante, possède le droit d'être régie par un gouvernement à elle, et de développer, selon ce qui lui convient, les éléments de son bonheur social. Aucune autre nation n'ayant la faculté de la dominer, encore moins de la regarder comme sa propriété ou comme son instrument, ne peut intervenir dans ce qu'elle trouve bon de faire pour le développement de son bien-être intérieur. Sous quelque prétexte que ce soit, l'intervention étrangère ne peut chercher à imposer un régime commun, pour constituer forcément, ce qui est contre nature et inadmissible en droit, deux nations existantes, en une seule société civile.

Mais, dira un gouvernement prépondérant à la nation qu'il prétend influencer, je veux vous admettre à égalité; je veux vous faire jouir de notre bonheur social! — La chose est impossible. Ce bonheur ne s'impose pas : la nation répondra : Je ne veux pas de votre bonheur; j'ai aussi mon bonheur, que j'ai acquis par mon existence nationale depuis des siècles, et que vous n'avez pas le droit de me ravir. Je l'ai acquis par une suite de travaux et de périls, pour atteindre, dans mes limites et à ma façon, le but que Dieu a assigné à tous les hommes, et que vous n'avez pas le pouvoir de déplacer, car aucune nation ne peut trouver son centre commun, son chez soi, dans une autre nation ; nous ne nous comprenons pas ; nous avons une autre langue, d'autres souvenirs, une autre civilisation, une vie séparée et distincte; la mienne ne se confondra jamais avec la vôtre, à moins que vous n'accumuliez des siècles d'injustice et de violence ; nos existences ne peuvent s'identifier; tout le passé est entre nous ; nous ne pouvons connaître un bonheur commun, car il nous manque la communauté, une multitude de rapports qui lui sont nécessaires et que nous ne saurions créer [1]. Auriez-vous donc un droit particulier de me vouer au malheur !

[1]
Non è questo'l terren ch'io toccai pria ;
Non è questo'l mio nido,
Ove nutrita fui si dolcemente ;
Non è questa la patria in ch'io mi fido,
Madre benigna e pia
Che copre l'uno e l'altro parente.

Petrarca.

Toutes les affections les plus intimes, tous les devoirs
spéciaux nous éloignent, nous séparent; et quant aux devoirs universels et sacrés qui nous lient dans l'ensemble
du genre humain, ils sont précisément la sauvegarde de
mes droits éternels à une existence libre et indépendante,
et ce serait s'en déclarer le violateur que de prétendre me
dominer... Si ma civilisation est supérieure à la vôtre,
comment osez-vous concevoir la pensée de me faire rétrograder pour me mettre à votre suite? Si elle est inférieure,
laissez-moi profiter librement de vos exemples et de vos
leçons, sans en faire le prétexte de la violation la plus
flagrante des plus saintes lois, qui sont la base de toute
civilisation, et dont l'abandon en pervertit ou en étouffe
les progrès!... Vous ne voudriez pas dépendre de nous;
laissez-nous donc en paix et ne prétendez pas que nous
dépendions de vous.

Qu'y a-t-il à répondre à ce raisonnement? La domination
d'une nation sur une autre nation est radicalement injuste; elle ne produit aucun droit et ne peut se maintenir
que par la force. Alors les deux nations sont placées dans
une position fausse et contre nature qui les démoralise et
les empêche l'une et l'autre, tant que cela dure, d'atteindre
réellement au bonheur mérité.

L'on nous opposera l'existence de certaines populations
qui, d'une autre origine que la nation qui les a incorporées,
n'en font pas moins une seule masse avec elle. Mais ces
populations sont les débris de divers peuples qui se sont
trouvés trop réduits pour vouloir soutenir une existence
distincte. Isolées et dispersées, elles ont cédé à l'action des
siècles, et se sont volontairement fondues dans la nation
plus nombreuse, et ordinairement plus civilisée, qui les
entourait de toutes parts. Quelquefois elles conservent un

langage particulier, mais ce n'est qu'un idiome corrompu et tout à fait vulgaire qui ne s'est pas élevé au rang des langues : ce qui prouve qu'elles n'ont pas voulu maintenir et développer leur nationalité. Toute leur manière d'être démontre qu'elles ne prétendent plus au droit d'une existence séparée, et elles doivent être regardées comme des étrangers qui, de leur propre gré, se sont fait agréger à une nation. Ce fait spécial et particulier n'affaiblit en rien la force du principe général.

La nationalité reste toujours le fondement de l'indépendance des États. Il arrive cependant que la force des événements et l'action du temps amènent des modifications dans l'existence des nations elles-mêmes : modifications d'habitude légalisées par des transactions positives qui ne violent pas l'ordre et les lois naturelles. Il y a des nations qui se sont partagées en plusieurs États, en plusieurs sociétés civiles. La vie de ces États approche de l'existence nationale : car elle ne peut avoir duré sans produire des spécialités dans les souvenirs, dans les mœurs et dans les institutions, qu'il est juste de respecter. Ces États sont presque des nations, et en ce sens ils possèdent les mêmes droits d'indépendance.

Néanmoins, l'existence nationale reste toujours plus relevée en droit, plus indélébile, plus supérieure aux atteintes de la violence et au pouvoir passager des circonstances. Les droits d'un État, tout respectables qu'ils soient, peuvent enfin être détruits ; ceux d'une nation ne le peuvent jamais, parce qu'elle vit, abstraction faite de l'indépendance politique qu'elle peut avoir perdue, mais dont elle conserve les droits tant qu'elle existe.

Il arrive aussi que, pour des peuples nombreux répandus sur une très-vaste étendue, il existe une certaine commu-

nauté d'origine, de langage et de coutumes, que le temps
n'a pas encore entièrement effacée; mais les siècles de
séparation et les circonstances qui ont fixé ces peuples dans
des pays éloignés les ont constitués en nations entièrement
distinctes.

Si l'un de ces peuples, augmentant sa puissance, prétend dominer les autres sous prétexte d'une même extrac-
tion, il n'en aurait pas le droit, et n'invoquerait la loi de
nationalité que pour la violer plus méchamment.

Placer le pays dominateur et le pays asservi dans cette
situation déplorable, est un crime d'autant plus grand, que
la nation asservie conserve un sentiment plus vif de ses
droits. Que d'actes oppressifs ne faut-il pas répéter pendant
une longue suite d'années, pour soutenir ce qui ne sera
jamais qu'une injustice! Que de faux serments, que de victimes nécessaires, que de vices encouragés! Tant de méfaits
crient vengeance sur la tête de ceux qui ont commis la
première iniquité et de ceux qui y persévèrent.

III

CONSÉQUENCES DU PRINCIPE DE NATIONALITÉ PAR RAPPORT AUX COLONIES.

Dans une seule et même nation on voit quelquefois une
sorte de ramification que certaines circonstances rendent
indispensable et conforme au droit naturel. Nous avons vu
que le partage du genre humain en nations était une suite
nécessaire des organes limités de l'homme, et que, pour

l'aider à atteindre le but de son existence sur la terre, la société civile s'établissait dans le sein des nations. De plus, nous avons prouvé que, pour remplir son objet, la société nationale et civile devait nécessairement être renfermée sur une étendue qui rende possibles la continuité des rapports réciproques et la garantie d'un bonheur mérité et commun.

Une nation, non plus qu'une famille, ne saurait en droit se disperser sur une étendue qui dépasse certaines limites indispensables à sa nature et à son but.

Ainsi donc, si par un concours de circonstances de différente nature, des fractions d'une nation vont s'établir à de grandes distances et dans des positions telles qu'elles soient séparées du sol national par des mers ou des déserts, ou bien, pour préciser mieux la chose, si une nation envoie des colonies dans des parages plus ou moins éloignés, ces colonies resteront attachées et soumises à la mère patrie tant qu'elles seront peu nombreuses et qu'elles ne pourront se suffire à elles-mêmes. Mais, avec le temps, la population augmentera en proportion des ressources, et dès lors, l'état des choses étant complétement changé, changera aussi la question de droit. Les populations accrues prendront une existence propre, des besoins séparés, et elles auront droit d'y satisfaire, car elles ne peuvent être alors un simple instrument employé à l'unique profit de la mère patrie ; elles ont le droit de marcher vers un but, et ce but ne peut être que celui d'obtenir sur ces bords éloignés un bonheur mérité.

Tous les hommes sans exception ont le droit d'avoir une patrie, et cette patrie ne saurait être ni chez une autre nation, ni à la longue dans un autre hémisphère ; ils ne pourront la chercher et la trouver que dans leurs propres foyers ; ils ne pourront considérer comme leur propre gouvernement des autorités qui étant à une trop grande distance, leur deviennent bientôt étrangères.

Deux parties d'une même nation, dans une telle position, continueront de parler la même langue, conserveront même des relations fraternelles, mais ne pourront à la longue commander l'une à l'autre, sans qu'il y ait oppression : car la communauté d'affections, d'opinions, de besoins, de tous ces rapports intimes qui sont indispensables pour constituer dans une nation un seul lien civil et une seule patrie, ne sauraient se prolonger indéfiniment entre ces deux parties, à cause de la grande distance qui les sépare et qui tend à les isoler.

Si jamais, par exemple, la Sibérie était habitée par une population nombreuse et civilisée, elle ne pourrait et ne voudrait pas former un seul tout avec le gouvernement de Saint-Pétersbourg, et elle aurait le droit de s'en séparer. En effet, dès que les colonies acquièrent les éléments d'une existence distincte, dès qu'elles cessent d'être une partie et qu'elles deviennent un tout, enfin dès qu'elles ont le sentiment de la vie nationale, elles veulent prendre rang parmi les nations et elles ont le droit d'être considérées comme telles. C'est le cas où le fait établit évidemment le droit.

Les anciens l'avaient deviné, avec ce tact qui caractérise toutes leurs conceptions. Ils envoyèrent des colonies vers des plages éloignées, avec l'intention d'y former des établissements. Ce furent de nouveaux États qui conservèrent envers leurs métropoles les sentiments d'enfants reconnaissants, mais émancipés ; les avantages de ces sages dispositions furent souvent recueillis de part et d'autre. Le bienfait ne fut jamais perdu, parce que ceux qui le recevaient ne furent jamais considérés comme devant suppor-

ter ce lien de sujétion que les États modernes ont attaché à
la dénomination de colonies.

IV

FRONTIÈRES NATURELLES.

Il y a lieu de s'étonner de la haute importance que les
diplomates et les publicistes ont attachée aux limites géo-
graphiques des États, et du peu d'attention qu'ils ont portée sur leur organisation morale. Les uns et les autres paraissent avoir négligé à dessein, ou peut-être n'avoir pas
du tout aperçu le principe fondamental de la nationalité,
sans lequel toutes les doctrines du droit des gens, rendues
dépendantes des caprices de la fortune et des abus de la
force, ne cesseront jamais de tromper les espérances des
amis de l'humanité.

Les théoriciens et les praticiens de la politique crurent
remédier à sa versatilité et assurer la solidité des États, en
dessinant leurs contours d'après le cours des rivières et
autres circonstances topographiques. C'était chercher des
garanties dans la force et soumettre la nature vivante à la
nature morte.

Une suite de systèmes, plus étranges les uns que les autres, furent la conséquence de cette erreur. L'on a pro-
posé, tour à tour, de partager l'Europe en deux, trois ou
quatre empires qui devaient se contre-balancer. Le repos
réuni au bonheur général était le résultat promis. Ce fut
de tout temps la pierre philosophale de la diplomatie.

Mais la solution de ce grand problème ne deviendra

possible qu'autant qu'il sera réduit à ses termes les plus
simples, avec sincérité et bonne foi, et qu'on s'appliquera
surtout à éliminer de ce travail toute arrière-pensée. Rien
de semblable ne pouvait être observé dans la plupart des
délimitations tracées jusqu'à présent, éphémères comme
leurs causes ; parce qu'elles étaient, du plus au moins,
toutes arbitraires, et qu'elles manquaient également de
bases solides, Les combinaisons imaginées furent donc sans
nombre et sans résultat.

Un écrivain qui a eu par instants en politique une certaine autorité, ou qui a fait au moins du bruit, M. l'abbé
de Pradt, s'est écrié, dans un de ses nombreux ouvrages,
et sa sentence a été répétée par d'autres auteurs, que la
Vistule devrait être la limite qui séparerait la Russie du
reste de l'Europe, et que sur l'autre rive de ce fleuve commençait déjà l'Asie. Cette assertion est plus que hasardée.
Il n'y a rien de moins asiatique que les populations prussiennes et polonaises qui habitent sur le bord oriental de
la Vistule, et en réalité, c'est la civilisation européenne qui
étend les bornes de l'Europe. Sous ce rapport, il n'y a plus
d'obstacles topographiques qui puissent arrêter son influence, et toutes les fois que la Russie même tournera ses
vues sur l'Asie, elle ne fera qu'agrandir le cercle du système dont l'Europe est le centre.

Toutes les rivières ont été successivement le thème des
mêmes raisonnements. Du temps des Romains, le Rhin et
le Danube furent considérés comme les limites naturelles
du monde civilisé. L'Elbe prit leur place du temps des Car-
lovingiens et devint la ligne de démarcation entre les
Francs et les peuples qui ne voulaient pas reconnaître leur
domination et qui infestaient leurs frontières. Plus tard,
sous les empereurs de la maison de Saxe, l'Oder fut regardé

comme l'extrême limite de l'Europe; les pays au delà de
ce fleuve étaient censés le siége de la turbulente liberté des
descendants des Vendes et des Sarmates, et l'espace qui
s'étend depuis l'Elbe jusqu'à l'Oder devint le théâtre de la
lutte des races allemande et slave.

Qu'est-ce donc qui a pu porter M. l'abbé de Pradt à choisir la Vistule pour ligne normale de séparation entre la
Russie et le reste de l'Europe? Pourquoi n'aurait-il pas
choisi tout aussi bien l'Oder, le Niémen, la Dwina, le Dnié-
per? Si M. de Pradt avait écrit, la carte sous les yeux, il
aurait vu que la Vistule, vers le milieu de son cours, se
détourne vers l'Occident, et qu'en accordant à la Russie la
rive droite de ce fleuve, on étendrait ses possessions jusqu'aux Carpathes.

La vérité est qu'en cherchant dans le cours des rivières
une limite naturelle, on ne donne aucun principe fixe à
l'existence et à l'étendue des États. La force et l'ambition
ne considèrent aucun fleuve, quelque large qu'il soit,
comme une barrière qu'elles ne puissent tôt ou tard dépasser. Elles voient tout autant de raison de se contenter
d'avoir tel fleuve pour frontière, que d'aller porter cette
frontière au fleuve qui coule plus loin. Elles croient toujours avoir de très-bonnes raisons pour s'arrondir et pour
se donner une nouvelle ligne de défense.

Il n'y a que le principe de nationalité qui soit fort et invariable et qui conduise à des conclusions nettes, précises,
impossibles à éluder, de telle sorte que, pour les enfreindre, la ruse ne trouve plus de prétexte et que la violence doive se montrer sans voile. Comment les auteurs
qui se sont occupés des barrières nécessaires à la sûreté
de l'Europe, ont-ils tant tourmenté leur esprit, pour les
renforcer par des lignes militaires, et comment n'ont-ils

pas vu que la plus forte et la plus durable de toutes les barrières sera toujours dans le bonheur de la nation qui se trouve chargée de sa défense?

Beaucoup de fleuves ne servent plus de frontières et coulent depuis longtemps au milieu de la même nation. Cela devait être : le cours d'une rivière est un moyen de communication et de commerce; les peuples ont dû s'étendre sur les deux rives pour profiter des facilités qu'elles offraient à la circulation. Ainsi les rivières, au lieu d'être des barrières entre les nations, sont en réalité des lignes médianes qui unissent les peuples.

A quoi donc peut-on reconnaître les frontières convenables et nécessaires aux États? Quoique le droit fondamental de l'indépendance dérive de la nationalité, il serait illusoire, s'il n'était réuni à celui que possède chaque nation de conserver les moyens de maintenir cette indépendance.

Pour qu'une nation soit en état de défendre l'existence qui lui appartient, et pour que les autres nations soient en droit de la croire satisfaite de son sort, deux choses sont nécessaires : il faut qu'elle garde le circuit nécessaire à sa défense, et qu'elle possède les débouchés qui sont indispensables pour échanger librement ses productions. Ces deux prétentions sont également justes, puisqu'elles sont des conditions absolues de l'existence d'un État, et ce sont elles qui constituent ensemble ses frontières naturelles. Les rivières y rentreront plus souvent comme moyen de communication que comme ligne de défense, et, sous ce dernier rapport, les chaines de montagnes sont certainement de meilleures limites pour les nations : car les montagnes et leurs défilés n'ont aucun autre effet que de rendre les communications plus difficiles, et sont par conséquent une cause de séparation et un moyen de défense.

Il arrive quelquefois que les pays limitrophes ne présentent pas partout des lignes défensives sous le rapport militaire. Faudra-t-il pour cela refouler l'une ou l'autre nation et la déposséder des propriétés consacrées par des siècles d'habitation? Non, sans doute ; les frontières de ces pays sont alors tracées par les populations respectives, et doivent être tout aussi respectées que si la nature y avait élevé des montagnes ou étendu des mers : car de tous les obstacles, le plus insurmontable, en droit, c'est la différence de nationalité.

Chaque nation cependant aura la possibilité et contractera le devoir, tant pour sa propre sûreté que pour celle de ses voisins, de remplacer par des moyens artificiels le défaut de défense naturelle causée par la position topographique. Il y aura plus de difficultés de remédier par l'art à ce que la nature refuse, mais voilà tout, et le résultat sera peut-être plus avantageux. Si l'on y prend garde, on verra que les nations se sont, la plupart du temps, renfermées dans des limites convenables ; cette disposition aurait été générale et se serait maintenue, si l'ambition et l'injustice n'avaient tout aussi peu respecté les droits des nations que leurs frontières naturelles. Les déprédations qui les ont dénaturées ont aussi arraché des populations entières à l'unité nationale.

Quoi qu'il en soit, les deux conditions indispensables à l'existence d'un État, possibilité de défense et facilité d'échange des produits, font évidemment partie de la loi naturelle qui règle les rapports des nations : car autrement, toutes les garanties réciproques qu'elles doivent au maintien de leur existence respective seraient illusoires.

Il appartient donc à la sollicitude et à la tendance de la vraie diplomatie, non-seulement de conserver saintement

à chaque nation ses frontières naturelles, mais aussi de
les lui faire rendre, si en effet elles sont nécessaires à sa
défense et à ses débouchés. C'est un devoir, parce que
c'est juste, et parce que là sont les vrais éléments de cette
stabilité dont la diplomatie s'occupe, et qui ne saurait jamais
être obtenue si les nations ne possèdent, chacune chez soi,
les moyens nécessaires pour exister avec indépendance et
pour repousser les agressions qui, en menaçant leurs
droits, mettraient en danger la sécurité générale.

Il est donc clair que si un obstacle naturel forme la
séparation de deux nations, le droit défend que l'une d'elles
vienne fonder un établissement au delà de cette barrière
naturelle, pour y poser un pied et avoir ensuite un plan
d'attaque tout disposé. Dans ce cas, la saine diplomatie
doit combattre ces abus et faire disparaître ces déviations
des vrais principes du droit : car la justice et le bien général exigent que partout l'on augmente les moyens de
défense et de prospérité, et que l'on diminue les moyens
d'agression ; et lorsque sur une lisière montagneuse, il
s'agit de régler la frontière entre deux États de force iné-
gale, la diplomatie doit faire en sorte que les plus fortes
positions restent au plus faible ; c'est même rendre service
au plus fort que de diminuer pour lui les facilités et les
tentations d'attaque.

L'embouchure d'une rivière doit évidemment appartenir
à la nation qui s'est établie sur ses bords ; c'est son unique
débouché, et si les deux rives sont habitées par deux nations, chacune d'elles aura un droit égal à la libre navigation du fleuve. Si ce fleuve, dans son cours prolongé, tra-
verse le territoire de plusieurs nations, alors les facilités
n'en seront que plus grandes pour les échanges, et l'égalité
des droits sera dans l'intérêt commun. La diplomatie, en

pareil cas, doit s'appliquer à diminuer les péages et à s'approcher le plus possible de la liberté entière du commerce, désirable sous le rapport même de l'intérêt. Cette liberté, commandée par le droit naturel, peut, dans bien des cas, diminuer, sinon effacer entièrement les inconvénients qui résultent des frontières mal ordonnées entre les nations, sous le rapport de leurs communications et de leurs débouchés.

V

RÉGIME INTÉRIEUR.

Il nous reste à traiter d'un dernier objet qui, quoique hors de la compétence directe de la diplomatie, influe trop cependant sur les relations des États et sur le bien général de l'humanité pour être passée sous silence. Je veux parler du régime intérieur des États. La vraie diplomatie condamne le prétendu droit d'intervention, elle n'en reconnaît aucun qui justifie une nation de se mêler des affaires intérieures d'une autre nation. Cependant il est impossible qu'une nation reste indifférente au malheur ou au bonheur de ses voisins, qu'elle n'applaudisse pas à leurs essais heureux, qu'elle ne s'afflige pas de leurs erreurs, tout en respectant leur indépendance.

La base fondamentale du droit des gens repose sur l'existence nationale; sa garantie pratique dépend de l'exercice moral du pouvoir suprême dans chaque société civile. Il importe donc au bien général et à la sûreté de tous que ce

pouvoir s'appuie partout sur l'esprit national, source de sa
consistance et du bonheur mérité de chaque peuple, et
qu'en même temps ce pouvoir soit organisé de manière
que la volonté collective qu'il représente se manifeste par
des formes qui la mettent, autant que possible, hors de
l'influence brusque et désordonnée des passions individuelles : car il importe à toutes les nations que l'autorité
civile, appelée à personnifier chaque nation, se montre
toujours digne de sa haute destination, et capable de remplir avec justice et bienveillance ses devoirs extérieurs.

Il est clair qu'un gouvernement despotique, dont les résolutions dépendent uniquement des lumières, des principes et du caractère d'un seul homme, est la forme qui
offre le moins de garantie, qui répond le moins à la cause
finale et qui s'éloigne le plus de l'idéal de la personne morale que nous désirons trouver dans une association civile ;
d'autant mieux que cette volonté unique peut varier à
chaque règne dans la même proportion qu'un individu diffère d'un autre individu.

Au contraire, là où les pouvoirs sont partagés et pon-
dérés, où les résolutions passent par des discussions, dont
le but est de s'assurer de la volonté et des véritables intérêts
de la nation, laquelle, si on l'éclaire et si on l'écoute, n'aura
jamais besoin de commettre des injustices ni de tenter des
empiétements ; là, en un mot, où le mode représentatif,
inhérent à toute société, est continuellement en exercice et
ne permet aucun acte qui ne soit soumis aux formes d'une
délibération prolongée et solennelle, l'action du gouvernement sera évidemment beaucoup plus régulière et plus
mesurée, et par conséquent plus juste et plus bienveil-
lante.

Il s'ensuit que la diplomatie, tout en respectant le droit

que chaque nation possède de se constituer comme elle
l'entend, ne pourra manquer d'applaudir à tout perfectionnement intérieur qui rendra un gouvernement plus national et plus modéré; elle se réjouira de tout résultat qui
donnera une garantie de plus à l'accomplissement de son
objet final, en plaçant une des fractions du genre humain
à portée de jouer convenablement son rôle de *personne morale*, de même qu'elle s'affligera des changements contraires qui tendraient à éloigner un État de la possibilité
de remplir avec suite et fidélité ce devoir primitif et sacré.

Nous croyons avoir touché aux questions les plus importantes que les États ont à débattre dans leurs relations
réciproques, et nous avons essayé de montrer de quelle
manière elles devaient être considérées et décidées en
droit.

Si les gouvernements daignaient seulement peser nos
déductions dans un esprit de droiture et de bonne foi, difficile peut-être à exiger, mais qui seul peut faire reconnaître et suivre la vérité, tout nouveau développement
deviendrait pour eux superflu. Les applications se présen-
teraient d'elles-mêmes et pourraient être saisies facilement.
Cependant, s'il faut encore appuyer nos principes par de
nouvelles raisons, et rendre celles-ci sensibles et pratiques,
nous avons de quoi remplir cette tâche. Dans la troisième
et dernière partie de cet Essai, il nous restera à présenter
des considérations sur les avantages ou les inconvénients
qui accompagnent une politique plus ou moins morale, et
nous tâcherons d'y ajouter quelques aperçus sur les moyens
à employer pour que la diplomatie, telle qu'elle devrait
être, s'introduise dans les cabinets et devienne la règle
pratique de leur conduite.

TROISIÈME PARTIE

DES MOYENS DE RAMENER LA DIPLOMATIE A SA VÉRITABLE DESTINATION

CHAPITRE VIII

DE LA DIRECTION IMPRIMÉE A LA DIPLOMATIE ET DE SES FACHEUX EFFETS

I

CONSCIENCE DES CABINETS.

En reprenant, dans cette dernière partie, le fil de nos pensées, nous ne nous dissimulons pas que, par un désir trop ardent de faire partager nos convictions à nos lecteurs, nous nous sommes exposé à quelques graves objections. Les hommes flegmatiques et froids peuvent trouver que nous écrivons des homélies plutôt que des essais politiques, nous risquons d'être condamné comme un sermonneur ennuyeux qui revient toujours sur le même texte et qui n'essaye d'obtenir l'assentiment de ses auditeurs que par insistance et par ennui.

Cette critique n'est peut-être pas dépourvue de vérité; mais dussé-je l'encourir encore, et réveiller l'impatience et les sourires des vieux diplomates, il faut absolument les entretenir quelque peu de ce qui les touche de plus près et les occupe le moins. Les souverains et les ministres ont beau faire, ils sont hommes, et en cette qualité ils ne peuvent s'affranchir de la sévérité des lois communes à toute l'humanité.

Les transactions diplomatiques se font par des hommes, au nom et pour le compte d'autres hommes, qui tous ont les mêmes droits et les mêmes obligations. Le délégué qui transgresse, qui viole les commandements gravés dans la conscience, ne peut échapper au remords et déroge à sa nature s'il ne le sent pas. Dès qu'un être agit contre les lois de sa nature, la dissonance intérieure se manifeste, avant même que l'idée d'une juste réprobation vienne le frapper de terreur. Agir contre les lois de sa nature, c'est la dégrader et la détruire, et toute destruction est souffrance. Plus les motifs que l'on sacrifie sont justes et nobles, lorsque surtout ceux qui nous entraînent le sont peu, plus aussi sont grands les maux que l'on produit ou les biens que l'on empêche. C'est alors que l'action commise pèse sur la conscience et accroît la responsabilité.

Dans la hiérarchie des sociétés civiles, tous les membres ne participent pas également à l'action collective. Depuis le simple citoyen jusqu'au souverain, chacun supporte son degré de responsabilité individuelle, égal à la part plus ou moins grande qu'il a prise dans les délibérations et dans les actes. Quand on réfléchit qu'en dernière analyse tous les résultats dépendent souvent de la volonté d'un seul individu, il y a de quoi être effrayé du poids de responsabilité qui pèse sur lui.

Que les souverains y prennent garde! Aucune fraction
du genre humain ne peut ni se soustraire elle-même aux
devoirs de la société universelle, ni mettre hors de la loi
une autre fraction similaire. Parce qu'une nation est personnifiée en lui, un souverain se croirait-il sans obligation
envers d'autres nations, envers l'humanité? Ne serait-il un
homme, un être moral, un chrétien qu'envers la société
qu'il régit?

Loin de pouvoir cesser entre les États et envers les États,
les préceptes de la morale semblent gagner de force et
d'importance lorsqu'ils se rapportent à des masses composées d'un grand nombre d'individus. Cette agglomération
ne donne que plus de poids aux devoirs, et rend les délits
plus condamnables, puisque le bien ou le mal causé à tant
de prochains produit un ensemble relatif d'obligations et
de culpabilité.

Quoi! Vous reconnaissez que faire tort à un individu est
un délit odieux, et vous ne craignez pas de faire tort à une
nation, à des millions d'individus, de porter dans leurs
foyers les humiliations, les souffrances, le désespoir! Est-ce
que cette nation ne serait pas composée d'hommes, et ces
hommes ne seraient-ils pas vos semblables, vos frères, tout
aussi bien que ceux à qui vous commandez ou que vous
servez!

Ainsi, la conscience d'un diplomate, loin d'être inaccessible au remords, doit en éprouver les atteintes avec une
force proportionnée aux maux incalculables que son action
produit, et au nombre des victimes qu'il dévoue au malheur.

Mais ce sont surtout les souverains, auxquels est confié
le gouvernement des nations, qui ont le plus grand intérêt
à éclairer leur conscience sur les graves questions qui sur-
viennent entre les masses. Il est de leur convenance et de

leur devoir d'acquérir à ce sujet des notions nettes et précises, et d'adopter des principes fixes, afin de ne pas transgresser la loi morale et de ne pas s'exposer à des remords tardifs, d'autant plus terribles qu'ils sont alors impuissants. Le meilleur moyen de s'en défendre serait de réveiller et d'encourager la pudeur diplomatique, de telle sorte qu'elle pût pénétrer jusque dans l'intérieur des cabinets pour pouvoir éclairer d'avance la religion des princes.

Un guerrier, malgré la rigueur de la discipline militaire, se fait un cas de conscience de commettre une mauvaise action, dans certaines occasions où même elle lui serait commandée par ses chefs.

Un ministre quitte sa place plutôt que de concourir à une mesure qui répugne à ses principes et qu'il croit funeste à sa patrie. Il repousse la corruption et préfère une disgrâce. Il ne veut pas être l'un des instruments avec lesquels l'on prétend river les chaînes de ses concitoyens, ou les entraîner dans une série de malheurs.

La morale et la religion réclament encore un degré de plus de susceptibilité consciencieuse ; elles veulent que cette conscience dans un fonctionnaire, ne se borne pas à sa propre nation, mais qu'elle s'étende aussi aux autres nations. Si le gouvernement intérieur était consciencieux, cela ne suffirait pas encore ; il faut que la diplomatie, ou l'administration extérieure, soit aussi pudique et consciencieuse. Quand on prépare des perfidies, des désastres, des chaînes, un homme d'honneur, un homme moral, un homme chrétien ne doit pas y prendre part, et son devoir est de tout quitter plutôt que d'agir contre sa conscience.

Nous n'en sommes pas là, tant s'en faut ; mais nous y parviendrons : il suffit de montrer, comme nous croyons l'avoir fait, qu'une action de ce genre est réprouvée par

l'honneur, par la morale,¦ par la religion, à l'égal de tout
autre délit.

L'on s'est efforcé souvent de séparer le chrétien de
l'homme public et de réduire la morale évangélique à une
complète impassibilité, dès qu'il était question des devoirs
sociaux et politiques.... Ce serait ôter à l'homme toute
règle de conduite dans ses rapports les plus nombreux et
les plus importants.

L'opinion de J. J. Rousseau sur une république chrétienne, opinion si peu digne de son génie, tombe d'elle-
même quand on réfléchit que l'essence des devoirs d'un
citoyen consiste à agir toujours pour le compte des autres,
et à se dévouer pour leur plus grand bien. Or, c'est là
aussi l'esprit du christianisme. L'homme le plus saint
peut bien se soumettre à toutes les privations pour lui-
même, mais à l'égard d'autrui ses devoirs changent avec
sa position, et lui font revêtir un autre caractère. Rien
alors ne l'arrête; rien ne peut l'effrayer; il devient le défenseur le plus intrépide, le protecteur le plus vigilant des
faibles et des opprimés. Il supportait avec résignation des
maux qui n'atteignaient que lui seul; il repousse maintenant avec indignation l'injustice qui menace l'innocent et
le pacifique.

Les vertus chrétiennes et les vertus civiques se touchent,
ou pour mieux dire, elles sont une même chose exprimée
en des termes différents.

L'Évangile ne fait pas mention expresse de la patrie et
des devoirs civils, parce que sa législation est universelle,
et qu'elle embrasse même l'humanité et l'éternité. Cette
législation, par son caractère d'universalité, est donc la
base naturelle et primitive de toutes les associations humaines et de toutes les lois qui les obligent.

La maxime tant de fois citée : *Rendez à César ce qui est
à César*, ne veut pas dire qu'il soit permis à César de commettre des injustices, ni de prendre ce qui ne lui appartient pas. Il est aussi écrit : *Quand on t'aura frappé sur
une joue présente l'autre*; mais il ne s'ensuit pas que l'Évangile donne au plus fort le droit de frapper et de redoubler. L'Évangile parle à tous les hommes également. Par sa
doctrine, chacun dans sa sphère est obligé au dévouement,
à l'oubli de soi-même, au respect d'autrui, et personne
n'est autorisé à l'arrogance et à se croire au-dessus des
obligations imposées à tous. Quand vous voudrez vous
étayer de ce livre divin, prenez pour vous la part du juste,
et n'allez pas vous approprier le rôle de l'oppresseur.

Au reste, si, même contre toute espèce de raison, l'on
pouvait admettre que l'amour de la patrie n'est pas compris entre les vertus prescrites par la morale évangélique,
ce ne serait qu'un motif de plus pour conclure qu'elle
n'est pas obligatoire dans les rapports des nations et des
souverains; puisque l'amour de la patrie est l'unique prétexte qu'on croit pouvoir alléguer, pour justifier en apparence une politique contraire à la loi universelle de l'humanité.

La vertueuse Marie-Thérèse se défendit longtemps de
consentir au partage de la Pologne, et l'on dit qu'il fallut
employer l'autorité de son confesseur pour surmonter ses
scrupules. Maintenant il n'est guère permis de croire qu'on
puisse avoir recours à de pareils moyens. Il serait trop facile de reconnaître le ministre d'État déguisé en ministre
des autels, et personne ne se méprendrait sur une absolution sacrilége qui blasphémerait contre la loi dont le maintien est l'objet du sacrement.

Il doit y avoir, et il y a sans doute unité, dans tout ce

qui existe, unité et harmonie entre les lois naturelles et
la révélation, entre la philosophie et la religion, entre la
politique et le droit, entre le but de tout gouvernement et
celui de l'existence de l'homme. Il faut découvrir cette harmonie, quand même elle ne semblerait pas exister : car
tant que les déductions sont discordantes, il y a erreur assurément.

Nous croyons avoir prouvé que cette harmonie s'aperçoit dans les principes que nous avons essayé de poser sur
le droit des gens, et c'est au nom de toutes ces autorités
réunies, qui toutes ne sont que l'autorité unique du Créateur sous différentes formules, que la soumission à la loi
naturelle et à ses conséquences est commandée aux nations et aux gouvernements, tout aussi bien qu'aux individus.

Habitués à des principes relâchés et vacillants, les cabinets et les diplomates de tous les rangs seront-ils bien
effrayés de l'unanimité de ces voix puissantes, et de la rigueur des principes qu'elles proclament? S'ils prennent le
temps d'y réfléchir, si par un premier effort, ils surmon-
tent l'influence de préventions longues et habituelles, s'ils
veulent d'un cœur sincère reconnaître la vérité, nous ne
doutons pas qu'ils ne finissent par prendre goût aux principes que nous avons exposés ; car enfin, que prétendons-
nous, et qu'est-ce qui pourrait éveiller tant d'alarmes et
tant d'opposition? Il s'agit d'introduire la justice et la
morale dans la diplomatie, de la rendre humaine et bien-
veillante. Nous voulons que d'une science si haute, si importante, qui influe si puissamment sur les destinées du
genre humain, toute justice, toute générosité, toute grandeur d'âme ne soient pas bannies. Y a-t-il là de quoi s'ef-
faroucher? Nous allons voir que même l'intérêt personnel,

pris jusqu'à présent par les diplomates pour seul premier principe de leur politique, ne se trouve pas aussi contraire, qu'ils ont pu le croire, aux principes que nous voudrions leur faire adopter.

II

L'INJUSTICE NE PROFITE PAS AUX NATIONS.

On se sera étonné peut-être que dans un ouvrage où l'on prétend traiter de la diplomatie, les intérêts des puissances n'aient pas encore été discutés. Pour nous excuser de cette omission, nous dirons qu'elle a été commise sciemment. Chaque puissance connaît parfaitement ce qu'elle croit être ses intérêts; on n'a cessé de les discuter dans les livres et dans les négociations; les gouvernements n'ont plus rien à apprendre et ne sont que trop savants sur ce sujet. Mais ils ne le sont pas autant sur leurs devoirs réciproques. C'est une matière qui leur est imparfaitement connue et dans laquelle ils ont un besoin urgent de s'éclairer. Ainsi donc, sans perdre du temps à traiter de leurs intérêts, nous avons cru mieux faire de ne nous occuper jusqu'ici que de leurs devoirs. Nous avons suivi une méthode opposée à celle de nos devanciers, ils sont partis de l'intérêt pour arriver à la justice; et nous n'avons voulu voir que la justice, sans trop nous embarrasser comment l'intérêt y trouvera son compte.

Qui sait cependant, si, par cette marche inverse, nous ne

parviendrons pas à des résultats plus satisfaisants, et s'il ne sera pas prouvé, qu'en diplomatie, comme en bien d'autres choses, il ne vaut pas mieux finir par l'intérêt, que de le prendre pour point de départ des déductions qu'il cherche ensuite à éluder?

Nous avons dit aux gouvernements, comme aux individus : un avantage si grand qu'il soit ne peut faire qu'une injustice soit permise ni jamais la transformer en droit. Maintenant nous leur demanderons d'examiner si cette rigueur de principe n'est pas le seul moyen d'assurer le bien général et l'avantage particulier de chaque fraction de l'humanité.

L'une des définitions de la justice, c'est le respect dû aux droits de chacun ; l'une des formules de la morale, c'est l'obligation de concourir de son mieux au bonheur de tous. Respecter les droits n'est autre chose que protéger les intérêts ; et le maintien de la loi naturelle parmi les nations doit nécessairement avoir pour effet leur bien général, dans lequel chaque nation trouvera immanquablement la garantie de ses intérêts particuliers.

Réunir autant que possible l'utilité à la justice, est le but des sociétés civiles, but qu'elles n'ont pu atteindre dans leur intérieur qu'au moyen d'une contrainte légale. Mais un pareil moyen ne saurait se constituer entre les fractions du genre humain ; d'où il résulte que, dans les rapports de la politique extérieure, les erreurs et les passions des hommes rencontrent une digue de moins contre leur débordement. Supposer cependant que, même dans ces rapports, l'utilité ne suit pas la justice, serait aussi déraisonnable qu'impie ; il nous reste donc seulement à prouver que, si les lois positives de chaque société civile, en ce qui concerne les individus, se sont chargées autant que possible d'entretenir l'harmonie qui doit existér dans la création entre le bonheur et la vertu, cette même harmonie se laisse apercevoir plus clairement encore dans la destinée des nations, y remplace tous les moyens humains de contrainte légale, et expose les peuples, peut-être avec plus de certitude, aux suites inévitables du mérite et du démérite moral.

Les individus sont passagers sur la terre ; ils disparaissent souvent d'ici-bas avant d'avoir éprouvé le sort véritable dont leurs actions les rendaient dignes ; cela était nécessaire pour laisser à la vertu toute sa pureté et aussi pour que l'infortune qui s'attache quelquefois au mérite, devint l'une des preuves les plus évidentes de notre existence au delà du tombeau.

Mais les nations ne passent pas si rapidement, et dans leur vie prolongée, sous des formes variées et successives, elles échappent beaucoup moins que les individus, aux destinées qu'elles ont méritées. Les livres saints disent avec raison, que Dieu punit les hommes jusqu'à la septième génération ; c'est ce qu'éprouvent les nations, et il ne pouvait en être autrement. Il y a là de quoi faire revenir les nations de l'ivresse de la victoire, et de quoi les rendre justes et modérées au milieu des plus grands succès.

Si les fiers Romains avaient pu contempler le tableau de leur avenir, auraient-ils accordé des couronnes aux triomphateurs, et auraient-ils pu voir sans frémir les destinées que leurs injustices préparaient aux enfants de leurs enfants ? Quelle nation aurait voulu suivre la même carrière ! Se détruire en détruisant les autres, et léguer à l'humanité une succession de monstres de qui Rome elle-même devait être méprisée ! Certes il n'y a pas de nation qui voulût s'exposer volontairement à de pareilles destinées, et qui n'eût

préféré, à tout l'éclat des conquêtes, de rester fidèle à une
sage politique et de renoncer aux envahissements pour
conserver ses vertus

Les États dominateurs, dont les violences ont servi de
punition aux erreurs passées de quelques nations malheu-
reuses, sont à leur tour punis de leurs injustices. Les iniquités couronnées de succès ne portent pas moins en elles
le germe du mal qui les a enfantées, et ce germe avec le
temps porte ses fruits. Or ce temps ne manque jamais dans
la vie des nations. Un État spoliateur boira tôt ou tard à la
coupe empoisonnée qu'il a fait vider à d'autres. Il a fait de
ses égaux des rivaux jaloux et méfiants, il s'est donné des
ennemis dans ses nouveaux sujets, et il a démoralisé les
anciens en leur donnant l'exemple de la corruption.

Le premier de tous les intérêts, pour un individu comme
pour une nation, c'est l'intérêt moral. Quand des parents
songent à assurer le bonheur de leurs enfants, quelle doit
être leur première pensée? N'est-ce pas de leur donner de
bons principes et de les rendre honnêtes et vertueux? Un
gouvernement avance-t-il le bien moral de sa nation, premier but de toute société, lorsqu'il en fait un instrument
de ses injustices et qu'il l'emploie à régenter, à asservir
une autre nation?

Un seul acte d'injustice pareille en nécessite mille autres
et les prolonge pendant des siècles, non-seulement par le
scandale du mauvais exemple qui est sans fin, mais aussi
parce que celui qui la commet se croit obligé de soutenir
une première injustice et d'y persévérer.

Un homme qui, par un délit, parvient à augmenter certaines jouissances, sera-t-il considéré comme heureux?
Ce qu'il appelle jouissance est un remords ; il se sent indigne du bonheur, devant Dieu et devant lui-même, deux

témoins toujours présents et irrécusables. La conscience et les lois naturelles de notre existence ne sauraient, par la même raison, admettre qu'un État qui les viole envers ses semblables puisse s'en trouver bien et fonder un pouvoir prospère sur des injustices.

Lorsqu'un gouvernement puissant cherche à affaiblir un voisin inoffensif, en minant ses forces par l'intrigue et la corruption ; lorsque, s'annonçant comme protecteur, il maintient les armées qui vivent aux dépens des habitants et encourage toute sorte d'abus ; lorsqu'enfin, après s'être approprié tout ou partie du pays qu'il a rendu incapable de résistance, il confisque les propriétés de ceux qui avaient eu le courage d'être ses adversaires et les fidèles défenseurs de leur patrie opprimée, pour les distribuer à ses généraux et à ses employés, croit-il que la moralité de ses soldats et de ses capitaines en soit plus avancée, et que, par cette conduite, il les ait rendus meilleurs et plus dignes de cette prospérité qui avait été un des prétextes de ses injustices?

Les oppresseurs favorisés d'un pays asservi, eussent-ils même les jouissances les plus recherchées qui accompagnent la richesse et le pouvoir, ne peuvent être regardés comme heureux, puisque ce prétendu bonheur est acquis aux dépens des familles expropriées, d'une nation humiliée à laquelle on a ravi de force son bien le plus précieux, l'indépendance. Est-il bien de l'intérêt du pouvoir de procurer aux gouvernés un pareil bonheur, qui doit, à coup sûr, les corrompre et qui les entretient dans la persuasion que la justice et l'intégrité ne sont que de vaines paroles, tant pour les gouvernements que pour les individus, mais que l'intérêt personnel, sous quelque apparence qu'il se cache, est le maître du monde, la seule règle de conduite que la raison doive suivre?

L'on peut bien concevoir une société qui ne reconnaîtrait d'autre lien que la force et l'intérêt; son but serait d'acquérir le bonheur en renonçant à la condition de s'en rendre digne, et elle chercherait à se procurer toutes les jouissances imaginables, sans s'embarrasser du prix ni des moyens! ce serait une société de démons qui pourrait peut-être acquérir de la puissance et de la célébrité. Mais les lois éternelles de l'humanité répugnent trop à l'idée d'une telle association, pour qu'elle puisse avoir lieu et encore moins se maintenir. Si par intervalle il y a eu des nations qui aient proclamé ces principes antisociaux, elles n'y ont pas persévéré longtemps. Une heureuse régénération les leur a fait repousser, ou bien une terrible dissolution en a montré trop tard la fausseté et le danger.

Nous n'envisageons pas la question sous le seul rapport de la morale sociale, qui fait la force et la dignité des nations et dont l'abandon doit nécessairement leur être funeste; nous l'étendons encore aux avantages matériels des gouvernements et à leur intérêt diplomatique, et nous ne pensons pas qu'ils puissent être opposés aux règles sévères de la justice, ni même aux préceptes de la bienveillance.

L'intérêt matériel de la majorité d'une nation se combine rarement avec des envahissements et des violences qui coûtent beaucoup, et ne font refluer aucun bien réel sur les peuples. Qu'importe aux paisibles habitants d'un empire que leur souverain soumette à ses lois des pays qui n'ont avec eux aucun rapport national? Auront-ils moins d'impôts à payer? leur ménage en ira-t-il mieux? vivront-ils plus heureux et plus tranquilles? Tant s'en faut. Chaque conquête nécessitera une augmentation de taxes et ramènera plus souvent, et avec des circonstances plus déchi-

rantes, les scènes affreuses de la conscription et du recru-
tement.

Montesquieu a dit : « Dans une monarchie qui travaille
longtemps à conquérir, les provinces de son ancien domaine
seront ordinairement très-foulées. »

Que les gouvernements cessent donc de prétexter l'intérêt d'une nation pour excuser des actes injustes envers
d'autres nations. Cet intérêt ne se trouve jamais en réalité
dans des spoliations toujours onéreuses qui n'améliorent
en rien la condition des anciens habitants, et assez souvent
la rendent plus pénible. Les exactions ne profitent jamais.
Une honnête industrie et des efforts généreux peuvent seuls
donner aux individus et aux nations la richesse qui profite
et le bien-être qui satisfait.

Jamais, assurément, iniquités n'ont surpassé celles que
l'Espagne a commises dans la conquête du nouveau monde ;
jamais régime colonial ne fut plus injuste et plus vexa-
toire. L'on croyait alors que cet accroissement de pays, de
sujets et de trésors assurait pour toujours au roi catholique
la suprématie dans les deux hémisphères ; et pourtant c'est
de ces grandes injustices qu'a daté le déclin de l'Espagne.
C'est le nouveau monde, ce sont les possessions d'outre-
mer, qui ont plongé la première monarchie de l'Europe
dans le néant où nous la voyons encore aujourd'hui.

Il arrive quelquefois qu'un acte d'injustice produit des
résultats lucratifs ; en examinant la chose de près, on voit
que le gain ne vient pas de l'injustice, qui est toujours
coûteuse, mais qu'il est produit par des circonstances
qu'un concours d'événements mêle à l'injustice et qui pourraient exister sans elle. Ainsi des conquêtes lointaines pro-
curent des avantages commerciaux ; mais si la cause en
est injuste, le bienfait, loin d'être accru, se trouve diminué

et quelquefois absorbé. Heureux les gouvernements qui
savent s'en apercevoir à temps; ils conservent et assurent
les avantages acquis, en réparant l'injustice dont ils s'é-
taient rendus coupables. C'est ainsi qu'en consentant à
l'émancipation de l'Amérique, l'Angleterre a réellement
augmenté et affermi sa puissance.

Nous n'avons pas de données suffisantes, ainsi que nous
l'avons déjà remarqué, pour juger, avec connaissance de
cause, du degré de moralité de la politique anglaise dans
l'Inde. Mais les ministres britanniques doivent prévoir dans
l'avenir le moment où cette vaste et riche contrée échap-
pera à leur domination. Ce résultat est immanquable, mais
il n'est pas prochain. Les nombreuses populations de l'Inde
ne sont pas composées, comme dans l'Amérique du Nord,
d'Européens transplantés qui, séquestrés de la mère-patrie,
ont dû faire germer chez eux le sentiment national. Pour
qu'un pareil sentiment naisse dans l'Inde, il faut que les
lumières, propagées par les Anglais, pénètrent dans les
castes qui divisent les habitants, leur fassent perdre des
préjugés enracinés, et anéantissent des idées exclusives
qui les empêchent de se réunir dans un intérêt commun.
Il faut que la civilisation chrétienne soit greffée sur l'antique civilisation brahmanique et serve de ciment à la fu-
sion anglo-indienne. Ce résultat se fera attendre; mais
enfin il arrivera, et alors, l'intérêt de l'empire britannique
sera de s'unir avec cette nation nouvelle et régénérée par
tous les liens qui naîtront chez elle du souvenir des bienfaits qu'elle en a reçus, mais qui se briseraient par le refus
injuste et obstiné d'un affranchissement exigé par la marche
du temps et les progrès de la civilisation.

On dit aussi qu'il est de l'intérêt d'une nation de n'avoir
pas pour ennemi un voisin mal disposé et belliqueux. Est-ce

à dire qu'il serait avantageux à cette nation de lui faire tout le mal possible, et de saisir la première occasion pour lui ravir son indépendance? Avec cette disposition le mal ne sera pas détruit, mais envenimé. L'envahisseur, s'il réussit, aura admis chez lui l'ennemi qu'il avait pour voisin ; la nation asservie n'en sera que plus hostile, ne cessera pas d'exister, et ne laissera passer aucune occasion de faire valoir ses droits.

Le but qui a servi de prétexte à la conquête pouvait être atteint tout autrement et avec plus de sûreté, sans qu'il y eût à se rendre coupable d'une injustice et à courir les risques qui l'accompagnent. Pourquoi ne pas chercher à s'attacher ce voisin, par de bons procédés, et par la confiance qu'inspire toujours une conduite équitable? Un ami vaut mieux qu'un esclave. Dans la querelle la plus violente, on trouve toujours des moyens pour surmonter les préventions d'un ennemi et pour le contenir par le recours à une juste et légitime défense.

De quelque côté qu'on envisage la question, il nous semble prouvé, qu'à tout prendre, l'injustice ne saurait profiter aux nations, et que les moyens employés pour la commettre détruisent le bien moral et le bien politique ; et si parfois on croit la voir accompagnée de certains avantages, en y regardant de plus près l'on verra que ces avantages n'en dérivent pas et qu'ils peuvent toujours être obtenus par des moyens moins chanceux et plus honorables.

III

EXEMPLES : NAPOLÉON. — L'AUTRICHE. — LA RUSSIE.

Il nous aurait suffi de prouver qu'entre deux actions à
faire, entre deux partis à prendre, entre le juste et l'injuste, les biens et les maux étant au moins balancés, il est
de l'intérêt bien entendu de choisir toujours le côté de la
justice : car, par elle seule, elle a tant de force et de poids,
que le méchant lui-même la choisira par calcul quand il
verra des deux côtés des chances égales de perte et de gain.
Nous pourrions donc croire avoir fait pour convertir la
diplomatie plus qu'elle n'a droit d'exiger, mais le sujet
nous entraine, et nous ne pouvons l'abandonner sans ajouter encore quelques exemples à l'appui de nos assertions.
Ils feront voir par des faits, combien, dans de graves circonstances, il eût été utile au gouvernement le plus puissant de rendre hommage à la morale, et combien l'oubli
de ces préceptes lui a été funeste. Ces faits, nous ne les
puiserons plus dans l'histoire de la Grèce ou dans celle de
Rome ; quelque instructifs que ceux-ci nous paraissent,
nous en avons à citer de plus récents et de plus décisifs
qui, dans le cours de la vie d'un seul homme, nous présentent la réunion des grandes leçons parsemées dans
l'histoire.

Napoléon avait rendu tous les rois tributaires ; ils baissaient le front devant le maître du monde et marchaient à

sa suite. Les droits n'avaient pas été respectés par lui. S'appuyant sur la force, il avait conduit ses légions jusqu'aux extrémités de la terre. Au dedans et au dehors, tout obéissait à sa voix. Qu'est devenu ce colosse!!!

Remarquez que c'est un acte injuste et immoral de la vie de ce grand souverain qui a préparé sa chute. Sa conduite envers l'Espagne mit au grand jour que l'impitoyable politique n'avait aucun égard pour la morale et la justice. Ce furent pourtant ces transactions de Bayonne, dans lesquelles on crut voir le plus d'habileté, qui paraissaient un chef-d'œuvre de politique et dont on se promettait d'immenses avantages, ce furent ces mêmes transactions qui lui portèrent un coup mortel et qui devinrent le principe des événements qui ont amené sa perte.

Les souverains, les cabinets, les hommes d'État de cette époque, loin de prévoir ces résultats, étaient plongés dans une sorte d'admiration craintive pour la haute diplomatie de Napoléon ; ils étaient plus que jamais convaincus que les vœux des nations, leurs droits, la stricte justice ne pouvaient compter dans les affaires de ce monde, et que le bon plaisir du plus fort était la loi suprême des hommes. Quiconque a approché des cours et des cabinets au moment des transactions de Bayonne rendra témoignage que telle était l'opinion du jour, et que les étonnants succès de la France étaient cités comme exemple et comme preuve irréfragable à l'appui de ces maximes antimorales.

Mais la force des choses démentit le raisonnement des diplomates, les désastres commencèrent, grossirent, s'accumulèrent, et cinq années n'étaient pas écoulées que le grand monarque, abandonné des siens, se vit arraché de son trône par les rois qui l'avaient flatté, et par ceux-là mêmes qu'il avait créés. Exemple presque unique des vicissitudes humaines! De son tombeau il put contempler encore la terre où ses conquêtes étaient effacées. Après un songe brillant, sanglant et agité, son exil fut un réveil trop instructif, qui, avant l'éternité, lui fit connaître la vanité de tout ce qui n'est pas vertu.

Qu'a-t-il manqué à Napoléon? A-t-il employé des instruments inhabiles ou des moyens inefficaces? Son génie était supérieur, et la Révolution lui avait légué les hommes et les immenses moyens qu'elle avait produits et développés. Est-ce l'habileté de ses antagonistes qui l'a perdu? Mais aucun d'eux ne put se mesurer avec lui, et tous s'éclipsèrent à son aspect.

La lutte avec l'Angleterre pouvait durer longtemps sans résultat. C'est sur le théâtre de ses succès, c'est sur le continent et par le continent que Napoléon fut encensé et vaincu. Cependant, pour être invincible, il ne lui fallait que de la justice et de la bienveillance; mais il ne les écouta pas assez. Le plus grand des égoïsmes, celui de la gloire, lui avait fait négliger les droits et le bien de ses semblables; s'il n'avait pas considéré les nations comme de simples instruments à manier, jamais il ne serait tombé dans aucune des fautes qui ont causé sa chute et qui, dans le temps où elles furent commises, n'en parurent pas moins le comble de l'art et de l'habileté ambitieuse. Grand guerrier, grand administrateur, Napoléon envers les États étrangers suivit l'impulsion de la politique révolutionnaire. Il est peut-être encore moins à blâmer pour les maux qu'il a causés que pour le bien qu'il n'a pas fait et qu'il était en son pouvoir de faire.

Avec plus de sympathie pour le bien et pour les souffrances des peuples, avec une politique moins enfermée dans les calculs du seul intérêt, il se serait conservé dans l'Espagne un fidèle allié, et il aurait cherché à favoriser l'élan du patriotisme italien et polonais. Au lieu d'incorporer dans l'empire français des parties hétérogènes, il se serait appliqué à les lier par un esprit national et par des institutions qui auraient relevé la dignité et assuré le bonheur des pays dont ses victoires lui permettaient de disposer. L'Italie aurait surgi et serait remontée au niveau de ses souvenirs. Cette terre classique, garantie du joug étranger et régénérée à la flamme des vertus civiques, serait devenue le boulevard de la France, et dans le malheur elle aurait été le plus ferme soutien de la nouvelle dynastie. L'on peut en dire autant de la Hollande. Quant à l'Allemagne, elle aurait peut-être trouvé son véritable intérêt à être délivrée de la tutelle gênante de l'Autriche et de la Prusse; et elle se serait bien gardée de la rappeler, pourvu que la France n'eût pas eu la prétention d'y substituer la sienne.

Enfin Napoléon, en entreprenant la guerre du Nord, n'aurait pas dû la conduire dans la pensée d'asservir à ses vues gigantesques la Russie, mais dans celle de relever la Pologne. C'était une entreprise assez importante et assez glorieuse pour qu'il pût s'en contenter. Si telle avait été sa pensée, il aurait agi avec plus de prévoyance et de décision, et aurait tenu une conduite plus rassurante envers les malheureux Polonais : ce qui l'aurait empêché de s'aventurer dans l'intérieur de la Russie et de se laisser prendre à l'appât d'une paix que cet empire n'avait plus aucun motif de désirer après l'incendie de sa capitale, et au moment où toutes les chances tournaient contre les envahisseurs. En se bornant à rétablir la Pologne, Napoléon eût peut-être obtenu la paix par la crainte d'une invasion en Russie, et eût affermi sa puissance pour toujours.

Le blocus continental lui-même, sous d'autres formes,

aurait été facilement adopté par tous les États du continent. L'on a pu s'en convaincre après la paix, lorsque les
mêmes États qui s'étaient le plus récriés contre les règlements de ce blocus n'en conservèrent pas moins presque
les mêmes prohibitions. Mais le manque d'égards envers
les nations pour leurs justes droits rendit l'opération
odieuse et impossible. S'il s'était contenté au moins d'exiger des prohibitions acceptables, et qu'en même temps
il eût essayé d'introduire une grande liberté de commerce
sur le vaste continent qui lui obéissait; s'il eût facilité
toutes les communications, diminué les péages, les douanes
et tant d'autres entraves mises à l'échange naturel des produits; s'il eût uniquement destiné les forces navales du
continent à défendre les côtes, à empêcher la contrebande,
à protéger et activer le cabotage, qui sait si l'Angleterre à
la longue n'aurait pas été obligée de diminuer ses prétentions? L'animosité des peuples contre l'Angleterre, sous
le rapport commercial et manufacturier, était presque
égale à leur haine contre le joug que la France leur impo-
sait sur le continent. Napoléon aurait pu profiter de cette
disposition; mais il fit aimer l'Angleterre par la comparaison des sentiments qu'il inspirait, et le blocus continental exigeait des formes et des ménagements qui ne pouvaient s'allier avec la fougue impatiente d'un dominateur
gâté par la fortune.

Les mêmes remarques pourraient se répéter pour la
plupart des transactions politiques de Napoléon. Ses fautes
accumulées, qui toutes n'étaient que des injustices suppo-
sées avantageuses, amenèrent enfin les résultats les plus
désastreux sur cette France, qui se croyait au faîte de la
gloire, lorsqu'elle était l'instrument des humiliations et de
l'asservissement de l'Europe.

Nous n'avons cité que les faits principaux de l'histoire de Napoléon. Leur ensemble prouve d'une manière bien frappante que, doué d'un génie sans pareil et favorisé par un rare concours de circonstances, il laissa ce bonheur et ces moyens s'épuiser et passer sans résultat, uniquement parce qu'il ne sut pas faire usage, avec justice et bienveillance, d'une somme de pouvoir qui dans les temps modernes n'avait jamais été accumulée dans les mains d'un seul homme. Il périt uniquement parce qu'il se crut supérieur à la loi morale de l'humanité. C'est la grande leçon qu'il a léguée aux souverains et aux cabinets; leçon dont ils n'ont pas profité et qui pourra bien être en pure perte, malgré son éclat.

Endoctrinés par le grand homme pendant qu'il occupait seul le faîte du pouvoir, les rois de l'Europe s'étaient laissés aller à l'admiration aveugle que sa fortune inspirait. Une fois délivrés de son sceptre accablant, ils furent accusés, non sans fondement, de vouloir eux-mêmes mettre en pratique ses enseignements. En effet, les doctrines ont survécu à leur auteur; elles ne sont encore ni effacées ni jugées. Dans maintes circonstances relatives soit à l'administration, soit à la politique, on s'est aperçu que les gouvernements étaient plus disposés à se rappeler les instructions qu'il leur avait données pendant ses triomphes qu'à profiter de la leçon terrible que la Providence semblait avoir destinée au monde par la chute de ce grand conquérant.

Si dans cette dernière occasion, plus que dans toute autre, l'événement final s'est manifesté avec une promptitude sans exemple; si de grandes fautes ont été suivies de si près par les plus éclatants revers, c'est que tout a marché de notre temps avec une précipitation dont les siècles pas-

sés n'ont pas donné d'exemple. Les iniquités, les envahissements, qui, à d'autres époques, auraient eu besoin de
beaucoup de temps pour leur consommation, se firent sous
Napoléon au pas de charge que la Révolution avait imprimé à la marche de tous les événements. Les réactions,
les chutes, les catastrophes durent s'opérer avec la même
rapidité.

Mais des actes iniques, consommés avec plus de méthode
et une apparente modération, n'en sont pas moins des injustices. Le total reste le même en additionnant des quan-
tités plus petites. Le meurtre consommé par degrés de-
vient-il par là un crime moins révoltant? L'homme qui
s'enrichit par des malversations, qui, après avoir acquis
une fortune illicite, prend les manières de l'honnêteté,
pour jouir à son aise de ses richesses et pour ne pas les
exposer à de nouvelles chances, en possède-t-il moins une
propriété injustement acquise, et peut-il finir de la mort
des justes? La raison nous dit qu'une situation contraire à
la justice, et par conséquent en opposition avec la tendance
naturelle des choses, ne saurait à la longue être avanta-
geuse à personne, pas même à ceux qui croient être les
plus intéressés à la maintenir.

En nous pénétrant de ces principes, il nous semble au
moins douteux que l'Autriche ait gagné en puissance et en
sécurité par ses acquisitions en Italie.

Tout le monde s'accorde à dire qu'il n'est pas dans l'intérêt de la France d'étendre sa domination en Italie. Par
quelle raison ce que l'expérience a si souvent démontré
par rapport aux Français ne se trouverait-il pas tout aussi
vrai par rapport aux Autrichiens? Ces deux peuples sont
également étrangers à l'Italie, et tous deux en sont séparés

par la chaîne des Alpes qui se prolonge d'une mer à l'autre, pour isoler la Péninsule et ne laisser aucun doute sur ses frontières naturelles.

Nous ne disconvenons pas que le fisc impérial ne trouve du profit à faire verser annuellement dans ses caisses une bonne partie des contributions prélevées en Lombardie ; mais par le fait, la position que l'Autriche a prise dans la Péninsule n'a ni augmenté ni consolidé sa puissance intrinsèque. L'Italie lui donne et lui donnera éternellement des craintes ; jamais elle n'aura aucune sécurité ; sa domination est forcée et par conséquent précaire. Il faut qu'elle occupe ce pays militairement, non-seulement pour se garantir des entreprises extérieures, mais encore pour se faire craindre à l'intérieur, puisqu'elle ne peut en aucune manière, ni en aucun temps, s'y faire aimer [1]. Est-ce là une position compatible avec ses vrais intérêts ? Une domination forcée, entourée d'inquiétudes et de périls, est-elle donc si désirable, quand bien même elle procurerait quelque argent mal acquis ? L'Autriche, maitresse de l'Italie, ne peut jamais être libre dans sa politique ; ses plus grands dangers sont dans ses possessions au delà des Alpes. Il suffirait d'une simple démonstration de la France, de l'Angleterre et de la Russie, pour faire lever en masse toute la population de l'Italie contre un gouvernement étranger qui n'a pas de racine dans la nation, et que la force seule oblige de supporter.

L'Autriche a déjà bien éprouvé que sa puissance n'a pas décliné par la perte des Pays-Bas ; et durant sa lutte prolongée avec la France, ce fut lorsqu'elle était privée des

---

[1] Les événements récents ont montré la vérité de ces paroles écrites en 1826. (*Note de la nouvelle édition, 1864.*)

secours qu'auraient pu lui fournir les pays lombardo-véni-
tiens, qu'elle fit les plus grands efforts et qu'elle assura
les derniers coups de la coalition, avec ses seuls moyens et
le dévouement de la population des autres pays héréditaires.

Les mêmes raisonnements s'appliquent à la Russie.
Croit-on que sa force effective se soit accrue par ses acquisitions en Pologne? Ce n'était pas assurément l'étendue
du territoire qui manquait à la Russie, ni une population
brave, active, laborieuse, qui, dans cet immense empire,
s'accroît dans une progression presque égale à celle que
l'on observe dans la population des États-Unis d'Amérique.
Avant d'avoir anéanti la Pologne, la Russie avait des
débouchés, des ports, des flottes, une armée puissante,
une civilisation progressive qui lui assuraient un des premiers rangs parmi les puissances de l'Europe. La guerre
de Sept ans, le traité de Teschen, la neutralité armée, les
transactions qui ont eu lieu au début de la Révolution
française, prouvent assez quel rôle a joué cette puissance
depuis un siècle. Pour intervenir d'une manière prépondérante dans tous les événements de l'Europe, elle n'avait
donc pas besoin d'anéantir la Pologne.

La force immense, la véritable force de la Russie est
dans ses anciennes frontières et dans sa population nationale. C'est cette seule population et son noble élan qui ont
sauvé cet empire dans les moments les plus critiques. Les
provinces et la population polonaises ne cessent au contraire d'être son côté faible, le seul par lequel la Russie
reste attaquable et vulnérable.

Il y a plus : outre le mal moral que la Russie a souffert
en s'acharnant à détruire la Pologne, cet empire a été con-

duit à des conséquences funestes qui nous paraissent l'emporter de beaucoup sur les avantages très-contestables et uniquement matériels qu'il peut retirer de ses nouvelles possessions. S'il faut en croire des rapports qui ont tous les caractères de l'authenticité, jamais pays ne fut plus atteint et ravagé que la Russie par la plus profonde corruption des individus qui peuplent ses bureaux administratifs et judiciaires. Le désir immodéré de profiter des dépouilles des vaincus, d'être gratifié de leurs biens confisqués, fut l'un des motifs principaux qui poussa la cour de Russie dans le brigandage le plus injuste ; et la satisfaction que les employés de tout rang éprouvent à régenter et à sucer un pays conquis est une raison suffisante pour river ses chaînes. Le mal est si invétéré, et la masse des employés a tellement pris le goût et l'habitude de l'immoralité, que toutes les tentatives pour rétablir l'ordre et l'intégrité dans les différentes branches du gouvernement ont été infructueuses. L'on assure même que, lorsque parfois des chefs consciencieux ont voulu s'opposer au torrent et opérer quelque réforme, ils ont toujours été les victimes de leur dévouement et ont fini par succomber sous les coups de la coalition des intérêts coupables qu'ils avaient eu la hardiesse d'attaquer.

Ce malheur, le plus grand que puisse éprouver une nation, je veux dire la démoralisation des classes qui sont chargées de son administration, a été amené principalement par le système politique que la Russie crut devoir adopter envers son plus proche voisin. Le mal a augmenté dans une progression effrayante, par l'incorporation successive des provinces de la malheureuse Pologne. Chaque fois c'étaient de nouvelles causes de démoralisation, et l'on peut prophétiser, sans trop risquer de se tromper, que d'une possession entachée d'injustice, et qui, tant qu'elle dure, en prolonge le cours déplorable, la Russie ne retirera que des vices, peut-être que des difficultés et sûrement très-peu de profit réel.

Par analogie, il sera facile de pressentir aussi que les possessions de l'Italie et de la Gallicie ne doivent pas être bien favorables à la moralité des anciens pays héréditaires de la maison d'Autriche. Les nombreux employés qui régissent les contrées assujetties sont une espèce de lèpre qui attaque et corrode l'administration de toute la monarchie.

Les intentions les plus droites et les plus paternelles des souverains ne peuvent détourner des résultats qui découlent de la logique naturelle des choses. Le pays dominateur envoie ordinairement dans les pays asservis tout ce que la gent bureaucratique peut offrir de plus inaccessible aux sentiments d'humanité, et s'il y en a dans le nombre qui aient des émotions généreuses et des principes d'intégrité, il est bien difficile qu'ils les conservent quand ils sont à leur poste. Tous se croient dans un pays qu'ils doivent dominer et non gouverner. Ils arrivent déjà prévenus ; la méfiance conduit à la haine : l'on n'aime pas quand on se croit détesté, et la haine fait imaginer des motifs de vexation qu'on trouve du plaisir à exercer : car la mauvaise grâce et la mauvaise volonté réciproques indisposent de plus en plus les gouvernants. A leurs yeux il n'y a sorte de dureté et de mauvais traitements dont ne soit digne une race qui a l'aveuglement et l'audace de porter impatiemment leur joug. La manière de voir, d'agir, de sentir des habitants et de leurs magistrats étrangers est si opposée, qu'ils ne sauraient ni se comprendre, ni se juger avec équité : la corruption est le seul truchement qui puisse intervenir, le seul langage qui puisse avoir cours. C'est l'unique moyen qui reste aux opprimés pour échapper aux caprices, aux exactions, aux violences d'un pouvoir soupçonneux. Cette corruption circule sous toutes les formes, pénètre par tous les canaux. C'est une tentation continuelle qui est attendue, offerte, provoquée, commandée, à laquelle les résolutions, d'abord les plus sincères, ne peuvent à la longue résister, à cause des exemples environnants et de l'extrême facilité de s'y laisser aller sans aucun grand risque.

Le contact avec une nation asservie produit donc pour la nation dominante une espèce d'atmosphère méphitique qui tue dans les individus, et fait décliner dans les masses, l'intégrité et les sentiments généreux, tandis qu'elle y fait germer et y propage la corruption et l'égoïsme le plus abject.

D'un autre côté, dans la nation asservie et privée de patrie, le développement des qualités nobles et bienveillantes est également arrêté. Il lui est défendu d'avoir une opinion et un esprit public; souffrante et humiliée, elle doit contenir sans cesse son indignation et cacher soigneusement les regrets auxquels elle se livre en secret. La dissimulation, avec son triste cortége, est donc forcément son partage.

De ce que nous venons de dire nous croyons pouvoir conclure que ceux qui, sciemment ou par erreur, ont induit une nation à attenter à l'indépendance d'une autre nation, méritent tout aussi peu les bénédictions de ceux qu'ils ont voulu favoriser par une action injuste, que de ceux dont ils ont détruit le bonheur. La majorité de la nation dominante n'y trouve jamais son avantage, et les maux de la nation asservie ne profitent qu'à ces légions d'employés qui vont pressurer les provinces conquises pour s'engraisser à leurs dépens. C'est donc uniquement l'intérêt matériel d'une bien faible minorité et d'une partie la moins respectable et la plus immorale de la nation qui, le plus souvent, entraîne et engage à maintenir ces injustices.

Quand les lumières de la vérité et de la morale auront éclairé les États sur leurs devoirs et sur leurs vrais intérêts; quand la civilisation chrétienne, qui fait des progrès sensibles, aura jeté partout des racines plus profondes, l'on s'étonnera de voir des gouvernements, et surtout des nations, se complaire encore dans une position de tyrannie. La tension continuelle de méfiance et de haine qui en résulte, la nécessité d'opprimer et de causer des souffrances, d'en être les instruments, d'en avoir toujours le spectacle sous les yeux, la certitude d'être l'objet des justes reproches de plusieurs millions d'hommes, finiront par paraître des conditions singulièrement onéreuses dont on voudra se libérer. Quelques intérêts matériels protesteront en faveur de cette politique antisociale; elle blessera trop les consciences et tous les sentiments nobles pour qu'on s'y trouve à l'aise et qu'on veuille se vouer à tout jamais au rôle odieux et pénible de persécuteur et de geôlier. L'on cherchera alors des issues pour sortir de cette odieuse position, et pour pouvoir se livrer à des sentiments plus humains et plus généreux. Le temps viendra où les dominateurs eux-mêmes accueilleront avec empressement les arguments capables de leur prouver qu'en rendant hommage à la justice, en lui sacrifiant même quelques profits matériels, une nation peut satisfaire à des intérêts plus chers et plus solides.

CHAPITRE IX

L'État, c'est moi, disait Louis XIV. Il y a un demi-siècle, tous les souverains du continent disaient la même chose, et s'ils ne le disaient pas, ils le pensaient; c'était une doctrine généralement établie; elle ne l'est plus. Il n'est pas de prince chrétien qui ne reconnaisse aujourd'hui que les peuples ne sont pas sur la terre pour sa seule satisfaction et ses propres jouissances; mais que c'est lui, souverain, qui est pour le bonheur de sa nation, et que tout gouvernement pour être légitime doit avoir pour fondement la justice, et pour but le bien général de la société qu'il régit. Voilà des vérités importantes sur lesquelles l'opinion du monde chrétien ne permet plus d'élever des doutes. Elles sont devenues banales à force d'évidence, tandis que dans le siècle dernier l'on pouvait encore, en les soutenant, s'exposer à une accusation de lèse-majesté.

C'est un grand pas qu'a fait l'humanité, et sa marche ne s'arrêtera point. Un gouvernement peut bien trouver quelque intérêt dans une injustice, mais jamais une nation; et si l'on est déjà parvenu à reconnaître que le bien national est le seul but et le principe régulateur de tout gouvernement, comment ne reconnaîtrait-on pas un jour que le bien de toute l'humanité doit être aussi le but et le principe de

la politique extérieure, en tant qu'elle devient active et
qu'elle sort du principe passif de propre conservation?
Comment la civilisation chrétienne, qui a réussi à établir de
saines doctrines sur le régime intérieur des États, ne par-
viendrait-elle pas enfin à les faire passer aussi dans leurs
relations extérieures et dans le règlement de leurs mutuels
intérêts?

L'on ne saurait en douter : le monde chrétien a déjà le
sentiment de ces doctrines qui sont en harmonie avec la
loi et les préceptes de son législateur. Les grandeurs exces-
sives de Napoléon, aussi dangereuses que passagères, les
ont fait jaillir de toutes parts et les ont introduites jusque
dans les cabinets.

Tous les souverains du continent se sont faits libéraux
et sont entrés dans l'opposition contre le maître commun.
L'indignation, la résistance à l'oppression, entraînent à
des sentiments généreux et à des opinions libérales ceux-là
mêmes qui s'y croient le moins disposés. C'est au nom de
l'humanité, c'est au cri de la liberté et de l'indépendance
que Napoléon a succombé. Mais, le colosse une fois abattu,
les gouvernements qui l'avaient brisé oublièrent leurs pro-
clamations et se crurent dégagés de leurs promesses. Tant
qu'ils avaient eu besoin de l'enthousiasme des peuples, ils
avaient fait cause commune avec eux. Le besoin passé, ils
s'imaginèrent avoir de nouveau des intérêts distincts. Les
principes dont l'influence avait donné un si noble élan aux
nations, et qui avaient si fort contribué aux succès de la
coalition, apparurent sous un autre aspect aux vainqueurs
et devinrent l'objet des terreurs et des attaques injustes
des cabinets.

Les diplomates de tous les congrès, à commencer par
celui de Vienne, cherchèrent rarement à combiner l'utilité

avec la justice ; ils ne prirent pas en sérieuse considération les droits et les vœux des nations ; mais d'abord ils s'occupèrent de les partager, puis de les contenir. Leur habileté se borna à s'arracher des lambeaux de pays comme dans une curée générale. La facilité de s'arrondir et de s'agrandir fit commettre sur une moindre échelle les mêmes injustices que Napoléon avait commises en grand.

L'opinion instantanée de l'Europe, qui, en retentissant contre la France, avait si puissamment servi les alliés, ne fut plus qu'un faible murmure impuissant pour faire triompher les vraies doctrines d'une diplomatie morale. Les nations, stupéfaites de la chute du grand homme, crurent qu'après cet immense résultat elles n'avaient plus rien à faire que d'entourer de leurs hommages et de leur reconnaissance les auteurs d'un événement si prodigieux et si désiré. Dans leur besoin de repos, elles se persuadèrent qu'il convenait de fermer les yeux sur des injustices partielles qui étaient présentées comme inévitables par ceux qui prétendaient avoir brisé le sceptre même de l'injustice.

La cause de l'humanité resta donc stationnaire au milieu du bruit et du mouvement de cette grande catastrophe ; elle n'avança pas du moins, comme on avait droit de l'attendre d'après le but apparent proclamé par la croisade contre l'empire français, but qui devait être de donner gain de cause à tous les droits et de restaurer toutes les légitimités.

Cependant les épreuves du malheur avaient laissé des traces profondes dans l'âme de quelques princes doués de sentiments généreux. La locution de *bien général* resta dans les échos des cabinets, et c'est un progrès : car les paroles amènent les choses ; et d'ailleurs, pour que les cabinets se crussent obligés de chercher leurs arguments dans l'idée du bien général, il fallait bien que cette idée eût acquis du poids et de la puissance. Bien plus, ce qui, dans le milieu du siècle passé, n'avait été considéré que comme le rêve d'un homme de bien, *la paix perpétuelle*, devint la conception d'un des souverains les plus puissants du continent.

La Sainte-Alliance semblait avoir tous les droits à cette dénomination : elle fut conclue au nom des saintes et éternelles lois qui établissent le lien du genre humain et constituent la société universelle. Mais la diplomatie dénatura cette tendance bienfaisante et changea en venin ce qui devait être son préservatif. La loi naturelle et chrétienne, invoquée par la Sainte-Alliance, veut la paix ; mais, avant tout, elle veut la justice. Le bien général, le bien de l'Europe et du monde civilisé que les souverains de la Sainte-Alliance prirent pour devise et pour règle de leur politique, avait surtout besoin d'être clairement défini. Or la définition fut laissée dans le vague de telle sorte que ces paroles sacramentelles devinrent une simple phrase sans valeur précise. *Vox, vox, prætereaque nihil.* Chacun, en les prononçant machinalement, les entendit à sa manière et selon ses convenances personnelles.

L'on ne saurait soupçonner les intentions du créateur de la Sainte-Alliance, ni même peut-être de ceux qui en y entrant changèrent sa tendance originelle, parce qu'ils ne la comprirent jamais. Mais il faut avouer qu'ils se laissèrent aller à une erreur grave et qu'ils se placèrent dans une position où ils ne pouvaient longtemps se maintenir. Ils ont voulu une chose impossible. Le bien et la tranquillité de l'homme ne sont pas dans l'immobilité, qui est contraire à sa nature et qu'on ne saurait lui imposer sans lui faire violence. Chaque homme tend au mieux, désire se rendre meilleur et perfectionner sa condition. C'est le ressort vi-

vifiant de la nature humaine, qui agit sur les masses comme sur les individus. Placer le bonheur de l'existence humaine dans l'immobilité est un contre-sens; la violence même se lasse à la fin et perd de sa puissance contre la force naturelle des choses.

Le but des gouvernements, s'ils sont de bonne foi, le problème politique qu'ils ont à résoudre, n'est pas de trouver des moyens de maintenir les nations dans l'immobilité, ce qui est impossible, mais de mettre de l'harmonie dans leurs efforts vers le mieux, et de placer leur tendance et leur marche progressive à l'abri de tout écart; et pour y parvenir, qu'ils se rappellent qu'il n'y a pas de tranquillité sans concorde, ni de concorde qui ne soit fondée sur la justice et sur le bonheur de tous. Jamais la paix et la sécurité n'existeront là où il y aura injustice et souffrance. Le genre humain et les nations qui le composent sont-elles donc parvenues à une perfection, à un bien-être qui puisse faire sommeiller ce désir du mieux inhérent à leur nature et conforme à leurs droits?

Les empiétements, les guerres, les conquêtes brillantes, tous les calculs de l'ambition, tous les efforts du talent guerrier et politique, paraissent bien petits quand on considère leurs résultats pendant un long espace de temps. L'on est frappé alors du peu de valeur de tous ces mouvements répétés qui s'entre-détruisent et dont les effets sont passagers et sans consistance. Les États se sont disputé leur proie, l'ont saisie et reperdue, prétendant la garder ou la reprendre, sans penser que des frontières reculées par les plus grands sacrifices, arrosées par le sang le plus précieux et le plus injustement versé, ont été détruites avant qu'un siècle se soit écoulé, quelquefois plus tôt, souvent au bout de quelques années. Ce qui est arrivé arrivera et doit se répéter. Le désir sincère du bien peut seul donner des résultats durables.

Dans le monde politique, il y a un ordre naturel vers lequel, quoi qu'on fasse, les choses tendent toujours à revenir et à se reporter par leur propre poids. Mais elles ne peuvent s'en approcher sans que les erreurs et les passions des hommes prennent à tâche de remettre en confusion des éléments qui tendaient à opérer leurs combinaisons naturelles. C'est ainsi que les espérances de l'humanité ont été si souvent trompées. Peut-on nier qu'il eût mieux valu, et qu'il vaudrait mieux à l'avenir, qu'on laissât une bonne fois revenir les choses à leur ordre naturel, et qu'on se contentât des limites du droit et de la justice, dont la stabilité ne dépendrait pas de l'action toujours changeante des passions et de la fortune?

Maintenant aussi les éléments du monde politique, après d'étranges bouleversements, se sont refoulés, à peu de chose près, vers la situation qu'ils avaient avant la terrible guerre de la Révolution. C'est sans doute un bon résultat, puisqu'il prouve pour la millième fois que les guerres d'ambition et tous leurs excès n'élèvent rien qui ne retombe; mais, pour la millième fois aussi, le mouvement naturel de restauration et de légitimité a été suspendu et arrêté.

Parcourons l'Europe : y verrons-nous des pays parfaitement heureux et des gouvernements qui jouissent d'une entière sécurité? Deux résultats qui marchent de front et ne sauraient être séparés. Les trouverons-nous en Espagne, en Italie, en Pologne, dans les États d'Allemagne ou dans l'empire ottoman? Non, nous ne sommes pas encore sortis du cercle vicieux dans lequel les calamités et les révolutions, comme les têtes de l'hydre, se reproduisent toujours sans aucun résultat final. Partout nous pourrions observer, sinon des troubles déjà existants, du moins un malaise, une fermentation, une inquiétude sourde qui n'annoncent pas une situation heureuse et stable.

L'opinion de l'Europe, après avoir été éblouie et stupéfaite par les succès de la coalition, s'est remise de son étonnement, et le faible murmure qu'elle avait fait entendre a retenti, dans certaines circonstances, avec une force et une suite dont on avait eu peu d'exemples.

Parmi les phénomènes moraux de notre époque, l'on ne saurait rien voir de plus frappant que l'intérêt profond qu'a inspiré la cause de la Grèce à toutes les nations de l'Europe, comparé à la froideur impassible des cabinets envers ce peuple infortuné. La question de la légitimité des efforts que font les Grecs pour reconquérir leur indépendance ne saurait être douteuse.

Les Turcs, depuis leur apparition sur la scène de l'histoire, n'ont rien changé au caractère de leur existence. Appelés par les califes pour être leur garde prétorienne, ils s'emparèrent du trône qu'ils devaient défendre. Depuis lors jusqu'à présent, ils ont continué à n'être qu'une milice armée, répandue sur une vaste étendue, qui tient sous sa domination les Coptes, les Arabes, les Druses, les Syriens, les Arméniens, les Grecs, les Serviens, les Valaques et bien d'autres peuples, sans les avoir amalgamés avec soi et sans leur avoir procuré aucun des bienfaits ni des droits de l'union civile.

L'on ne saurait confondre, en thèse générale, les dissensions intestines d'un État dans lesquelles aucun autre État n'a le droit d'intervenir, avec les efforts légitimes d'une nation opprimée qui revendique ses droits contre la tyrannie d'une nation étrangère.

Au défaut des gouvernements, les peuples européens ont

senti combien la cause de la Grèce était sacrée, combien sa justice gagnait en évidence, et combien le devoir de ne pas la laisser périr augmentait de force par les circonstances du long esclavage des Grecs.

Dans ce noble but, diverses nations ont organisé d'elles-mêmes des associations dont les comités, dans toutes les parties de l'Europe, se sont parfaitement entendus. Ils ont traité avec le gouvernement grec; ils lui ont envoyé des agents, des subsides, des munitions, des officiers, des vais-seaux; ils ont approvisionné leurs places et sauvé de la di-sette des contrées livrées à la plus cruelle dévastation.

Les gouvernements ont vu d'abord de mauvais œil cet élan d'action, émancipé de leur autorité, qui semblait un reproche adressé à leur politique, mais ils n'ont pas osé l'empêcher. Qui a pu les arrêter? Quoiqu'ils n'aient pas voulu faire ce que la justice et la religion semblaient leur commander, la voix de la conscience a cependant exercé sur eux assez d'empire pour ne pas leur permettre de sévir contre ceux qui suivaient l'impulsion de leur cœur. Ils ont donc laissé faire par une sorte de pudeur et pour ne pas attirer sur eux les clameurs de l'Europe tout entière, d'au-tant qu'il aurait été bien difficile d'imposer silence à un enthousiasme dont ils étaient forcés de reconnaître les no-bles et religieux motifs.

Dans cet état de choses, à ce degré d'amélioration pour l'humanité, lorsque les souverains voudraient la paix per-pétuelle; quand les cabinets dissertent sur le bien général et respectent les nobles inspirations lors même qu'ils ne les suivent pas; lorsqu'enfin les nations inquiètes, et tou-jours en avant de leurs gouvernements, sentent et disent que la politique doit devenir juste, généreuse et chrétienne, il nous a paru que l'espoir d'une réforme dans la diplomatie n'était pas déraisonnable, et nous avons cru que le moment était arrivé de chercher à préciser ce qu'il y avait de vague dans les notions des peuples et des gouvernements; qu'il était temps de les engager à remonter aux principes, afin de leur faciliter la connaissance de leurs obligations; qu'il fallait enfin expliquer comment les mots *justice*, *paix*, *bien général*, devaient être entendus pour donner des résultats pratiques répondant à la haute signification que tout esprit droit y attache, et qui puissent nous garantir des maux et des commotions dont l'histoire nous offre le triste et continuel tableau. Si nous ne remplissons pas cette tâche, du moins ces premiers essais en produiront de plus heureux. Pour vaincre la vieille diplomatie, il faut que beaucoup succombent. C'est une forteresse regardée comme imprenable; mais, lorsqu'on la voit menacée de toutes parts, on peut espérer y voir flotter un jour l'étendard de l'humanité et de la morale.

CHAPITRE X

Parmi les puissances qui figurent sur la scène du monde, l'Angleterre parut surtout, pendant le seizième et le dix-septième siècle, la moins éloignée des principes que nous voudrions voir inculquer aux cabinets. Elle ne cessa de prêter son appui aux États opprimés.

Plus tard, la Grande-Bretagne a fait naître des regrets et un sentiment pénible chez tous ceux qui mettaient en parallèle ses institutions intérieures et l'esprit qui animait sa diplomatie. Tandis que ses lois ne respiraient que liberté, équité, philanthropie, sa conduite extérieure était souvent entachée d'injustice, d'ambition et presque de cruauté. Ce disparate avait quelque chose de désolant pour l'humanité, et pouvait laisser penser qu'il y avait illusion complète à vouloir admettre la justice et la générosité dans les combinaisons diplomatiques, puisqu'elles étaient repoussées par le gouvernement britannique et qu'elles étaient même invoquées en vain à la tribune du Parlement.

Ce n'est pas qu'en somme il y eût plus d'immoralité dans les conseils de la diplomatie anglaise que dans ceux des autres cabinets : tous étaient à deux de jeu. La position insulaire de l'Angleterre l'a même conduite parfois, et par simple intérêt du moment, à prendre la défense des États qu'un pouvoir plus ambitieux menaçait sur le continent; mais l'on devait espérer davantage; on était en droit d'attendre mieux de la part d'une nation si éclairée qui s'est trouvée en tête du mouvement de l'humanité et qui a servi de modèle au perfectionnement des institutions sociales. Il appartenait à son gouvernement de donner l'exemple d'une meilleure diplomatie et d'enseigner aux nations, non-seulement comment elles peuvent être libres et heureuses dans leur intérieur, mais aussi comment elles doivent être justes et bienveillantes les unes à l'égard des autres, et tendre simultanément au bonheur de l'humanité. C'est à quoi l'Angleterre n'a jamais songé.

Toutefois sa lutte contre Napoléon fut grande et magnanime. Elle dédaigna de cacher, comme d'autres puissances, sous des apparences de soumission, les motifs d'opposition irrémissible qu'elles nourrissaient toutes contre les perturbateurs du repos général. Elle ne voulut pas céder à l'homme extraordinaire dont la fortune semblait avoir été écrite dans le livre même du destin, et seule elle combattit pour l'indépendance de l'Europe contre toute l'Europe asservie.

Cependant l'empire de Napoléon est tombé plutôt de lui-même que par les attaques du dehors. Quelque coûteux et méritoires qu'aient pu paraître les efforts constants de l'Angleterre, on pensera avec nous qu'elle a fait davantage pour la morale et pour le bien permanent de notre globe, lorsque la première elle a donné à la politique des temps modernes un glorieux exemple de bienfaisance et d'humanité. L'abolition du trafic horrible des noirs devint un des objets de ses démarches et de ses transactions diplomatiques. En les répétant partout avec une rare persévérance, elle a réussi à inculquer à d'autres puissances les mêmes sentiments de philanthropie.

Toutefois le mérite philanthropique de l'Angleterre dans cette grave question est singulièrement affaibli quand on sait, à n'en pouvoir douter, qu'elle avait un intérêt direct et pressant à faire cesser la traite des noirs. D'un côté, depuis l'émancipation des États-Unis, son attention se reportait principalement sur l'Inde, et elle avait dans les Antilles une exubérance d'esclaves qu'il lui importait d'arrêter ; de l'autre, elle savait bien que les colonies possédées par les autres puissances, en Amérique, ne pouvaient fleurir et lui causer de l'ombrage tant que la traite serait interdite.

En général, le principe fixe de la diplomatie anglaise est l'intérêt national, et ce principe est suivi avec toute rigueur. Le cabinet de Saint-James est juste ou injuste dans ses relations extérieures, selon que cet intérêt national s'accorde ou ne s'accorde pas avec les intérêts universels. Cependant, comme l'intérêt national est fondé sur un régime intérieur conforme à la nature libre de l'homme et aux saines doctrines de l'état social, il en résulte un accord assez fréquent avec les saines doctrines diplomatiques. C'est ce qui fait que l'Angleterre se trouve en quelque sorte obligée de se prononcer sur des choses qui sont encore en question pour les autres cabinets, et de se prononcer dans le sens de la justice et de la morale.

L'histoire remarquera avec surprise qu'à la chute de Napoléon l'Angleterre n'ait pas mieux senti les devoirs et les avantages de sa position. Non-seulement elle ne joua pas le rôle qui lui appartenait, mais on peut dire qu'elle n'en joua aucun. Après avoir fait tant de sacrifices pour soutenir seule une cause que les souverains avaient désertée, après avoir sauvé l'Espagne et le Portugal, et soutenu de son crédit toutes les coalitions, elle n'eut pas un avis de sagesse et de justice à donner sur l'arrangement du continent, et elle laissa tranquillement gaspiller et répartir, sans essayer de donner au principe de restauration l'extension qu'il aurait dû avoir, sans faire entendre une seule fois le mot d'équité, sans prendre le moindre intérêt aux droits du faible, sans s'embarrasser, en un mot, de poser un principe sur les droits des nations, et de chercher les moyens de reconstituer l'Europe sur des bases solides.

Cette incroyable indifférence sur le sort préparé au continent ne peut s'expliquer que par l'influence étrangère et par l'étourdissement de bonheur qui frappa toute l'Angleterre à la fin d'une guerre coûteuse et meurtrière qui avait duré un quart de siècle. L'éclat d'un triomphe aussi complet offusqua la vue et les sens du ministère anglais, qui, il faut le dire, ne se trouvait pas alors à la hauteur des circonstances.

En se complaisant dans la gloire rayonnante de ses succès, il laissa échapper l'occasion, et n'eut pas même l'idée de la saisir pour amener le bien durable de l'Europe.

Cependant la marche des événements et l'attitude que prit la Sainte-Alliance obligèrent l'Angleterre de déclarer sur quelle théorie elle fondait sa politique, et en général, chaque fois que le cabinet de Saint-James eut à énoncer des principes, ils s'accordèrent assez bien avec la justice.

L'Angleterre déclara qu'elle reconnaissait à chaque nation le droit dont elle avait usé elle-même, de se donner telles institutions qui lui conviendraient; elle se prononça contre toute intervention étrangère dans les affaires intérieures d'une nation, et ne se permit pas de dévier de ce principe. On peut dire que l'Angleterre a voulu se borner à suivre strictement toujours le principe de l'égalité. Lorsque dans le cours des événements internationaux il survient un fait qui exige une décision, le gouvernement anglais appelle ses jurisconsultes, et se décide sur la question d'après leur avis. Un tel respect pour la légalité est sans doute louable, mais n'empêche pas assez les calculs intéressés; tout en proclamant la légalité de sa conduite, le gouvernement anglais a procédé à ses conquêtes dans l'Inde. Il avait toujours des raisons plausibles pour que le gouverneur général et la Compagnie anglaise déclarassent la guerre à l'un de ses voisins, qui se voyait bientôt contraint à une paix désavantageuse. Les conditions imposées aux vaincus devenaient impossibles à remplir, le gouvernement anglais insistait légalement sur leur exécution, ce qui menait bientôt à l'asservissement du pays, sans que le ministère anglais se reprochât d'avoir manqué à son principe. C'est ainsi que l'Angleterre procéda à l'acquisition de son immense empire dans les Indes.

Si le gouvernement britannique avait rencontré sur le continent des cabinets qui eussent voulu accueillir et partager ses principes; si sa manière de considérer certaines questions internationales avait été approuvée et soutenue par une seule grande puissance de l'Europe, nous croyons qu'elle aurait peut-être montré plus de résistance aux injustices dont le temps nous a déjà fait voir les effets déplorables.

Dans le cours ordinaire des événements, l'opinion publique, en Angleterre, toujours plus libérale, influe peu sur les décisions des hommes chargés de son gouvernement; de quelque parti qu'ils soient, ils suivent à peu près tous les mêmes errements de leur politique traditionnelle, basée sur l'intérêt direct du pays. Un seul homme aurait pu l'entraîner dans une voie plus généreuse, ce fut George Canning, dont l'éloquence, animée par un cœur chaud et généreux, avait une puissance presque irrésistible sur le Parlement, et qui aurait été capable de concevoir une grande idée et de la faire goûter à sa nation, la moins préparée à sortir de la voie qu'elle a suivie jusqu'à présent.

Lorsque l'Autriche intervint à main armée dans les affaires de Naples, la Grande-Bretagne avait déjà biaisé ; elle ne fit entendre ses représentations qu'à demi-voix, et avec des restrictions et des ménagements qui en atténuèrent toute la force. Elle n'offrit aussi que des conseils lorsque le ministère français s'érigea en législateur de l'Espagne.

Pour se mettre d'accord avec lui-même, le ministère anglais fit sous-entendre qu'il pouvait y avoir des cas où, par exception, le prétendu droit d'intervention devait être admis. Ces exceptions, énoncées d'une manière vague, méritent d'être relevées, parce qu'elles sont très-dangereuses, et que le cabinet britannique étant celui qui, dans la diplomatie actuelle, se rapproche le plus des saines théories, toutes les maximes qu'il professe ont une haute importance.

Nous ne saurions admettre en principe, comme l'a voulu établir le ministère anglais, qu'une puissance puisse justifier sa prétention de s'opposer à main armée aux réformes intérieures d'un pays voisin, en alléguant pour prétexte que ces réformes sont contraires au système de gouvernement introduit dans ses propres États, et qu'elles pourraient y être désirées et goûtées.

Tout gouvernement a mille moyens d'arrêter chez soi l'effet d'un exemple qu'il redoute, et il peut les employer tant qu'il les trouve possibles et conformes aux vœux et à l'esprit public de la nation ; mais très-certainement il n'a

pas le droit de se prévaloir de ses craintes pour imposer à
une autre nation son propre régime ; car, d'après un pareil
raisonnement, tout État aurait la faculté d'empêcher son
voisin de se mieux gouverner et de rendre ses peuples plus
heureux, par cela seul que lui-même n'en aurait pas envie
et voudrait rester en arrière.

Tout déni de justice, tout défaut de prévoyance ou de
lumière qui engagerait une puissance à refuser à ses sujets
des institutions conformes à leurs besoins, à leur degré de
civilisation, lui donnerait, par cela même, le droit d'obliger
les États voisins à commettre les mêmes fautes et les con-
damnerait à ne jamais aspirer à un plus haut degré de
liberté et de bien-être. Un traité secret entre deux États,
fait à l'insu de l'Europe, qui aurait pour objet d'imposer à
l'un d'eux une pareille loi, serait évidemment sans valeur
et contraire au droit des gens, puisqu'il serait attentatoire
à la souveraineté de celui qui contracterait la singulière
obligation de se permettre un perfectionnement quelconque
dans son régime intérieur sans l'autorisation préalable de
son voisin. Un souverain étranger lui imposerait ainsi une
sorte de vasselage auquel son propre gouvernement n'avait
pas la faculté de souscrire, et que tous les autres États ne
sauraient ni reconnaître ni laisser en vigueur.

S'arroger le droit d'arrêter pour toujours un pays dans
le développement des améliorations qui pourraient lui
convenir, est assurément, entre tous les actes arbitraires,
l'un des plus opposés à la justice et à la morale : car il viole
l'indépendance, la dignité, et détruit le bonheur futur de
l'État qui en est la victime. En général, toute intervention
violente, quelle que soit sa forme ou son prétexte, est le
plus grand malheur qu'une nation puisse éprouver, excepté
celui d'être réduite en servitude. C'en est du reste le com-

mencement, et ceux d'entre les na.ionaux qui appellent les étrangers souffrent tôt ou tard de l'invasion autant que ceux qui combattent pour la repousser. La guerre civile est préférable, elle laisse encore intacte l'indépendance de la patrie, tandis qu'une intervention étrangère attaque cette première source de félicité et d'honneur national, et qu'il en résulte nécessairement les mêmes maux pour tous les partis qui divisaient la nation.

N'est-il pas surprenant que la conquête de quelques portions de territoire soit généralement regardée comme un événement qui menace l'équilibre établi et qui doive éveiller les réclamations de tous les gouvernements, tandis que l'atteinte portée à la souveraineté, et par conséquent à la vie tout entière d'une nation, qui lui ôte son énergie, qui arrête son développement, qui paralyse les sources mêmes de sa force et prononce pour ainsi dire la suspension de son existence sociale, ait toujours été considérée par les cabinets de l'Europe comme étant d'une importance secondaire, et leur ait paru moins digne de leur opposition ?

S'il arrivait que, sous le prétexte de républicanisme et de foyers révolutionnaires rapprochés de leurs États, l'Autriche d'une part et la France de l'autre, encouragées par le succès de leurs interventions à Naples et en Espagne, vinssent un jour à se donner la main pour entrer en Suisse avec leurs forces réunies, afin d'arranger à leur manière, et d'après leur convenance, les vingt-deux cantons, ces deux puissances ne manqueraient certainement pas de raisons spécieuses pour justifier leurs mesures, en faisant valoir précisément les mêmes motifs de prudence et de nécessité qu'elles mirent en avant pour pénétrer en Italie et en Espagne. Est-ce qu'alors l'Angleterre se bornerait à offrir des conseils, et ne croirait-elle pas de sa dignité et de son devoir de chercher dans sa sagesse un *veto* plus énergique pour arrêter une injustice aussi criante?

Ainsi on pourrait faire le reproche à l'Angleterre de n'avoir pas voulu, en 1831, se joindre à la France qui lui proposait alors d'intervenir en faveur de la Pologne, et, en voulant se renfermer dans le cercle de la stricte justice, de s'être bornée à une diplomatie entièrement passive.

Elle n'a pas pris une part directe aux injustices qui se sont passées sous ses yeux; mais elle les a tolérées, et elle n'a pas cru devoir s'interposer pour les arrêter.

L'on ne pourrait exiger davantage d'un État du second ou du troisième rang, que sa faiblesse oblige à une marche plus que prudente et condamne à un rôle subordonné. Mais il s'agit de l'Angleterre, appelée depuis longtemps à jouer un rôle prépondérant en Europe. Une grande puissance, dans de pareilles circonstances, pourra presque toujours, quand elle le voudra réellement, graduer son opposition d'après les nécessités, et lui donner les nuances convenables de poids et d'énergie. Ses démarches, soutenues par la pureté de ses intentions et par la gravité du cas, manqueront rarement d'avoir un heureux résultat, pourvu qu'il s'agisse d'une cause évidemment juste, qui soit défendue avec franchise et désintéressement.

Nous l'avons déjà dit, la justice passive n'est pas le dernier mot des devoirs des États dans leur association universelle, non plus que des devoirs d'un individu dans la société civile. La vraie diplomatie est obligée de s'abstenir de toute injustice, et de plus de ne pas la laisser consommer, et ce devoir devient plus évident et plus obligatoire pour une puissance de premier ordre, puisqu'elle a plus de moyens de le remplir et une plus grande responsabilité.

Depuis trente ans environ, l'Angleterre n'est point sortie

de cette voie égoïste. Tracassière et jalouse, elle se mêle à
toutes les questions dès qu'il s'agit de les juger ; mais
jusque-là elle refuse son concours même aux plus justes
causes, et n'emploie sa puissance qu'à empêcher les autres
États de faire usage de la leur ; cette conduite regrettable
a pu ménager ses ressources, mais elle a compromis sa
considération et son influence, et il est désirable que ses
hommes d'État, comprenant mieux les généreux instincts
de la nation qu'ils gouvernent, renoncent promptement à
cette politique étroite, également funeste à eux-mêmes, à
l'Angleterre et à l'Europe.

CHAPITRE XI

Mais, nous dira-t-on, si la conduite de l'Angleterre ne
vous satisfait pas, que prétendez-vous, et quel sera le terme
de vos théories? Vous voulez que chaque nation jouisse de
son existence distincte, qu'elle soit assurée de son indépendance, qu'elle ait ses limites et ses débouchés indispensables pour sa défense et son commerce, enfin qu'elle
puisse se donner librement le gouvernement qui lui con-
viendra et qui sera le plus propre à constituer une personne
morale dans la grande association de tous les peuples. L'on
ne disconvient pas que tout cela serait fort à désirer et tout
à fait équitable; que, si un tel état de choses était le *statu
quo* d'où l'on partirait, il conviendrait de le maintenir à
toujours, et qu'alors les principes que vous recommandez
feraient le bonheur de l'humanité. Ces principes pourraient même plus facilement s'établir sur le continent de
l'Amérique, et, sous ce rapport, les États du nouveau
monde ont peut-être raison de vouloir isoler leur politique
de celle de notre hémisphère.

Mais considérez aussi combien la situation actuelle de
l'Europe est éloignée de ce *desideratum!* Le règne des injustices que vous prétendez bannir est trop ancien, trop af-

fermi pour qu'on puisse même l'ébranler. Ces injustices ont été confirmées d'âge en âge, et ont modifié les frontières; elles ont façonné les gouvernements et leurs doctrines; elles se sont combinées avec une multitude d'intérêts divers qu'elles ont créés et qu'elles défendent comme leurs droits. Quelque amers que soient les fruits de l'arbre, il a de trop profondes racines pour qu'on le puisse abattre sans bouleverser de fond en comble le sol qu'il couvre de son ombre. Faudra-t-il donc, pour une utopie, remettre tout en question, se lancer dans mille hasards, et faire couler des flots de sang, dans l'espoir d'un résultat très-incertain, si même il n'est imaginaire?

Loin de nous pareille pensée : il ne faut ni conspirer la ruine d'aucun gouvernement, ni fomenter des divisions, ni pousser les nations opprimées à revendiquer par les armes et les révolutions des droits méconnus, quelque incontestables qu'ils puissent être, ni commencer la guerre pour forcer chacun à restituer ce qu'il possède injustement.

Nous n'avons traité jusqu'ici que des principes, et il a bien fallu dire ce qu'ils sont. Nous avons essayé d'examiner la moralité de la conduite passée des gouvernements, parce que c'est le seul moyen de les rendre à l'avenir attentifs à leurs devoirs dans les cas semblables. Nous avons recherché les règles qu'ils devaient se prescrire, afin d'éviter les fautes et les délits qui ont été la source continuelle de tous les maux de l'humanité. Or l'une de ces règles, et la première de toutes, est assurément un esprit de tolérance et de longanimité, de paix et de modération, qui compte la tranquillité présente pour un bien immense qu'il faut conserver religieusement aux peuples, et l'effusion de leur sang pour l'un des plus grands maux qu'il faut leur épargner aussi longtemps que possible.

Mais il arrive des événements, préparés de longue main
par la Providence, que la force des choses amène d'elle-
même, et qui éclatent sans que les cabinets s'en mêlent,
souvent sans qu'ils les aient pressentis, et qu'ils n'aperçoivent que lorsqu'ils n'ont plus ni les moyens de les empêcher, ni le droit de s'y opposer. C'est dans ces moments de
crise, amenés par un concours de circonstances supérieures
à la puissance et à la prévoyance des hommes ; lorsque les
événements sont en présence, lorsque les maux que l'on
craignait avec raison d'attirer sur l'humanité ont pris leur
cours et ne sont plus à éviter ; c'est dans ces moments so-
lennels que la diplomatie est appelée à intervenir dans le
sens de la justice et de la morale pour le bonheur des nations. C'est alors que des gouvernements consciencieux
sont dans l'obligation de ne rien négliger pour que les événements n'épuisent pas les maux qu'ils devraient produire,
et pour qu'ils amènent au plus tôt les biens qui sont à leur
suite.

Un peuple qui a conservé tous les caractères d'une nation — qui injustement asservi, n'a cessé de sentir profondément son injure et de réclamer contre un joug étranger,
se lève tout d'un coup comme un seul homme : les partis
sont en présence, le sang ruisselle, et toutes les horreurs
d'une lutte acharnée entre le fort et le faible, entre l'oppresseur et l'opprimé, se répètent chaque jour avec une
nouvelle fureur. Est-ce l'amour de la paix et de l'humanité
qui arrête les gouvernements? Mais la guerre la plus cruelle
a déjà commencé, et prolonge ses ravages et ses atrocités.
Voilà donc l'instant où la vraie diplomatie pourra prendre
avec succès les moyens les plus décisifs pour arrêter l'effusion du sang, et pour faire triompher l'éternelle justice.

Un État, par une commotion subite, ou par une suite de

réformes difficiles, se trouve en mesure d'améliorer son régime intérieur, et de le mettre plus en harmonie avec les désirs des gouvernés et avec le but commun de l'humanité. Après avoir couru ces chances hasardeuses, après être parvenu, à travers tant de dangers, à ce degré d'espérance, faut-il qu'il perde le fruit de ses efforts et qu'il soit contraint par une force étrangère à rétrograder jusqu'au point d'où il était parti, et qu'il soit réduit à repasser encore par les mêmes maux, par les mêmes troubles, pour s'approcher une seconde fois du but de perfectionnement social, auquel tous les peuples tendent nécessairement, chacun à sa façon, et que personne n'a certainement le droit de leur interdire?

La diplomatie ne doit pas permettre l'exécution d'un acte aussi injuste. S'il est commis une fois envers une nation, il le sera bientôt envers une autre. C'est un précédent qui ne saurait être admis par les cabinets : car l'on ne manquera jamais de circonstances ou de prétextes pour s'en prévaloir. Alors, pour l'empêcher, il faudra recourir à des moyens extrêmes; mieux vaudrait sans doute que la notion de justice et de droit fût tellement établie qu'elle ôtât les tentations de la violer, et qu'elle dispensât de la nécessité d'intervenir par la force.

Entre les objets politiques, étrangement brouillés par les erreurs et les délits passés, il n'en est pas dont les conseils des diplomates soient avec raison plus préoccupés que ceux qui concernent l'étendue des États, leurs forces et leurs positions respectives.

Nous avons déjà dit autre part les objections qu'on avait à faire à une nation qui voulait embrasser des pays trop éloignés et trop étendus. Sa tendance naturelle et le résultat final de sa politique seront un morcellement inévitable,

une dislocation forcée qui d'un seul empire fera tôt ou tard
plusieurs États, et créera de nouvelles patries pour de
nouvelles nations.

D'un autre côté, les petits États ont aussi leurs inconvénients. Privés de force intrinsèque, ils ne peuvent soutenir
leur rang, et ne sont pas en mesure de remplir leurs devoirs comme membres de l'association des nations. Loin
de contribuer à la sécurité générale, ils sont dans le monde
politique un embarras pour le mieux, un appât pour les
passions ; enfin, le peu de consistance qu'ils ont ne saurait
à la longue suffire à l'activité et au développement des
facultés de la population.

Ces inconvénients ont déjà été modifiés par le système
fédératif qui peut devenir encore entre les mains de la
diplomatie une ressource précieuse pour remédier à la
petitesse des États, sans toucher à leurs droits, et aussi
pour trouver des modifications qui réparent, sans grandes
difficultés, la confusion produite par de vieilles injustices.

Il peut y avoir deux espèces de fédérations. L'une réunit
les portions d'un même pays partagé en plusieurs États.
Chacun d'eux garde sa souveraineté locale ; mais ils conviennent ensemble de ne former qu'un seul tout, de n'avoir
qu'une seule volonté relativement à leur politique extérieure. Rien n'est plus naturel ni plus utile, lorsque ces
divers États sont habités par le même peuple : car ils sont
déjà liés par le nœud d'une nationalité commune, et par
la nécessité de se garantir contre les envahissements de
l'étranger. Tel fut à peu près le cas de la Hollande et de
l'Amérique du Nord ; tel pourrait être celui de l'Allemagne
et de l'Italie. L'on voit même des fractions de peuples
différents d'origine et de langage, mais rapprochés par
des dangers et des intérêts communs, par des mœurs

semblables et par la situation du pays, incliner d'eux-
mêmes à former un nœud fédéral du même genre. La
Suisse en est un exemple.

Cette espèce de fédération est susceptible d'être modifiée
diversement et d'avoir un pouvoir central plus ou moins
fort. Elle convient à des contrées divisées en petits États,
qui désirent conserver leur existence propre, et qui sentent néanmoins le besoin de faire corps, afin d'acquérir
quelque considération au dehors et de garantir leur sûreté
et leur indépendance. L'Europe a même le droit d'exiger
qu'ils prennent ce parti, le seul qui puisse les faire contribuer utilement au bien et au perfectionnement de l'association générale.

La seconde espèce de fédération est celle qui unit deux
ou plusieurs nations dans la personne d'un souverain
commun. Convenablement réglée, elle serait quelquefois
un terme moyen très-propre à satisfaire les justes droits
des nations lésées, sans qu'il fût nécessaire de bouleverser
la composition des monarchies existantes. A la vérité, ce
genre de fédération est sujet à de grands abus qui rendent
incertains les avantages qu'on pourrait s'en promettre.
Le monarque qui règne sur deux nations peut aisément
employer les forces de l'une pour opprimer l'autre ; il lui
sera difficile, sinon impossible, d'être également affectionné à toutes les deux : ce que chacune a pourtant le
droit d'attendre de son souverain. Probablement son gouvernement ne sera pas partout également national, et lui-
même paraîtra étranger à l'une ou à l'autre de ses possessions : ce qui violera quelque part la justice et détruira la
possibilité d'un bonheur mérité.

La triste probabilité de ces inconvénients augmentera
lorsque les forces des deux nations réunies seront fort iné-

gales, ou qu'il y aura beaucoup de dissemblances dans la
forme de leurs gouvernements et dans le degré ou le genre
de leur civilisation.

Ainsi donc ce n'est pas tant la chose en elle-même que
la difficulté d'en écarter les abus, qui rend ce genre de
fédération peu désirable : car s'il y avait une famille qui,
par principe, par le caractère de sa race et par diverses
circonstances, pût être réellement et également nationale
dans l'un et l'autre pays ; qui respectât les lois et les institutions de chaque peuple ; qui ne mêlât en rien leur administration ; qui les gouvernât comme deux pays séparés et
indépendants, en se dévouant avec une égale équité au
bien de tous les deux ; alors, sans doute, le nœud formé
dans la personne d'un souverain unique ne serait pas illusoire et satisferait également aux droits des deux nations ;
et remarquez qu'une fédération semblable diminuerait de
beaucoup pour l'Europe le danger des vastes aggloméra-
tions, qui deviennent bien plus menaçantes lorsque plusieurs pays sont incorporés en une seule masse comme
parties intégrantes du même empire, lequel alors doit de
toute nécessité être absolu. Le système fédératif, au contraire, en contentant les justes droits des nations, donne
une plus grande stabilité, une plus grande force défensive,
tandis qu'il diminue les troubles et les éléments de la
force arbitraire et offensive.

Parmi les fédérations de cette espèce l'on ne voit guère
que celle de l'Angleterre et du Hanovre qui présente un
modèle parfait à suivre ; là le souverain est anglais à Londres et allemand dans le Hanovre. Les administrations
n'ont d'autres connexions que celle d'une intimité favorable
à leurs mutuels intérêts et à leurs droits réciproques, qui
sont tellement respectés par le souverain qu'il conserve

aux deux pays jusqu'à deux diplomaties distinctes[1].

Cette division diplomatique est essentiellement utile à cette espèce de fédération, tandis qu'elle serait nuisible au système fédératif qui unit plusieurs petits États par une association volontaire et spontanée. La raison en est simple : il ne peut y avoir d'unité dans ce système, si les États qui le composent traitent séparément de leurs intérêts avec l'étranger. Avoir une force collective et une seule volonté, est au fond le principe et le but de leur union ; mais dans l'autre espèce de fédération l'unité existe dans la personne du souverain et est toujours suffisante. A partir de cette unité, la plus intense et la plus intime que deux pays puissent avoir ensemble, les rayons de leurs administrations doivent rester divergents, afin de ne jamais se confondre et de ne pas porter atteinte aux nationalités respectives.

Plus il y a de pente vers les abus que nous avons signalés, plus il est nécessaire de se garder des points de contact qui peuvent y donner lieu et qui produisent des amalgames confus dont l'effet inévitable est de déjouer entière-

[1] La Suède et la Norvége peuvent être citées aussi pour modèles, peut-être avec plus de perfection que l'Angleterre et le Hanovre.

La Russie et la Pologne furent placées, en principe, dans la même catégorie en 1815 ; mais l'application n'a été nullement conforme au principe.

Toutes les puissances de l'Europe qui n'ont pas adopté le régime constitutionnel, ou qui n'ont pas refondu leurs institutions, sont dans le fait des confédérations monarchiques de plusieurs nations différentes.

L'empereur d'Autriche est roi de Bohême et de Hongrie. Dans la Prusse, les provinces rhénanes ont une autre administration que les provinces prussiennes. Le roi de Danemark est aussi duc de Holstein, etc., etc.

Cette sorte de fédération est un reste des temps féodaux. C'est un état de choses qui n'est plus en harmonie avec ce siècle. Le changement s'est même fait partout de deux manières : ou la nation a fait valoir ses droits et elle a obtenu le régime constitutionnel, comme en Angleterre, en France, dans les Pays-Bas, etc.; ou le souverain a violé les droits nationaux en devenant absolu comme en Russie, etc.

(Note de l'Éditeur.)

ment l'objet de l'union et de lui donner un masque trompeur qui cache les disparates, mais favorise les lésions et les conduit au dernier terme.

D'ailleurs l'Europe est en droit de veiller à ce que le caractère fondamental du pacte fédéral ne soit pas effacé. Car il ne s'agit point ici d'intervenir dans le gouvernement intérieur d'un pays, mais de conserver aux nations leur existence distincte. C'est la condition à laquelle l'Europe a attaché la faculté de laisser gouverner deux nations par un seul monarque : condition qui, par sa nature, est du ressort des traités, et qui, si même elle y avait été omise, n'en resterait pas moins de la compétence du droit des gens : car elle appartient aux droits relatifs des nations et aux intérêts de leur association générale.

Un lien fédéral de ce genre, s'il est fidèlement observé, peut donc, sous la garantie de l'Europe, être employé comme terme moyen pour concilier les prétentions des souverains avec le droit des nations, et servir, pendant des siècles, de pierre d'attente aux peuples dans leur tendance vers le mieux, sans que, pour avancer, ils soient obligés de repasser par de nouvelles commotions.

Cependant, outre que ce terme moyen est sujet à mal tourner entre les mains de ceux qui sont aisément tentés d'en mésuser, il y a des unions sous un même sceptre que l'étendue des deux pays, leurs positions respectives et diverses circonstances locales, rendent impossibles à combiner, non-seulement selon le vœu des habitants, mais aussi pour la sûreté des pays environnants, et par suite en ce qui a trait au bien général.

Dans un tel état de choses la nouvelle diplomatie attendrait que le cours des événements diminuât les obstacles créés par l'aveuglement de l'ancienne, et rendît possible quelque tempérament qu'elle saura trouver pour marcher vers son but de justice et de sécurité sans trop froisser les intérêts existants.

Dans les siècles passés, des souverains ont partagé une même nation entre leurs enfants, à la honte de l'humanité et au grand détriment de la patrie. On pourrait peut-être avoir recours à ce moyen en l'employant selon l'équité et la saine raison, pour restaurer des nations qui réclament une existence méritée. Les maisons souveraines se peuplent de branches collatérales vouées à une sorte d'existence mixte, toujours difficile, et souvent inutile. Leur nombre, qui va croissant, devient un véritable fardeau pour les États, qui doivent soutenir les princes d'une manière digne de leur origine. Pourquoi l'amour paternel et fraternel qui, jusqu'à présent, ne s'est montré en politique que d'une manière personnelle, ne s'unirait-il pas une fois à l'amour de la justice et de l'humanité, et ne faciliterait-il pas des combinaisons qui, en créant des trônes nouveaux ou en relevant des trônes anciens, rendraient à des peuples, jusque-là malheureux, leurs droits, leur existence propre, un bonheur mérité, et donneraient une pleine sécurité, une paix véritable à l'Europe?

Les souverains puissants qui se prêteraient à de telles combinaisons, n'y trouveraient-ils pas de grands avantages? Au lieu de provinces languissantes et de possessions précaires, ils acquerraient des alliés fidèles et dévoués : ils fonderaient des dynasties de leur sang, qu'un pacte de famille leur attacherait par les liens les plus intimes, et ces lignées, qui sont pour eux une source d'embarras, qui absorbent une grande partie du revenu, deviendraient par devoir, par reconnaissance et par intérêt, leurs plus fermes soutiens.

Qui sait quels événements inattendus l'avenir nous prépare? Peut-on prévoir leur diversité et leur importance?
Qu'on jette les yeux sur le passé et l'on s'en formera une
idée. Pour ne pas être pris au dépourvu, il faudrait que la
diplomatie régénérée fût préparée d'avance à les faire servir, quels qu'ils soient, au bien général, et à n'en laisser
passer aucun sans faire un progrès vers l'ordre naturel et
moral de l'humanité.

En attendant que les événements appellent des coopéra-
tions plus actives des cabinets, l'adoption pure et simple
des saines doctrines, sans remédier immédiatement aux
injustices accomplies, en tarirait du moins la source et
produirait avec le temps des effets opposés à ceux que les
fausses maximes suivies jusqu'à présent ont amenés.

Il n'est pas plus donné aux nations qu'aux individus de
se contenter d'une existence passive et isolée. Le principe
de propre conservation ne leur suffit pas. Lorsqu'il est satisfait, les gouvernements et les peuples ne savent que
faire de leur activité; ils sentent le besoin impérieux de
l'employer hors d'eux-mêmes et dans une sphère plus
étendue. Pour que cette activité ne donne pas lieu à des
troubles, ne fasse pas éclater des guerres injustes, qu'elle
ne devienne pas fatale à tous, il est nécessaire qu'elle ne
poursuive pas les calculs de l'ambition et de l'intérêt matériel, mais au contraire qu'elle s'épanche naturellement
dans la voie droite pour répandre le bien moral et agrandir
la civilisation.

Les iniquités de tant de siècles, entassées les unes sur
les autres, ont sans doute produit des complications dont
il est difficile de sortir, pour se rapprocher immédiatement
de l'ordre naturel qui devrait s'établir entre tous les peuples de la terre. Les frontières ont été interverties, les na-

tions asservies et décimées, leurs territoires héréditaires envahis et partagés. Qu'en est-il résulté? Un mécompte général. Les peuples froissés n'ont pas cessé leurs légitimes réclamations, et les peuples dominateurs vivent avec inquiétude au dedans et avec méfiance au dehors.

Ces résultats funestes ne prouvent que plus clairement la nécessité urgente où sont les gouvernements de se soustraire à une marche évidemment fausse et nuisible, et d'abandonner une bonne fois des doctrines qui les font tourner sans fin dans un cercle vicieux.

Comme le vaisseau qui, pour naviguer avec sûreté dans le vaste Océan, se dirige sur un point du ciel, la diplomatie, pour remplir son noble but, doit n'avoir en vue que le phare sur lequel l'humanité a écrit *justice et bonheur à tous*. Si elle ne se croit pas capable d'atteindre encore à cette hauteur, du moins elle peut s'efforcer d'y tendre sans cesse, et disposer lentement les moyens qui doivent l'y conduire.

CHAPITRE XII

DES PROJETS DE RÉFORME DÉJA FORMÉS ET MURIS
PAR DE GRANDS SOUVERAINS

Pour démontrer que la réforme que nous voudrions introduire dans la diplomatie n'est pas le rêve d'une imagination excitée par le triste et continuel spectacle des maux de l'humanité, nous donnerons une dernière preuve, que nous croyons sans réplique, et qui servira, mieux que nos raisonnements, à faire voir comment les cabinets devraient et pourraient se conduire pour remplir leurs hautes obligations.

Les principes que nous professons, loin d'être inapplicables au monde politique tel qu'il existe, ont déjà été mis en pratique; l'Europe a touché au moment de les voir adopter par tous les gouvernements; le génie du mal a seul détruit ses espérances. Deux grands souverains avaient pris ces mêmes principes pour base de leur politique, et il ne faudrait que la même droiture et la même volonté dans leurs successeurs pour que la diplomatie qu'ils voulaient fonder redevînt la règle constante des rapports internationaux.

I

GRANDS DESSEINS DE HENRI IV ET D'ÉLISABETH.

La bonté de Henri IV a été si grande, qu'elle a fait tort, pour ainsi dire, à ses autres grandes qualités. L'on n'a été frappé que de cette bonté si parfaite, et l'on n'a pas assez rendu justice à son génie et à ses vastes conceptions. Contre l'habitude des gouvernements modernes, ces conceptions ont de beaucoup dépassé le siècle où vivait Henri : il n'est pas d'idée lumineuse, de réformes utiles, d'institutions reconnues plus tard pour salutaires, qui n'aient occupé ce grand roi et dont on ne trouve déjà le germe dans ce qu'il avait projeté ou commencé. Sa grande âme était soucieuse du bien qui ne se faisait pas ; il aurait voulu pouvoir l'obtenir pour ses contemporains au même degré où il le jugeait possible ; jamais il ne s'en faisait assez selon ses désirs : c'était à le produire, à le répandre, à le consolider, que Henri était incessamment occupé. Persuadé que le bien d'un seul est dans le bien de tous, il n'était pas satisfait de travailler au seul bonheur de son peuple, il voulait l'augmenter et le garantir par le bonheur des autres nations. Parmi ses conceptions il n'en est pas de plus noble et de plus grande que celle qui fut le pivot de sa diplomatie. Elle ne tendait à rien moins qu'à donner la loi morale de l'humanité pour règle constante à la politique extérieure, et à poser sur ce fondement éternel la pierre angulaire de la prospérité du monde tout entier.

Notre admiration pour Henri IV doit redoubler encore, en pensant que ces hautes idées ne lui furent pas insinuées par son entourage, comme cela arrive à la plupart des souverains, mais qu'il en fut lui-même le seul créateur, qu'il se trouva dans la nécessité de les cacher à presque tous ses ministres, qu'il eut l'habileté de faire servir ceux-ci, à leur insu, et pour ainsi dire malgré eux, à ses grands desseins, qui pendant tout son règne continuèrent d'être l'âme et le seul but de ses travaux politiques.

Un heureux hasard voulut qu'il trouvât dans la personne d'Élisabeth d'Angleterre une amie et une alliée digne de lui, pénétrée des mêmes principes et des mêmes desseins ; il paraît même que cette princesse avait, de son côté, conçu un plan entièrement semblable avant l'avénement de Henri au trône de France. « Si la première idée, dit Sully en parlant de son maître, ne lui en vint pas d'Élisabeth, il est certain du moins que cette grande reine l'avait imaginé de son côté, longtemps auparavant, comme un moyen de venger l'Europe de la maison d'Autriche, leur commun ennemi [1]. »

« Une autre cause de ma surprise, dit encore ce ministre, c'est qu'Élisabeth et Henri, qui n'avaient jamais conféré ensemble sur leur projet politique, se rencontrassent si juste dans toutes leurs idées, que ce rapport s'étendait jusqu'aux plus petites choses [2]. »

C'est ainsi que s'exprime le ministre, l'ami, le confident de Henri IV, à l'endroit de ses Mémoires où il fait mention pour la première fois, avec quelques détails, des grands desseins politiques de ces deux souverains, qui s'étaient rendus à Calais et à Douvres dans ce vif désir, moins encore pour leurs propres affaires que pour celles de la chré-

---

[1] *Mémoires de Sully*, l. xxx, p. 144.
[2] *Ibid.*, l. xii, p. 38.

tienté. Sully fut frappé d'étonnement et d'admiration en
écoutant la reine d'Angleterre rendre compte de ses vues
et de ses principes. Après avoir observé combien il est fréquent de trouver des princes qui forment des desseins in-
considérés et au-dessus de leurs forces, il ajoute : « Mais
savoir s'appliquer à n'en former que de raisonnables, en
régler sagement l'économie, en prévoir et prévenir tous
les inconvénients, en sorte qu'il ne s'agisse plus, quand ils
arrivent, que d'y appliquer le remède préparé depuis longtemps, c'est de quoi peu de princes sont capables : une
très-grande partie des articles, des conditions et des différents arrangements, est due à cette reine, et montre bien
que du côté de la pénétration, de la sagesse et de toutes
les autres qualités de l'esprit, elle ne le cédait à aucun des
rois les plus dignes de porter ce nom [1]. »

Il est à regretter qu'on soit obligé de reconnaître qu'à
côté de ces grandes qualités, cette princesse ait terni sa
réputation par des cruautés et des sévérités outrées et par le
régime despotique, qu'elle sut faire cependant agréer à la
nation anglaise.

Sully, lors de son premier voyage en Angleterre, trouva
la reine profondément occupée des moyens de faire réussir
son grand projet. Elle était pressée de procéder à son exécution ; elle se plaignit souvent que la situation de la France,
la nécessité de guérir ses plaies et de ranimer les ressources
d'un royaume épuisé par de longues commotions, ne per-
missent pas à Henri de seconder à l'instant ses intentions.
Henri regardait aussi comme un très-grand malheur cet
ajournement forcé de vues aussi salutaires ; mais il ne put se
trouver en état de commencer à les mettre à exécution avant

---

[1] *Mémoires de Sully*, t. xii, p. 187.

la mort d'Élisabeth. « Ce fut, dit Sully, une perte irréparable pour l'Europe et pour Henri en particulier. Un coup si sensible faillit lui faire abandonner les desseins concertés avec elle : car, d'après ses propres expressions, il avait perdu *un second lui-même.* »

Henri n'attendit pas des rois du Nord, ni de Jacques, successeur d'Élisabeth, le même soutien, ni la même coopération franche et zélée à une œuvre dont elle était l'auteur tout autant que lui. La trêve des Pays-Bas avec l'Espagne était aussi un incident peu favorable ; ajoutons-y les obstacles qui survinrent « dans l'intérieur du royaume, de la part des protestants, des catholiques, du clergé, du conseil même de Sa Majesté, et il pourrait sembler que tout conspirait à le faire échouer. « Croirait-on, continue Sully, que Henri n'eût pu trouver un seul homme avec moi dans tout son conseil, auquel il ne risquât rien de dévoiler le fond de ses projets, et que tout le respect qu'on lui devait empêchait à peine de traiter d'extravagant le peu qu'il se hasarda d'en découvrir à ceux qui paraissaient les plus dévoués à toutes ses volontés? Rien ne le rebuta : plus habile politique, et meilleur juge que tout son conseil et que tout son royaume, dès qu'il vit que, malgré tous ces obstacles, les affaires se mettaient d'elles-mêmes, dedans comme dehors, dans une situation favorable, il tint le succès pour assuré [1]. »

Nous nous sommes appesanti sur ces détails, pour montrer combien la conviction d'Élisabeth et de Henri, à l'égard des principes politiques qu'ils avaient adoptés, était forte et profonde, indépendante de leurs alentours et des circonstances. Rien ne prouve mieux aussi combien ils étaient

[1] *Mémoires de Sully,* l. xxx, p. 187.

tous deux en avant de leur siècle, que ce qui advint du système qu'ils avaient voulu fonder, et dont la réussite, comme nous le verrons tout à l'heure, était indubitable. Leurs profondes et bienfaisantes combinaisons furent comme non avenues, dès que tous deux eurent cessé de vivre. Les contemporains, et même les générations qui les suivirent, n'ont jamais su clairement quels souverains le siècle avait possédés, et ne se sont pas doutés du bien immense que le monde avait perdu par leur mort.

Il est vrai que, peu après, le cardinal de Richelieu se fit admirer par sa politique ; mais ce ne fut que par ce qu'il emprunta des plans de Henri IV. L'on ne saurait même expliquer la constance que mit un prince du caractère de Louis XIII, dans son opposition à la maison d'Autriche, autrement que par l'impression qu'avait produite sur son esprit la connaissance des desseins d'un père dont toutes les actions et toutes les pensées ne pouvaient que lui inspirer la plus grande vénération.

Les événements politiques qui commencèrent à se développer sous son règne ne furent que la suite des projets conçus et préparés par Henri IV. Mais Richelieu et son subtil successeur n'étaient pas capables d'atteindre à la hauteur où planait la diplomatie de ce grand roi : ni l'un ni l'autre ne surent pénétrer ni même comprendre cette pureté, cette élévation qui devaient assurer le succès de la plus haute entreprise qui ait jamais.été conçue.

Par les efforts de la France, durant la guerre de Trente ans, la maison d'Autriche perdit bien une partie de son ascendant, et se trouva arrêtée dans quelques-uns de ses projets ambitieux. Il y eut des États sauvés de sa domination. L'édifice européen fut reconstruit ; mais personne ne songea à lui donner des bases solides qui pussent offrir aux nations, dans l'avenir, un espoir certain de justice et de bonheur. Ce grand résultat avait été le but des méditations, des vœux et des efforts constants de Henri et d'Élisabeth.

Ces deux souverains formèrent ensemble le projet d'asseoir à jamais la diplomatie sur ses bases naturelles et immuables, sur des principes entièrement conformes à ceux que nous avons essayé de déduire de la théorie, et qu'ils jugèrent non-seulement possibles en pratique, mais encore les seuls vrais et justes, les seuls dignes et susceptibles d'être suivis constamment, enfin les seuls capables d'écarter d'abord tous les obstacles d'une première exécution, et de conduire ensuite à un ordre de choses satisfaisant et durable.

Henri et Élisabeth n'étaient pourtant pas d'un caractère à poursuivre étourdiment de vaines théories. Ils ne sauraient être suspectés d'idéalisme. Leur manière d'envisager la diplomatie et le plan politique qu'ils avaient conçu ne fut pas l'effet de l'enthousiasme du jeune âge où l'on se laisse séduire aisément à tout ce qui parait beau et bon. Ils conservèrent leurs opinions, approfondirent et perfectionnèrent leur projet dans un âge avancé, lorsque l'expérience d'un long règne et d'une vie agitée par de graves incidents et par des contrariétés multipliées avaient mûri leur prudence et leur habileté. Le temps et la méditation ne firent que les confirmer dans leur conviction et dans l'exécution de leurs desseins.

Le sage et vertueux ministre qui, admis à leur plus intime confiance, fut l'organe qu'ils choisirent pour s'entendre sur les détails de leurs plans, peut être considéré comme encore moins porté à se laisser aller aux abstractions et aux rêves d'une imagination spéculative, et il était sûrement incapable de devenir le conseiller le plus

zélé d'une entreprise aussi importante, si elle n'avait été
d'accord avec sa conviction la plus positive. Pour montrer
combien il était convaincu, nous citerons souvent ses Mémoires. L'on trouvera dans plusieurs passages une analogie frappante avec tout ce que contient cet Essai que nous
publions, et de quoi appuyer victorieusement nos principes.

« Je me doute bien, dit Sully, que ce projet sera regardé
tout d'abord comme une de ces magnifiques chimères, de
ces oisives spéculations politiques auxquelles se livre un
esprit ami des idées singulières. Ceux qui en jugeront ainsi
ne peuvent être que cette sorte de gens à qui la première
impression d'une imagination prévenue tient lieu de règle, ou ceux à qui l'éloignement du temps et l'ignorance
des circonstances feront confondre la plus sage et la plus
noble des entreprises qui jamais aient été formées, avec
ces capricieux projets dont on a vu de tout temps se re-
paître les princes entêtés de leur pouvoir.

« L'esprit humain, continue-t-il, s'attache avec tant de
complaisance, disons plus, avec tant de fureur, à tout ce
qui lui semble beau et brillant, qu'il serait très-fâché qu'on
lui fît sentir que ces objets n'ont souvent rien de réel ni de
solide ; mais en cela, comme en toute autre chose, il y a
aussi l'excès contraire à éviter ; c'est que, comme on manque à exécuter les grandes choses, parce qu'on s'y porte
trop faiblement, on manque aussi à les reconnaître et à
les apprécier, parce qu'on les mesure avec des règles trop
raccourcies. J'ai été moi-même sur cet article plus difficile
peut-être à persuader qu'aucun de ceux qui liront ces
Mémoires, par un effet *de ce caractère froid, précautionné
et peu entreprenant* par lequel je me suis donné à connaitre. Je me souviens que la première fois que j'entendis le

roi me parler d'un système politique par lequel on pouvait partager et conduire toute l'Europe comme une famille, j'écoutai à peine ce prince, m'imaginant qu'il ne parlait ainsi que pour s'égayer, ou peut-être pour se faire honneur de penser sur la politique avec plus d'étendue et de pénétration que le commun des hommes. Ma réponse fut moitié sur le ton de la plaisanterie, moitié sur celui du compliment. Henri n'alla pas plus loin pour cette fois. Il m'a souvent avoué, depuis, qu'il m'avait longtemps caché ce qui lui roulait dans l'esprit sur cette matière, par la honte qu'on a de proposer des choses qui peuvent paraître ridicules ou impossibles[1]. »

Peut-on concevoir quelque chose de plus sublime et de plus touchant qu'un grand souverain qui, au faîte de la puissance, conserve cette pudeur d'une âme pure et passionnée pour le bien !

Sully raconte ensuite que longtemps il fut fort éloigné de s'occuper sérieusement de ce que Henri lui avait fait sous-entendre ; que le premier aspect de ce dessein ne lui fit apercevoir que des illusions dont il se défiait, et un enchaînement infini de difficultés qui le dégoûtaient d'une entreprise aussi extraordinaire. Fortement prévenu contre elle, il ne chercha plus qu'à détromper son maître. Ce ne fut que sur ses instances réitérées qu'il se détermina à réfléchir davantage sur un plan où, disait Henri, il était sûr du moins que tout n'était pas blâmable. Sully se décida enfin à en étudier avec soin toutes les parties.

« J'y trouvai, dit-il, une suite, une dépendance mutuelle qui ne m'avait pas paru sensible, tant que je n'avais envisagé la chose que confusément. *L'utilité qui en résultait*

---

[1] *Mémoires de Sully*, t. xxx. p. 180.

*pour l'Europe fut ce qui me frappa davantage, comme ce
qui est en effet le plus clair.* Mais les moyens furent par la
même raison ce qui m'arrêta le plus longtemps. La situation générale des affaires de l'Europe et des nôtres en particulier paraissait en tout point contraire à l'exécution. Je
ne faisais pas assez attention que cette exécution pouvait
être remise autant qu'on le jugerait à propos... Lorsque
je me fus mis ainsi dans le véritable point de vue des choses, que j'eus tout pesé, tout calculé, et ensuite tout prévu
et tout préparé, je me sentis persuadé que le dessein de
Henri le Grand était tout ensemble juste dans son principe,
possible et même facile dans toutes ses parties, et infiniment glorieux dans tous ses effets. De sorte que, comme on
l'a pu voir dans mille endroits de cet ouvrage, je fus le
premier à rappeler le roi à ses engagements et à faire valoir contre lui-même ses propres raisons[1]. »

Henri et Élisabeth furent non-seulement supérieurs à
leur siècle, mais de beaucoup aussi au nôtre ; puisque aucun des cabinets actuels n'a encore aperçu comme eux le
principe vital de la politique, n'a considéré sous le même
point de vue les rapports et les devoirs réciproques des
États, et n'a osé s'élever à la hauteur de laquelle ces deux
souverains dirigèrent leur diplomatie. Pour s'enflammer à
l'idée du bien général des nations et pour se décider à
prendre les moyens les plus opportuns pour l'assurer, ils
n'avaient besoin que de suivre les inspirations de leur
génie, de leur sens droit et de leur grande âme. Ces qualités, égales chez tous les deux, furent l'aimant qui les attira
l'un vers l'autre, et qui les fit se deviner et se rencontrer
sur toute chose dans une entreprise si vaste, si compliquée
et si nouvelle.

[1] *Mémoires de Sully*, t. xxi. p. 183.

Bien des souverains auraient projeté l'abaissement d'une maison ennemie et trop puissante, et n'auraient pas été au delà ; leurs plans se seraient arrêtés à l'abaissement d'un rival. Pour Henri et pour Élisabeth, l'abaissement de la maison d'Autriche ne fut qu'un à-propos qui s'offrait à l'accomplissement de leurs vues bienfaisantes, dont l'étendue n'avait, pour ainsi dire, pas de terme. Ce n'était qu'une circonstance dont ils voulaient se servir pour parvenir à leur véritable but, qui était le bonheur et le repos du monde civilisé.

Nous croyons indispensable à notre objet de rendre un compte précis des plans politiques de ces deux grands souverains. Dans le cours de cette analyse, nous indiquerons quelques rapprochements entre leur époque et la nôtre. En comparant la situation, les circonstances, les possibilités relatives, nous pourrons faire juger de la manière d'agir des deux souverains dans l'un et l'autre temps, et mettre en parallèle les résultats alors probables avec ceux qui ont eu lieu depuis, ou qui se passent maintenant sous nos yeux. La comparaison ne sera pas toujours favorable à nos contemporains ; mais elle pourra leur être utile, et personne n'aura droit de se plaindre, s'il se trouve inférieur à de si grands modèles ; chacun devra plutôt se féliciter d'avoir pu devenir envers eux un terme quelconque de comparaison.

II

Ce sont ordinairement les grands maux qui rendent possible l'accomplissement d'un grand bien. Plus les injustices sont criantes, et plus l'état d'incertitude et de trouble qu'elles amènent fait sentir la nécessité d'un redressement complet dont il prépare les voies. L'oppression, qui, dans ses succès, a déjà donné lieu à une gêne universelle, à des vexations, à des expropriations révoltantes, et qui fait pressentir aux plus aveugles l'approche d'autres dangers, produit aisément dans les esprits une forte réaction vers le droit, une haine prononcée contre l'arbitraire, un besoin pressant de justice et de stabilité.

Les iniquités de moindre portée sont toujours plus difficilement redressées dans le monde politique, parce que ceux qui n'en souffrent pas directement se refusent à voir le résultat lointain, et se flattent toujours d'y échapper ; mais dans des moments de souffrance et de crise générale, si, par un hasard trop rare pour le bien de l'humanité, le génie, réuni à la bonté, se trouve joint au pouvoir, sa tendance ne sera pas seulement d'appliquer des palliatifs aux maux présents, ou de n'agir que sur leurs symptômes, mais bien de profiter des facilités qu'offrent de grandes infortunes pour attaquer le mal dans ses racines, détruire ses germes, et rendre le retour à l'ordre aussi complet et satisfaisant que les secousses produites par son abandon avaient été affligeantes et terribles.

Du temps de Henri et d'Élisabeth, la maison d'Autriche

aspirait à la domination universelle et faisait sentir partout
le poids de son influence. Menaçante à la fois dans le Midi
et dans le Nord, maîtresse de l'Espagne, de l'Italie, des
Pays-Bas et de l'Allemagne elle enlaçait, de ses bras puissants l'Europe tout entière. Le centre seul lui résistait encore. Le mariage de Philippe II avec Marie, reine d'Angleterre, et les troubles de la Ligue en France, avaient failli
réduire à rien cette dernière résistance ; de telle sorte qu'on
aurait pu dire de la maison d'Autriche qu'elle avait touché
à la monarchie universelle, et probablement elle aurait fini
par l'atteindre si elle avait su rendre sa politique moins
impérieuse et moins fanatique. Cependant des efforts coûteux et sans succès, des entreprises manquées, des catastrophes sanglantes, ne parvinrent pas à l'arrêter dans ses
vues ambitieuses. Son étoile avait pâli ; mais sa tendance
d'envahissement, d'agglomération, de domination, restait
toujours la même. Malgré ses désastres, elle continuait ses
tentatives de tous les côtés et sous toutes les formes ; et les
nations, désunies et craintives, voyaient toujours les mêmes
dangers suspendus sur leur tête.

De notre temps, la situation des choses fut, sous bien des
rapports, absolument semblable ; les dangers que l'Europe
courut de la part de l'empire français ont paru peut-être
plus alarmants : mais ceux dont l'avait menacée la maison
d'Autriche étaient plus réels, et pouvaient surtout durer
plus longtemps : car les plans ambitieux de Napoléon tenaient uniquement à sa personne ; tandis que le système
conçu au seizième siècle par les cabinets réunis de Madrid
et de Vienne ne périt pas avec son auteur, et n'en continua
pas moins d'être le but des efforts constants et le fond de
la doctrine politique d'une maison puissante et depuis longtemps souveraine et illustre.

Quoi qu'il en soit, le vœu de l'Europe, à l'une et à l'autre époque, était que les auteurs de tant d'alarmes fussent dépouillés d'une grande partie des possessions au moyen desquelles ils ne cessaient de menacer la sûreté générale. Il fallait en même temps aux nations libérées du joug une garantie assurée de leur indépendance, afin de pouvoir concourir avec zèle et confiance à l'œuvre de leur propre délivrance.

Comparons maintenant quelles furent, aux deux époques, les vues et les modes d'action des monarques intéressés, ou plutôt exposons seulement la conduite politique du plus grand des Bourbons et de son illustre alliée, et laissons au lecteur le soin de faire lui-même des comparaisons qui se présenteront en foule à son esprit sans que nous ayons besoin de les lui indiquer.

Henri et Élisabeth prirent pour première base fondamentale de leur accord, de renoncer à toute idée d'avantage personnel et d'agrandissement quelconque de leurs États. Ils reconnurent que le seul but et l'unique ressort de leur grande entreprise devait être la stricte justice et le bien de toutes les nations ; et que, par conséquent, le désintéressement le plus complet et l'absence de toute arrière-pensée étaient les conditions obligées qui pouvaient seules en assurer le succès pendant et après l'action.

Sully, en rendant compte à Henri IV des grands préparatifs qui étaient déjà faits en artillerie et munitions de toute espèce, en troupes et en fonds disponibles, de même que des secours sur lesquels le roi pouvait compter de la part de tous ses alliés, assurait que la réussite était indubitable, pourvu que le roi « demeurât constant dans cette partie de ses desseins, suivant laquelle nous étions convenus qu'il ferait tout le monde riche de ses conquêtes sur l'Autriche, sans rien réserver pour soi... » Et sur une objection

du roi, Sully répond : « Sans recourir à la maxime générale que le trop d'étendue d'un État nuit plus qu'il ne sert
à sa force, je fis sans peine convenir Henri de tous les inconvénients qu'il y aurait pour lui à s'approprier des pays
qui seraient un éternel sujet de jalousie et de haine, et que,
tout bien pesé, le plus grand et le plus solide avantage
qu'il pût se procurer par ses conquêtes serait celui d'acquérir, en les distribuant équitablement, le droit d'être regardé comme le bienfaiteur et l'arbitre de toute l'Europe[1]. »

Élisabeth avait posé la même base à l'alliance projetée :
« C'était, disait-elle, une chose sur laquelle on ne pouvait
se prévenir mutuellement de trop bonne heure... Qu'en
supposant, par exemple, l'Espagne dépouillée des Pays-
Bas, ce pays ne devait être convoité, en tout ou en partie,
ni par le roi de France, ni par celui d'Écosse, qui devait
l'être un jour de toute la Grande-Bretagne, ni même par
le roi de Suède et de Danemark... Qu'il en devait être de
même des autres dépouilles de cette couronne, par rapport
aux princes les plus voisins des terres conquises ; car, si le
roi de France, mon frère, voulait se rendre propriétaire
ou seulement seigneur féodal des Provinces-Unies, je ne
le cèle pas, j'en prendrais un violent sujet de jalousie ; de
mon côté, je ne trouverais pas mauvais qu'il eût cette
même crainte à mon égard[2]. »

C'était cependant la France et l'Angleterre qui se mettaient à la tête de l'entreprise, et elles s'attendaient à soutenir tout le poids de la guerre. Malgré cela, elles ne trouvaient pas, dans les sacrifices qu'elles se proposaient de
faire à la cause commune, des motifs suffisants pour se réserver des récompenses et des bonifications.

[1] *Mémoires de Sully*. l. xxvii, p. 297.
[2] *Mémoires de Sully*. l. xxii, p. 57.

Henri IV avait à revendiquer ses droits sur la Navarre et
sur le Roussillon ; il pouvait en faire valoir sur une partie
des Pays-Bas, ou bien exiger qu'on lui remît des territoires
en Italie, où ses prédécesseurs avaient à grands frais établi
plusieurs fois leur domination. Le roi de France ne voulut
se prévaloir d'aucun de ces prétextes. Quoique son royaume
fût alors infiniment moins étendu qu'il n'est à présent,
puisque la Lorraine, la Franche-Comté, l'Alsace, la Flandre
française n'y étaient pas comprises, cependant ce grand
roi trouvait la France assez puissante pour ne pas désirer
de l'augmenter, et pour sacrifier toute vue d'agrandissement au succès de sa noble entreprise. Écoutons encore,
sur ce sujet, son ministre.

« Lorsque j'ai remarqué, dit Sully, que la France n'avait
plus aujourd'hui toute l'étendue qu'elle avait au temps de
Charlemagne, mon intention n'a pas été assurément de
faire regarder cette diminution comme un mal. Dans le
malheur inévitable d'avoir de temps en temps pour rois
des princes ambitieux, c'en serait un bien plus grand encore que tout concourût à flatter cette ambition : aussi
a-t-on remarqué que plus les royaumes sont grands, plus
ils sont sujets à de grands malheurs. Le fondement de la
tranquillité du nôtre dépend de le tenir enfermé dans les
bornes qu'il a aujourd'hui. Un climat, des lois, des mœurs,
des langues qui n'ont rien de semblable aux nôtres ; des
mers, des chaînes de montagnes presque inabordables
(elles l'étaient alors), voilà autant de barrières qu'on peut
regarder comme posées par la nature même. Que manque-
t-il d'ailleurs à la France ? Ne sera-t-elle pas toujours le
plus riche et le plus puissant des royaumes de l'Europe ?
Non, les Français n'ont plus rien à désirer, sinon que le
ciel leur donne des rois pieux, bons, sages : et les rois,

plus rien à faire que d'employer leur puissance à tenir
l'Europe en paix. Aucune autre entreprise ne peut plus
leur réussir, ni leur être profitable que celle-là : et voilà
de quelle nature était celle que Henri IV était à la veille de
commencer... voilà ce qui la rendait si différente de tout
ce qu'on a vu jusqu'ici entreprendre aux têtes couronnées.
Voilà par où il aspirait au nom de Grand. Ses vues n'étaient
pas inspirées par une petite et misérable ambition, ni
bornées à un léger et bas intérêt : il voulait rendre la France
éternellement heureuse, et comme elle ne peut goûter cette
parfaite félicité qu'en un sens; si toute l'Europe ne la partage avec elle, c'était le bien de toute la chrétienté qu'il
voulait faire, et d'une manière si solide, que rien à l'avenir
n'en ébranlerait les fondements[1]. »

Quelle différence de ce langage, de ces raisonnements,
à ceux des hommes d'État de notre siècle ! Combien nos
publicistes paraissent petits à côté du ministre de Henri le
Grand !

L'Angleterre sentait aussi que les Iles-Britanniques
étaient un patrimoine suffisant, et qu'aucune possession
sur le continent ne pouvait s'accorder avec ses intérêts,
ni balancer les avantages qu'elle retirerait de l'établissement d'un ordre équitable en Europe.

Cependant le désintéressement de Henri et d'Élisabeth
ne complétait pas le cercle de leurs devoirs ; il fallait encore que la sagesse la plus consommée, le plus grand respect pour les droits des nations, et le désir le plus sincère
d'assurer leur bonheur, décidassent des conditions qu'ils
voulaient imposer à leurs adversaires, et présidassent à la
répartition des pays délivrés de la domination autrichienne.

[1] Mémoires de Sully. t. xx, p. 173.

L'analyse de cette partie de leur plan nous donnera l'occasion d'indiquer quels résultats probables son exécution aurait produits en place des changements que l'Europe a subis en suivant une diplomatie toute différente de celle que Henri IV était sur le point de fonder.

Les possessions de la maison d'Autriche, dans une grande partie de l'Europe, étaient, à cette époque, considérées comme mal acquises, et passaient pour être précaires de droit comme de fait. La maison de Hapsbourg avait perdu ses titres aux anciens domaines héréditaires en Suisse; elle avait acquis et accru ses nouvelles possessions, non pas seulement par des mariages, mais aussi par des envahissements et des confiscations, soit en dépossédant les vrais propriétaires, en vertu des décrets de l'Empire, toujours contestés et souvent prononcés par des empereurs de cette famille; soit en vertu d'élections, contre lesquelles les habitants du pays protestaient, et dont ils ne reconnaissaient que forcément la validité. Le mépris des libertés garanties aux Flamands par tous leurs souverains, et l'intolérance religieuse poussée au dernier degré, avaient précipité les Pays-Bas dans une sanglante insurrection qui durait depuis un quart de siècle, et qui avait donné une existence à la république des Sept-Provinces-Unies. D'autre part, la Bohême et la Hongrie étaient dans une lutte continuelle avec leurs rois autrichiens, qui n'y maintenaient péniblement leur domination que par la guerre civile et les échafauds. Ces deux nations cherchaient à secouer le joug par de fréquentes levées de bouclier, et en faisant parvenir leurs griefs aux souverains opposés à l'Autriche. Il en était de même de plusieurs autres des possessions de cette puissance, telles que la Moravie, la Styrie, la Carinthie, le Tyrol, où l'esprit de liberté civile et religieuse se réveillait alors et faisait souffrir impatiemment aux habitants une domination qui était diamétralement contraire à cet élan généreux, et qui s'obstinait partout à en étouffer les germes.

Placée à l'extrémité des pays germaniques, la maison d'Autriche en Allemagne pouvait à peine être considérée comme allemande. La population de l'archiduché proprement dit sympathisait peu avec celle de la véritable Allemagne, et encore cette population ne comptait qu'une partie modique des peuples soumis à la cour de Vienne.

Si l'on fait le dénombrement de la population slave de la Bohême, de la Silésie et de la Moravie, qui s'étend jusqu'à une demi-journée de Vienne; si l'on y ajoute la population vende de la Basse-Autriche, celle de la Hongrie, de la Croatie, de la Dalmatie, des côtes de l'Adriatique, l'on verra que la monarchie autrichienne d'alors pouvait passer pour toute autre chose que pour un État germanique, et que l'élément allemand n'entrait pas pour beaucoup dans sa composition. Cette circonstance était surtout frappante il y a deux cents ans : car si depuis ce temps la cour de Vienne a augmenté de beaucoup le nombre de ses sujets non allemands, d'un autre côté, dans le pays qu'elle possédait alors, l'esprit de nationalité slave et hongrois semblait plus fort, plus passionné, plus revêche qu'il ne l'est devenu, après que les efforts d'une longue domination sont parvenus à l'amortir jusqu'à un certain point, et à produire une sorte d'assimilation entre tous les pays et leur commune capitale de commande.

La branche de la maison d'Autriche établie en Allemagne se trouvait donc à cette époque dans une catégorie toute particulière d'existence sociale. C'était un État, un

gouvernement, un cabinet, sans nation : ce qui, en politique, pourrait se dire une tête sans corps.

Parmi les possessions de la maison d'Autriche, l'Espagne, pour lors la plus considérable de toutes, était regardée comme le véritable patrimoine héréditaire de cette
famille, et comme le seul pays où son sceptre était devenu
réellement national ; partout ailleurs il était ou imposé ou
envahissant, et ne pouvait être que funeste aux peuples
qui le supportaient et à l'Europe entière.

L'on voyait la maison d'Autriche paraître en Hongrie et
en Italie avec les armées de l'empire allemand ; tandis
qu'en Allemagne elle donnait des lois avec des troupes
italiennes, hongroises et croates. Son système devait être
d'étouffer partout l'esprit national, afin de pouvoir alter-
nativement se servir des forces de chaque pays pour contenir ses autres États. Il était à prévoir qu'ayant ainsi acquis la pratique de la manière dont on peut régir et
dominer les peuples sans leur appartenir, elle ne se dépar-
tirait de ce genre de politique que très-difficilement, et
qu'elle continuerait de croire licite toute agglomération
de provinces et de parcelles de pays, sans s'embarrasser à
quel peuple elles seraient arrachées.

Le principe de la diplomatie de Henri et d'Élisabeth était
de satisfaire aux vœux des nations, d'assurer leur bonheur
et de garantir l'indépendance de fait et le bien général de
l'Europe. La politique de la maison d'Autriche devait nécessairement avoir un principe opposé, celui de l'intérêt personnel le plus exclusif. L'empereur à Vienne ne
pouvait que répéter : l'*État, c'est moi ;* car il n'y avait
pas d'autre maxime pour un gouvernement qui, s'il eût
jamais pu céder à des motifs tirés de l'avantage de l'un
des peuples soumis à son sceptre, aurait cru aussitôt

s'être relâché du principe de sa propre conservation.

Un cabinet constitué de la sorte pouvait-il se prêter volontairement à suivre les lois internationales qu'il s'agissait d'établir? Il devait être sur le chemin de tout perfectionnement pour l'arrêter. Ne voulant se nationaliser nulle part, il devait tendre sans cesse à s'approprier les nations qui étaient à sa portée, tout en continuant, par la nature de son existence, à leur être étranger.

Ces considérations ôtaient aux coalisés tout espoir de faire jamais goûter au cabinet de Vienne la réforme projetée de la diplomatie européenne. Ils redoutaient que l'Autriche en Allemagne ne restât un ennemi irréconciliable et un perturbateur continuel de l'ordre qu'on serait parvenu à établir. Une seule puissance de ce caractère, conservée dans l'association des États, pouvait devenir d'autant plus dangereuse à la bonne cause, que l'unité et la simplicité d'un système qui n'admettait qu'un seul but bien positif et qui ne permettait d'envisager les événements que sous un seul point de vue, devaient faire acquérir au gouvernement qui l'avait adopté une force extrême d'intensité et de résistance. Sa marche toujours uniforme, l'immobilité et la ténacité de ses doctrines, pouvaient même donner à sa politique une grande probabilité de succès final : car un semblable gouvernement aurait eu la faculté, d'une part, de ne jamais ni oublier ni abandonner des projets une fois conçus, et, d'autre part, de ne pas être entravé par les embarras des souverains qui sont tenus de consulter plus ou moins l'opinion de leurs peuples et l'esprit national.

Henri et Élisabeth conclurent donc que, pour parvenir à leur but, ils n'avaient qu'un seul obstacle à vaincre ; mais que celui-là était capital, et qu'il fallait se décider à l'abattre

du premier coup. Ils jugèrent qu'il était convenable et nécessaire de consolider et de favoriser la puissance autrichienne en Espagne, où elle était nationale, et où elle n'a-
vait aucun des inconvénients indiqués plus haut ; mais elle
ne devait plus garder de possessions dans le reste du continent, puisqu'il était prouvé que, tant qu'elle y continuerait sa puissance politique sous la forme qu'elle avait
alors, aucune amélioration ne serait possible.

D'un autre côté, les vastes dépouilles de l'Autriche, rendues à leur existence naturelle, produiraient un élan général de joie et d'enthousiasme, et offriraient l'appât nécessaire pour faire lever l'Europe entière et pour réunir
les souverains et les peuples dans un même faisceau
d'action.

Arrêtons-nous un moment sur ce premier point des desseins de Henri et d'Élisabeth, et cherchons à prévoir leurs
résultats probables. Un peu de réflexion nous convaincra
qu'ils auraient été avantageux même pour ceux des intéressés qui semblaient en devoir souffrir le plus, et qu'en
dernière analyse tous les États s'en seraient bien trouvés.

La maison d'Autriche, établie à tout jamais dans la péninsule, qui alors lui appartenait en entier, aurait au bout
du compte conservé un pays plus compacte, mieux situé
pour le commerce et pour la défense, mieux constitué par
une population plus homogène qui pouvait facilement se
doubler, plus susceptible de consistance, de puissance et
de richesse que les pays disséminés qui lui restaient autre
part, et qu'elle a fini par perdre après les avoir vainement
disputés. Si la puissance autrichienne s'était concentrée en
Espagne, la monarchie espagnole, loin de déchoir du haut
degré de splendeur où elle était parvenue, aurait vu accroître sa prospérité, sous une dynastie qui ne se serait

pas éteinte, et qui en réalité était la seule qui lui convînt.

Ces heureuses suites devenaient d'autant plus probables que Henri IV, par un instinct de prévoyance, par un sentiment des choses à venir que la vraie sagesse et la pureté des intentions peuvent seules donner au génie, voulait que toutes les branches de la maison d'Autriche qui auraient été dépossédées fussent invitées à aller établir des monarchies indépendantes dans les autres parties du monde[1]. Ces colonies, d'un nouveau genre, au lieu de transporter tous les fléaux et tous les vices dans des contrées lointaines, leur auraient fait éprouver sans contrainte les bienfaits de la civilisation, et les auraient probablement mises à l'abri des commotions sanglantes qui les ont déchirées de notre temps. Loin d'être une cause principale de décadence pour la mère patrie, elles lui auraient procuré des alliés utiles et des débouchés lucratifs qui l'auraient enrichie en la stimulant vers l'industrie et le commerce.

D'une autre part, dans l'examen comparatif que nous faisons, la France n'aurait plus été dans le cas d'entreprendre cette longue et malheureuse guerre pour la succession d'Espagne : l'une des premières sources de son déclin rapide, du désordre prolongé de ses finances et des humiliations répétées de son gouvernement durant le dix-huitième siècle, qui furent cause, à leur tour, du moins en grande partie, de la terrible révolution dont nous avons été les témoins.

D'ailleurs, si la France et l'Espagne avaient conservé chacune le degré de force et de splendeur que la nature semblait leur avoir destiné, il n'eût pas trop convenu au

---

[1] *Mémoires de Sully*. l. xxx. p. 197-200.

bien de l'Europe qu'une famille occupât à la fois les deux
trônes. Mais des administrations inhabiles les abaissèrent
au-dessous de leur niveau naturel, de sorte que l'événement, dont l'attente seule avait mis toute l'Europe en
armes, une fois arrivé, ne justifia point ces craintes et
produisit même un effet tout contraire. La France, après
s'être ruinée pour placer l'un de ses princes sur le trône
d'Espagne, n'en retira aucun avantage. La nouvelle dynastie établie en Espagne ne sut pas acquérir en politique
une prépondérance proportionnée aux grands établissements qu'on lui avait accordés, ni faire agir de concert les
différents membres de la famille. En lisant l'histoire, on a
lieu d'être surpris de voir la branche des Bourbons de
Naples presque toujours sous la dépendance des Anglais ou
des Autrichiens, sans que les cabinets de Madrid et de
Versailles se soient mis en peine d'exercer sur elle une
influence toute naturelle, soit pour en tirer quelque avantage, soit pour lui porter aide et secours.

Il nous semble donc démontré que le premier article
des plans de Henri IV, que nous venons de discuter, aurait
été, dans ses résultats probables, tout à la fois avantageux
à la maison d'Autriche, à la France, à l'Europe et aux
autres parties du monde; et que le cours bien différent
qu'ont pris les événements politiques depuis la mort de
ce grand roi n'a été en aucune manière plus favorable
aux parties intéressées.

Après avoir relégué en Espagne la puissance autrichienne, il restait à s'entendre sur le sort de tous les pays
qui par cette opération demeuraient libres de sa domination. Ce fut surtout dans les dispositions de cette partie
du plan que Henri et Élisabeth donnèrent les preuves les
plus frappantes de leur respect pour les droits des nations,

et de leur désir d'assurer le bonheur et l'indépendance des peuples.

La majeure partie des États de la maison d'Autriche en Allemagne devait être partagée entre les deux nations principales qui les composent et former deux États puissants : le royaume de Bohême, auquel auraient été réunies la Moravie, la Silésie et la Lusace, dont les habitants ont la même origine, parlent la même langue et avaient dans un temps formé un seul peuple; et le royaume de Hongrie et de Transylvanie, que l'on aurait augmenté des provinces Vendes de la basse Autriche et de celles qui s'étendent entre le Danube et l'Adriatique, qui, quoique habitées par des Slaves, se seraient, à cause de la ressemblance des mœurs, volontiers réunies à la Hongrie, où des populations aussi slaves d'origine, la plupart schismatiques ou protestantes, se trouvaient déjà heureuses de leur amalgame avec les Madjars proprement dits.

« La Hongrie, dit Sully, était regardée comme un des boulevards de la chrétienté, et on se serait attaché à la rendre la plus puissante et la plus en état de résister aux infidèles[1]. » Les souverains européens devaient s'engager par serment à la soutenir dans ses guerres contre les Turcs, et toutes les conquêtes faites dans la suite sur eux, depuis la Transylvanie jusqu'à la Dalmatie et au delà du Danube, auraient été incorporées à la Hongrie.

L'on ne saurait douter que dans un État de pleine indépendance, la Hongrie et la Bohême ne fussent parvenues bientôt à un haut degré de prospérité et de force par leurs seules ressources, par le libre développement de leur énergie, par les rapides progrès de leur civilisa-

[1] *Mémoires de Sully*, t. xxx, p. 202.

tion nationale, qui n'a pu qu'être grandement ralentie par la contrainte obligée de la domination autrichienne.

A l'instant même où cette domination disparaissait en Allemagne, la grande association de l'Empire germanique redevenait libre et toute nationale. Elle était apte à recevoir une organisation qui, appuyée sur d'anciennes formes, mais perfectionnée par l'expérience, pouvait le mieux répondre à ses besoins, et consolider sa tranquillité. Ce résultat majeur, si essentiel pour l'Europe, qui tenait si fort à cœur aux deux grands souverains empressés de l'accomplir, ne pouvait être obtenu alors par aucun autre moyen terme.

Les apanages allemands possédés par la maison d'Autriche dans l'Empire devaient être partagés avec équité et selon leur position, entre divers princes de l'Empire, tels que l'Électeur de Bavière, le duc de Wurtemberg, le marquis de Baden; tandis que d'autres possessions, à cause du voisinage et de l'origine des habitants, auraient été dévolues aux Suisses, aux Grisons et aux Vénitiens [1].

Les Provinces-Unies, déjà formidables, et qui en défendant leur liberté avaient tant contribué à préserver celle de l'Europe, étaient reconnues comme puissance indépendante, recevaient la plus grande partie de la Belgique, avec quelques districts des pays allemands qu'une analogie de mœurs et de langage entraînait à cette réunion [2].

Il était également convenu d'accroître considérablement la Suisse en lui incorporant les parties adjacentes de la Franche-Comté, de l'Alsace, la lisière montagneuse de la Souabe jusqu'au lac de Constance, le Voralberg et le Tyrol, afin de donner au corps helvétique plus de consistance,

[1] *Mémoires de Sully*, t. xxx. p. 201
[2] *Ibid.*, t. xii. p. 59.

et de rendre à jamais imprenable cette forteresse naturelle de l'Europe. Les Suisses avaient cessé d'être dangereux, et il importait grandement de les mettre en état de
maintenir leur neutralité : ce qui ne pouvait arriver
qu'autant qu'on leur remettrait toutes les vallées et tous
les passages susceptibles de donner accès dans leur pays.
Et d'ailleurs dans ce temps-là les contrées qu'on leur
adjoignait étaient en réalité la continuation de la Suisse.
L'on y observait dans les habitants le même langage, la
même vie laborieuse, la même simplicité, un égal désir
d'indépendance. Pour se la procurer, ils avaient fait aussi
de fréquents efforts, qui auraient été tout aussi heureux
s'ils avaient été plus constants; la plupart de ces peuples,
qu'on voulait annexer à la Suisse, occupaient des pays
montueux, et si peu productifs qu'on ne pouvait y
connaître l'aisance et le bonheur qu'à l'ombre de la
liberté.

L'Italie, affranchie de tout joug étranger, aurait pu
enfin respirer sous ses propres lois. On lui réservait l'organisation politique la plus convenable à sa situation et la
plus compatible avec les circonstances. Henri et Élisabeth
fondaient une monarchie puissante dans la partie du nord,
sous le nom de royaume de Lombardie, capable de faire
tête à toute agression du dehors, spécialement chargée
d'en préserver l'Italie et d'être la sauve-garde de son indépendance. C'était à la maison de Savoie que ce lot était
dévolu; tant les idées justes datent de loin et se soutiennent
longtemps.

Les mêmes motifs les portaient à favoriser l'agrandissement de la république de Venise, en sa qualité de second
rempart de l'Italie contre l'ambition de l'étranger.

Les petits États, principautés et républiques du milieu

de la péninsule, auxquels on ne voulait aucunement porter atteinte, à moins qu'ils se fussent montrés récalcitrants aux mesures proposées, devaient être invités à former entre eux une fédération italique, dont le pape aurait été déclaré le chef. Le souverain pontife se serait désisté volontairement de la possession de Bologne et de Ferrare. Ces deux villes, qui désiraient vivement leur indépendance, auraient fait partie de la Confédération italique. C'est une circonstance, entre bien d'autres, qui prouve combien Henri le Grand était pénétré du noble désir de contenter tout le monde, et combien les vœux des populations dont le sort était décidé étaient écoutés jusque dans les moindres détails de son vaste plan.

Des dépouilles de la maison d'Autriche le Saint-Siége recevait le royaume de Naples. Il semble que les deux souverains avaient prévu que cette belle contrée, qu'ils destinaient à faire partie du patrimoine de saint Pierre, ne serait jamais capable de défendre son indépendance par ses propres forces; qu'elle serait toujours, comme par le passé, la proie du premier occupant; et que tout ce qui restait à faire pour son bonheur était d'assurer du moins sa tranquillité et sa neutralité en la réunissant aux domaines du pape.

Par une réunion aussi importante, les possessions du Saint-Siége ne formaient plus qu'une masse compacte qui occupait tout le prolongement de la péninsule et qui était garantie par les deux États du nord et par toute la Confédération italique. La puissance du chef de l'Église, comme prince temporel, aurait donc considérablement gagné en solidité et en richesse; de sorte que, sans être obligé de diminuer l'éclat du trône apostolique, il aurait pu se montrer facile à transiger sur les arrangements que l'on avait en vue pour réduire et supprimer même, plus tard, les tributs perçus par le Saint-Siége dans tous les pays catholiques.

Au nord de l'Europe, les rois de Suède et de Danemark, après la France et l'Angleterre, acteurs principaux et promoteurs de l'entreprise, suivaient le noble exemple de leurs alliés, et ne prétendaient à aucune extension de frontières. Cependant ces deux Etats, quoique la loi, dit Sully, que s'étaient imposée la France et l'Angleterre, dût leur être commune, trouvaient encore quelques avantages par la distribution de certains fiefs à leur convenance, que l'Autriche possédait ou voulait s'attribuer dans le nord de l'Allemagne [1].

Enfin, pour compléter le système européen, la Pologne, considérée de même que la Hongrie comme l'un des boulevards de la chrétienté, devait être également fortifiée et étendue autant que possible. « L'on aurait augmenté ses forces, en lui appliquant toutes les conquêtes sur les infidèles qui confinent à ses frontières, et en terminant à son avantage les disputes qu'elle avait avec ses voisins [2]; » car il importait que ce royaume fût mis en position de défendre l'Europe contre les Turcs, les Tartares et la Moscovie. Toutefois le souverain de ce dernier pays devait être invité à faire partie de l'association européenne, et n'en être exclu que dans le cas où il ne voudrait pas se soumettre à ses lois. « Si le grand-duc de Moscovie, ou czar de Russie, que l'on croit être, dit Sully, l'ancien *Knès* des Scythes, refuse d'entrer dans l'association, on doit... le reléguer en Asie, où il pourra, sans que nous nous en mêlions,

[1] *Mémoires de Sully*, t. xxx. p. 206.
[2] *Ibid.*, p 202.

continuer, tant qu'il voudra, la guerre qu'il a presque continuellement avec les Persans et les Turcs [1]. »

« On comprend parfaitement, continue le ministre de Henri le Grand, quel était l'objet du nouveau plan : c'était de partager avec proportion toute l'Europe entre un certain nombre de puissances qui n'eussent eu rien à envier les unes aux autres du côté de l'égalité, ni rien à craindre du côté de l'équilibre. » Le nombre en était réduit à quinze, savoir : six grandes monarchies héréditaires, la France, l'Espagne, la Grande-Bretagne, le Danemark, la Suède et la Lombardie ; cinq monarchies électives, l'Empire, la Papauté, la Pologne, la Hongrie et la Bohême ; et quatre républiques, Venise, la Confédération italique, l'Helvétie et les Provinces-Unies de la Hollande et de la Belgique [2]. »

En réglant de la sorte, au moyen d'une juste distribution des dépouilles de la maison d'Autriche, la situation respective de toutes les parties de l'Europe, on s'assurait du concours immédiat et puissant de tous ces pays, et l'on arrivait à fonder leur existence d'après les principes du droit et de la véritable politique. Le nouveau système répondait parfaitement dans son ensemble à toutes les exigences du moment ; il contentait ou balançait tous les intérêts ; les vœux des gouvernements et des peuples y étaient scrupuleusement consultés ; le bonheur et la sûreté générale également pris en considération. Il n'y avait nulle part de joug étranger ; chaque nation restait maîtresse chez elle, libre de perfectionner sa vie sociale dans les limites naturelles qui lui étaient restituées ; l'on était parvenu à éviter de trop grandes disproportions entre les divers États. Les plus puissants se trouvaient assez également partagés

----

[1] *Mémoires de Sully*, t. xxx, p. 194.

[2] *Ibid.*, p. 206.

pour être capables, s'il le fallait, de se tenir réciproquement en échec, et les plus faibles acquéraient par la confédération une force suffisante qui avait son poids dans la balance politique. Il n'y aurait plus eu d'existence précaire, imposée, antinationale, inutile au bien général et à la sûreté de l'Europe. Les États qui, par leurs antécédents, risquaient de se laisser aller à des jalousies dangereuses et d'avoir des retours d'ambition, se trouvaient séparés par des États dont la composition était essentiellement homogène et pacifique, et qui empêchaient tout contact litigieux.

Les républiques de la Suisse et de la Belgique, placées aux deux bouts de l'Allemagne, pouvaient être considérées comme points d'appui de l'Empire germanique, et pour conserver la liaison réciproque, il était convenu qu'à chaque élection, et sans que cela portât la moindre atteinte à leur souveraineté, elles seraient tenues à un hommage respectueux envers le nouvel Empereur.

Les trois corps fédérés auraient ainsi formé au centre de l'Europe une masse prépondérante qui, par sa nature, aurait toujours été défensive et conservatrice de l'ordre établi. L'Italie, de même que l'Allemagne et les Pays-Bas, au lieu de servir, comme jusqu'alors, d'appât à l'ambition et de théâtre à la guerre, seraient devenues au contraire des garanties de plus pour la tranquillité générale.

La Pologne et la Hongrie, renforcées et consolidées dans leur assiette, auraient continué d'occuper les avant-postes de la civilisation européenne, avec l'honorable mission de la défendre contre les atteintes de la puissance mahométane qui, à cette époque, devenait plus que jamais menaçante. Les souverains de Moscovie auraient bientôt partagé ce soin important, car ils se seraient probablement décidés à entrer dans la grande association européenne, et leur vaste monarchie, en participant dès lors aux progrès réglés de la civilisation commune, aurait graduellement gagné une influence égale à celle des anciennes puissances de l'Europe, sans avoir eu besoin pour l'obtenir de se rendre injuste et envahissante.

Quelque parfait que fût l'ensemble du plan projeté, il n'était pas sans reproche dans quelques-uns de ses détails.

Quoique la France ne réservât pour elle-même que la gloire de distribuer avec équité les pays conquis et délivrés, elle avait cependant l'intention de garder la lisière de pays qui entourait ses frontières depuis le Luxembourg jusqu'à l'Artois, et elle voulait en gratifier dix princes ou seigneurs français ayant titre de souverains. Ces pays étaient déjà, pour ainsi dire, français, et leur masse n'approchait pas de celle que Louis XIV réunit plus tard à son royaume. L'Angleterre recevait également, dans les dépendances du Brabant et de la Flandre, de quoi former huit établissements souverains pour des princes et seigneurs anglais. L'on disposait ainsi de ces pays en faveur des guerriers illustres qui auraient contribué au succès de l'entreprise, et parmi lesquels la maison d'Orange n'était pas oubliée. Tout cela tenait aux idées du temps. L'on croyait alors avantageux de créer de petits États semblables à ceux des ducs de Lorraine et de Bouillon, qui séparaient déjà la France de l'Allemagne. La concession dont il s'agit n'était pas au fond une incorporation, car elle ne donnait aucun droit de suzeraineté aux rois de France et d'Angleterre, elle parut dans le temps si simple et tellement modérée, qu'il ne vint à l'esprit de personne d'y trouver de la contradiction avec le noble désintéressement que ces deux puissances avaient adopté pour règle constante. Il nous paraît cependant qu'elles auraient mieux fait de ne pas l'exiger ; car une demande de ce genre ternissait pourtant un peu, et sans nécessité, cette pureté de principes qui faisait leur plus grande force et leur plus solide gloire.

Pour gagner et récompenser l'importante coopération de la république de Venise, il avait été convenu de lui donner la Sicile, qui, à la vérité, n'avait jamais affectionné son union avec le royaume de Naples, mais qui probablement aurait été encore moins satisfaite du sort nouveau qu'on lui destinait. Ce reproche nous semble plus grave que le précédent : car la Sicile avait toujours aspiré à une existence particulière ; elle avait donné plus d'une preuve qu'elle en était digne et qu'elle pouvait la maintenir ; pourquoi donc ne pas la lui accorder?

Enfin l'archiduché d'Autriche, proprement dit, qu'on destinait à la Hongrie, paraissait, avec plus de justice et de convenance, devoir rester enclavé dans l'empire de l'Allemagne.

Ces imperfections partielles se seraient probablement évanouies dans le cours de l'exécution : car il était presque impossible que des défauts qui n'auraient pas manqué d'être aperçus et sentis ne cédassent pas à l'influence des maximes bienfaisantes qui allaient servir de règle aux États engagés dans cette sainte entreprise. Cet espoir consolant était garanti par la pureté et la fixité des principes généraux, et par la sincérité des intentions qui donnaient toutes les facilités possibles pour réparer quelques erreurs de détail.

III

Henri et Élisabeth ne se contentaient pas de rétablir les nations de l'Europe dans leurs droits et dans leurs limites naturelles; ils avaient pensé aussi aux moyens de consolider le bonheur commun de manière à le préserver à l'avenir de nouveaux bouleversements. C'était la partie la plus secrète du grand œuvre qu'ils projetaient, et le complément qui devait couronner leurs généreux travaux.

Ils avaient dressé un statut ou code international euroropéen, propre à cimenter à jamais l'union de tous les membres de la république chrétienne, et à maintenir entre eux la paix et l'ordre une fois établis.

Ce résultat est, dit-on, trop bon et trop beau pour qu'il soit possible. Cela se peut; c'est néanmoins l'idée la plus grande et la plus méritoire que le génie de l'homme puisse enfanter; c'est l'idée que Dieu même a révélée par son Christ, et le plus haut but politique et religieux auquel les hommes soient capables d'atteindre sur la terre. Si l'on ne peut y parvenir, l'on doit au moins ne le perdre jamais de vue, et ne cesser jamais de s'élever vers son accomplissement.

Les dispositions du code international avaient pour objet d'asseoir sur la loi morale de l'humanité les rapports et les devoirs réciproques des États, d'augmenter la sain-

teté des serments et des engagements mutuels de manière
à rendre leur oubli plus odieux, plus dangereux et à peu
près impossible ; d'aviser enfin aux précautions à prendre
pour faire, dès le début, les distributions et les échanges
des pays libérés, avec équité et au contentement des parties[1].

Un conseil suprême, représentant les états généraux de
toute l'Europe, devait être institué, sous le nom d'*Assemblée des Amphictyons*, pour délibérer sur les affaires surve-
nantes, pour discuter les intérêts, connaître les différends,
pacifier les querelles, éclaircir et vider toutes les affaires
politiques et religieuses, soit entre les États de l'Association : soit au dehors avec les pays qui n'y seraient pas
compris[2].

L'Assemblée des Amphictyons était composée d'un nombre prescrit de ministres ou plénipotentiaires envoyés par
chacune des quinze puissances de l'Association. Le choix
renouvelé de ces représentants, les lieux de leurs séances,
le mode dont ils procéderaient dans les discussions et décisions, devaient être convenus d'avance, quant au fond,
et déterminés ensuite, quant aux formes, par leurs propres
suffrages.

Cette institution, avec le règlement qui lui servirait de
base, proposée aux États de l'Europe par leur libérateur,
avait pour but unique d'assurer à ceux qui l'auraient adop-
tée, leurs droits réciproques, le bonheur acquis, une indépendance sans équivoque et une paix durable.

Peut-on supposer que tant de bienfaits, distribués par
des mains si puissantes, au moment du plus grand succès
auraient pu être rejetés par ceux qui devaient les recueillir?

[1] *Mémoires de Sully*. t. xxx, p. 207.
[2] *Ibid.*, p. 208.

Si les formes imaginées par Henri et par Élisabeth dans
le plus noble but avaient présenté des difficultés et des défauts, le sénat européen y aurait avisé avec le temps : car,
dit Sully, l'expérience et la pratique y auraient pu apporter
bien des changements. Ces formes peuvent bien nous paraitre à présent trop compliquées, et c'est peut-être la seule
objection qu'on trouverait à faire. Les deux souverains législateurs ne s'en rapportaient pas assez au bonheur qui
devait découler de leur plan. L'intérêt commun et tout-
puissant devenait la première et la plus sûre garantie de
la durée de leur ouvrage. Cependant ils pensèrent sagement qu'on ne pouvait assez la préserver contre les atteintes de l'ambition. L'idée principale se réduisait, au
fond, à instituer un congrès européen permanent, et à engager toutes les puissances à laisser juger leurs différends
par arbitrage. Cette idée n'est pas si difficile à réaliser
qu'on pourrait le croire. Si quatre grandes puissances de
cette époque éloignée, telles que la France, l'Angleterre,
la Suède et le Danemarck avaient été les premières à
donner l'exemple de leur soumission volontaire à la loi
européenne, les autres États, trop heureux des bienfaits
qu'on leur prodiguait, dans un moment où ils n'avaient en
perspective que la crainte et le péril, n'auraient certainement pas apporté des difficultés, pas même de l'indé-
cision.

Nous avons vu de nos jours la pratique des médiations,
qui touche de près à celle des arbitrages, faire de notables
progrès. Nous avons même vu l'Angleterre et l'Amérique
déférer à la décision de la Russie un point de contestation
assez délicat. Or, ce n'est pas l'avis d'une ou de deux puissances qu'on aurait alors demandé sur les questions en litige. Ces questions auraient été discutées, éclaircies et ré-

solues par l'opinion de l'Europe entière, à la voix de laquelle il aurait toujours été honorable et prudent de céder.

Nous avons bien vu aussi les puissances de la Sainte-Alliance évoquer à leur tribunal tous les événements qui se passaient en Europe, et leur décision avoir force de loi. Pourquoi donc le sénat européen, institué avec bien plus de justice et de libéralité, d'où l'on ne prétendait écarter aucun souverain, où toutes les nations étaient dûment représentées, et que présidait le chef de la religion, depuis longtemps médiateur-né et pacificateur du monde chrétien, et qui rentrait de plein droit dans ce noble office, pourquoi, dis-je, ce sénat, bien plus solennel et plus entouré de confiance et de vénération, n'aurait-il pas obtenu l'assentiment de toute l'Europe et l'exécution volontaire de la décision?

Les congrès modernes, tant de fois improvisés, ont toujours été des sujets d'alarmes : car on ignorait le véritable but qui les faisait rassembler, et l'on craignait leurs résultats. Ceux qui ont assisté à ces réunions reconnaîtront aussi combien il eût été à désirer que leurs procédés fussent basés sur des principes fixes, convenus au préalable, et qu'on eût suivi dans les délibérations des formes rigoureuses et propres à écarter les finesses, les tours de force, les dénis de justice, si faciles et si influents dans ces sortes d'assemblées.

Tous ces inconvénients n'existaient pas dans le congrès permanent de Henri; son objet était connu, avoué, invariable : ses délibérations non interrompues, au lieu d'inspirer des alarmes, étaient au contraire une source de tranquillité, un moyen continu d'éclairer et de simplifier tous les intérêts, une sauvegarde de plus aux droits re-

connus de tous les membres de l'association européenne.
Les objets qui concernent des tiers, et qui intéressent parfois une partie de l'humanité, cessaient d'être traités d'une
manière occulte et subreptice dans les cabinets des souverains. Les représentants des nations, toujours réunis et en
présence dans un point central, ôtaient à la diplomatie
cet air suspect et mystérieux qui la dépare, et donnaient
à chaque matière politique la plus grande publicité, en la
rendant, dès son début, l'affaire du monde entier.

L'élection de l'empereur d'Allemagne, qui devait être
le premier des souverains et le chef de l'association, était
laissée au libre choix des princes de la nation; tandis que
les rois de Pologne, de Hongrie et de Bohême devaient être
choisis par l'Empereur, le pape et les six rois héréditaires.
L'on ne comprend pas trop pourquoi les autres souverains
électifs étaient écartés de ce collége des rois, ou plutôt
pourquoi ce soin n'était pas dévolu à toutes les puissances
souveraines qui siégeaient au Conseil amphictyonique, et
qui toutes étaient également intéressées à des élections
d'une si haute importance. Il est douteux aussi qu'un pareil mode d'élection, quoique de beaucoup préférable à celui
en usage, eût convenu à des peuples fiers et belliqueux qui
l'auraient peut-être considéré comme humiliant et attentatoire à leur indépendance nationale.

Il aurait été sans doute de beaucoup préférable de les
doter aussi d'une dynastie qui aurait été ou serait devenue
nationale et qui les aurait préservés des graves inconvénients qu'un successeur improvisé ne pouvait manquer de
faire planer sur leur existence intérieure.

Au reste, nous le répéterons encore, comme l'esprit de
l'entreprise et le caractère de ceux qui la dirigeaient étaient
d'écouter en toute chose la justice et la modération, de ne

rien statuer sans une discussion libre et suffisante, et que
de plus, par un article séparé, non-seulement tous les
souverains, mais aussi toutes les nations, étaient nommé-
ment invités à exposer franchement leurs griefs et leurs
vœux, il est à présumer que dans l'exécution on eût trouvé
des tempéraments pour faire disparaître les défauts qui
sont inséparables de toute œuvre humaine, mais qui, à
tout prendre, n'auraient été que des taches légères dans un
disque lumineux.

Après être parvenu à assurer ainsi le bonheur et la tranquillité à venir de l'association chrétienne, Henri avait résolu de tourner ses vues vers l'Orient. Il ne prétendait exclure personne de l'union qu'il projetait, pas même les
Turcs, s'ils eussent été désireux et capables d'y entrer.
Mais, prévoyant avec raison qu'ils ne voudraient jamais
consentir à adopter des lois dont ils croyaient que leur culte
repoussait les principes, et que ces peuples se montreraient
toujours menaçants dans leur opposition, c'était de ce
côté-là que le roi de France voulait tourner l'ardeur guerrière et inquiète de son siècle, afin de lui ôter la facilité
d'être nuisible, et de la faire servir au contraire à étendre
les bienfaits de l'affranchissement et de l'ordre moral.
Henri n'était nullement retenu par les prétendues relations
d'intérêt qui avaient existé entre les sultans de Constantinople et les rois très-chrétiens. Cet intérêt passager, produit par des circonstances exceptionnelles, ne pouvait
entrer en balance avec les grands intérêts de l'humanité et
de la civilisation chrétienne, évidemment arrêtée dans ses
progrès par la domination mahométane en Europe.

Voici comment s'exprime Sully au sujet des entreprises
dont la république chrétienne, une fois établie, aurait été
invitée à s'occuper en commun :

« Un autre point, dit-il, du plan qui concerne la religion.
regarde les princes infidèles de l'Europe, et consiste à en
chasser entièrement ceux qu'on ne voit nulle apparence de
pouvoir amener à prendre part à l'association chrétienne. »
Il énumère ensuite le contingent que, d'après les idées de
Henri, le conseil suprême de l'Europe pourrait demander
à chaque État pour cette entreprise qui ne paraît, dit-il,
avoir rien de difficile, d'abord qu'on suppose que tous les
princes chrétiens y concourent unanimement. Le tout ensemble aurait donné environ deux cent soixante mille
hommes d'infanterie, soixante mille de cavalerie, deux
cents canons et cent vingt vaisseaux ou galères. « Cet armement, continue-t-il, des princes et États de l'Europe, paraît si peu considérable et si peu gênant, comparé aux
forces qu'ils sont dans l'usage de tenir sur pied contre
leurs voisins ou *contre leurs sujets*, que quand il aurait
dû subsister perpétuellement, il n'y aurait eu en cela aucun inconvénient. Ç'aurait même été une excellente école
pour la guerre. Mais, outre que les entreprises pour lesquelles on les destinait n'auraient pas toujours été les
mêmes, on aurait pu diminuer le nombre et les frais suivant les besoins... Je suis persuadé cependant que cette
idée aurait été si fort du goût de tous ces princes, qu'après
qu'ils auraient conquis par ce moyen tout ce qu'ils ne
doivent pas souffrir qu'aucun étranger partage avec eux en
Europe, ils auraient cherché à joindre une partie de l'Asie
le plus à leur commodité, et surtout la côte entière de
l'Afrique, trop voisine de nos États pour n'en être pas in-
commodés. Une précaution unique à prendre, par rapport
à tous les pays conquis, eût été de fonder de nouveaux
royaumes, qu'on déclarerait unis à la république chrétienne, qu'on attribuerait à différents princes, en excluant

soigneusement ceux qui tiendraient déjà rang parmi les
souverains de l'Europe [1]. »

Quelle sage prévoyance ! Et n'est-ce pas le même principe qu'il faudrait suivre lorsque l'heure, depuis longtemps prévue, viendra où l'empire ottoman croulera sous
son propre poids, et lorsque la possibilité de régénérer des
nations trop longtemps asservies s'offrira aux souverains
de la chrétienté [2] ?

C'était aussi conformément à ce principe que l'on voulait favoriser spécialement les établissements des princes
autrichiens dans les autres parties du monde. Il était entendu que chacun d'eux formerait dans ses nouveaux États
une dynastie séparée et indépendante. Par là, dit Sully,
cette maison qui veut être la plus puissante du monde
aurait pu continuer à se flatter de cet avantage sans que
les autres le lui eussent envié [3].

Comme il n'y avait pas de chose utile à laquelle Henri
n'eût pensé, il n'avait pas oublié la liberté du commerce,
si nécessaire à la prospérité du monde entier ; elle devait
être solennellement stipulée par un des articles du code
des nations [4]. C'était sous cette condition que les nouveaux
États allaient être établis dans les autres parties du globe.

[1] *Mémoires de Sully*, t. xxx, p. 196 et suiv.

[2] On ne peut se dispenser de rappeler que l'auteur a écrit tout ceci avant
la dernière guerre de la Russie avec la Porte. C'est au commencement de
mai 1830 que cette note même est écrite. La paix est faite avec la Porte ;
les rois médiateurs veulent imposer un souverain étranger à la Grèce ; une
expédition française va mettre à la voile pour Alger. Tout ce qu'avait prévu
Henri IV arrive ; mais nos diplomates ont-ils songé seulement à lire les
Mémoires de Sully? Les événements les entraînent, et ils n'en soupçonnent
pas plus les effets que les causes. Toutes leurs machinations dans les affaires de l'Orient peuvent retarder, mais non empêcher de grands changements auxquels ils ne sont pas préparés.   (*Note de la* 1re *édition.*)

[3] *Mémoires de Sully*, t. xxx, p. 198.

[4] *Ibid.*, p. 207.

Le commerce devait être libre et ouvert à tout le monde ; et cette stipulation, qui est des plus importantes, est plutôt, dit Sully, un nouvel avantage pour l'Espagne qu'une restriction à ses droits [1].

En général, le caractère et les grands talents du héros auteur d'un plan aussi vaste dans ses applications que simple et droit dans son principe doivent donner la certitude que dans l'exécution de toutes ses parties, qui découlaient l'une de l'autre, qui se soutenaient mutuellement et ne formaient qu'un seul tout, l'on n'aurait jamais dévié du but énoncé avec tant de franchise et de désintéressement. Henri IV y avait attaché sa renommée ; c'était son œuvre, l'œuvre de toute sa vie. Doué d'une grande vertu, passionné pour la gloire, sa seule pensée eût été de le conduire à bonne fin sans qu'il s'y mêlât rien de vicieux ou d'imparfait.

IV

PROBABILITÉS DU SUCCÈS.

Plusieurs écrivains se sont évertués pour répandre du doute sur la possibilité de l'exécution des grands desseins de Henri IV, et ont voulu voir dans cette entreprise si proche de son exécution les preuves d'une légèreté aventureuse qui aurait entraîné le grand roi sans égard aux possibilités réelles du succès. Mais en lisant les

[1] *Mémoires de Sully,* t. xxx, p. 200.

Mémoires du temps, en se pénétrant de la tendance générale des esprits qui, à cette époque, étaient partout préparés à un grand changement, qui le désiraient et s'y attendaient; en considérant combien l'habile politique et la
sage économie de Henri avaient déjà aplani de difficultés,
et avec quels adversaires il aurait eu à lutter, l'on est forcé
de reconnaître que ce grand roi avait toutes les raisons
imaginables de compter sur un succès assuré. Élisabeth,
qui en avait pesé les difficultés, ne doutait pas non plus
qu'on ne pût les faire réussir; et pour partager cette conviction, il suffirait de rappeler que les projets en question
ont été entrepris « par les deux têtes couronnées que la
postérité regardera comme les plus excellents modèles
dans l'art de régner. Ajoutez, continue Sully, pour la personne de Henri en particulier, que c'est aux princes
instruits comme lui par l'adversité, et qui n'ont jamais
trouvé que des difficultés dans leur chemin, que c'est,
dis-je, à ces princes qu'il appartient de juger des vrais
obstacles, et qu'on peut sans crainte déférer à leur sentiment, surtout lorsqu'on les voit prêts à exposer leur vie
pour le soutenir [1]. »

« Est-ce au fond une grande témérité d'en juger ainsi?
Qu'est-ce que ce prince exigeait de l'Europe en cette occasion? Rien autre chose, sinon qu'elle se prêtât aux moyens
qu'il avait imaginés pour la placer *dans la position où elle
tend depuis longtemps à se voir établie.* On le lui facilite, et
sans qu'il lui en coûte, à beaucoup près, ce qu'une grande
partie de ses princes auraient volontiers sacrifié, et même
ont souvent sacrifié, pour un avantage beaucoup moins
réel, moins certain et moins durable. Le profit qu'on leur

―――――

[1] *Mémoires de Sully*, l. xx, p. 190.

assure, outre le bien inestimable de la paix, surpasse de
beaucoup la dépense à laquelle on les engage. Quelles raisons, encore un coup, voit-on qu'ils puissent avoir de s'y
opposer, et s'ils ne s'y opposent pas, que fera la maison
d'Autriche contre l'Europe entière? On ne laisse aux
princes aucun sujet de jalousie contre celui qui leur rend
leur liberté, puisque ce libérateur, bien loin de chercher
un dédommagement de toutes les dépenses que sa générosité lui fait faire, se met encore volontairement et pour
toujours dans l'impuissance de rien ajouter à son royaume
par voie de conquête et par les moyens les plus légitimes.
Il a trouvé les moyens de persuader à tous ses voisins que
son unique objet est de s'épargner, ainsi qu'à eux, ces
sommes immenses que leur coûtent à entretenir tant de
milliers de gens de guerre, tant de places fortifiées, tant
d'autres dépenses militaires; de les délivrer, pour jamais,
de ces catastrophes sanglantes si communes en Europe;
de leur procurer un repos inaltérable; enfin, de les unir
tous par un lien indissoluble, en sorte que tous ces princes
eussent pu après cela vivre entre eux comme des frères,
et se visiter les uns les autres comme de bons voisins...
N'est-ce pas, en effet, une honte et une tache pour des
peuples si policés que toute leur prétendue sagesse n'ait
pu, jusqu'à présent, je ne dis pas leur procurer la tranquillité, mais les sauver des fureurs qu'ils détestent dans
les nations les plus sauvages et les plus barbares? Pour
prévenir ces cruels événements, pour étouffer dans leurs
germes ces semences pernicieuses de confusion et de bou-
leversement, pourrait-on imaginer rien de plus heureux
que le projet de Henri le Grand, et pouvait-on y apporter
plus de précaution [1]? »

[1] *Mémoire de Sully*. t. xxx, p. 189.

La partie diplomatique avait été conduite de longue main avec une adresse, avec une suite, une prudence admirable. Henri avait réussi dans toutes ses négociations.

La Grande Bretagne sous le successeur d'Élisabeth, la Suède et le Danemark étaient au fait de ses desseins et d'accord avec lui sur tous les points. La promesse de quelques arrondissements n'était pas la cause principale du dévouement des deux royaumes du Nord. Ils croyaient, avec raison, y gagner infiniment par l'aplanissement final des troubles et des différends qui les agitaient, par le reflux de la prospérité générale, et par un surcroît d'importance et de sécurité qu'aucune autre chance possible ne pouvait leur assurer.

Henri pouvait également compter sur la coopération de la république de Venise et sur celle des Provinces-Unies, qui s'apprêtaient à le soutenir de tous leurs moyens. Outre que ces deux États devaient recevoir, comme nous l'avons vu, des augmentations considérables, il leur aurait suffi, pour s'attacher avec ardeur à l'entreprise, que son objet fût d'écarter la maison d'Autriche de leur voisinage. Les Vénitiens avaient dès lors un vague pressentiment du risque qu'ils couraient de la part de cette puissance et du sort qu'elle leur préparerait un jour.

Le roi de France était sûr de la Suisse; la majorité des cantons s'était prononcée; le reste aurait suivi, ne fût-ce que pour obtenir les grands avantages qui étaient promis à la confédération.

En Allemagne, où il avait habilement profité de l'alarme produite par les prétentions de l'Empereur à la succession de Clèves, les princes protestants, réunis à Halle, s'étaient hâtés de lui faire leur déclaration. Plusieurs de ces États recevaient l'assurance, ou de ne pas être dépouillés de leur héritage, ou d'obtenir des territoires qu'ils revendiquaient sur la maison d'Autriche; et il n'y en avait aucun qui ne gagnât au centuple en sécurité et en considération par la forme toute nationale et libre qu'allait recevoir la grande fédération allemande.

Les idées de liberté civile et religieuse qui fermentaient alors dans toutes les têtes servaient merveilleusement les projets du roi de France.

Les protestants de tous les pays, animés par leur zèle de prosélytisme, mettaient une ardeur extraordinaire à attiser ces étincelles électriques. Ils avaient organisé entre eux, par toute l'Europe, une correspondance secrète et très-active, et leur propagande, sans connaitre le dernier but et les détails du projet de Henri, n'en préparait pas moins les esprits à les accueillir et à les soutenir, et sou-vent elle avait aplani les voies à ses négociations [1].

La Hongrie, la Bohème, les nombreux mécontents de la Basse-Autriche n'attendaient que le premier signal pour lever l'étendard de l'indépendance et pour se joindre aux forces des souverains coalisés.

L'effervescence commençait à gagner jusqu'en Italie, par Venise, où Fra Paolo Sarpi, par ses écrits, et le P. Fulgentio, par ses sermons, propageaient des doctrines qui alarmaient le saint-siége, mais que la seigneurie proté-geait, et qui auraient pu, avec le temps, effectuer un changement notable dans les opinions religieuses et politiques de ces contrées [2].

Les papes, qui alors venaient de se succéder avec une fâcheuse promptitude, mais que l'habileté de Henri savait, à

----

[1] *Mémoires de Duplessis-Mornai,* édition 1829. *Passim.*

[2] *Mémoires de Sully,* l. xxiii, p. 226-232; — de Duplessis-Mornai, tome X. *Passim.*

chaque mutation, se rendre favorables, les papes, moitié par crainte de l'orage qu'ils voyaient grossir, moitié entraînés par l'influence générale, semblaient sentir la nécessité de réduire leurs prétentions. Déjà ils avaient adhéré à plusieurs termes moyens dans plusieurs démêlés relatifs à des affaires ecclésiastiques. Henri avait fini par gagner entièrement Paul V, et ce n'était pas peu de chose, dit Sully, d'avoir fait franchir ce pas au pape. Le roi y était parvenu, par ses ouvertures loyales, en assurant au saint-siége le royaume de Naples, et la suprématie de la Confédération italique; au reste, les droits de cette dignité se bornaient à la présidence du Conseil fédératif et à l'hommage d'un crucifix d'or. En outre, le saint-père avait de lui-même demandé, et cette proposition lui fait assurément le plus grand honneur, d'avoir l'office de médiateur commun pour rétablir la paix en Europe, et pour convertir la guerre que se faisaient continuellement les princes en une guerre contre les infidèles; partie du projet qu'on avait eu grand soin de lui développer. Le caractère héroïque de Henri IV répandait la mode des idées grandes, généreuses, et les avait rendues familières aux souverains [1].

Le duc de Savoie était entré dans l'association et recevait pour sa coopération sincère la dignité royale et toute la Lombardie autrichienne; il prenait dès lors place au conseil amphictyonique.

La manière dont on voulait procéder à toutes les mutations projetées donnait la plus sûre garantie qu'elles se feraient selon les besoins et les vœux des intéressés. Les traits principaux du plan avaient été, en effet, préalablement tracés; mais tout ce qui tenait à l'exécution, à la réparti-

[1] *Mémoires de Sully*, l. xix, p. 157; l. xxx, p. 215. — Correspondance de Duplessis-Mornai, t. X.

tion, à la fixation définitive des droits et des frontières, devait être abandonné à la décision des puissances qui n'y
étaient pas directement intéressées, et qui, avant de statuer,
auraient écouté toutes les parties et consulté le vœu des
peuples.

Les souverains du Nord, conjointement avec ceux de
France et d'Angleterre, auraient partagé avec équité les
pays qu'il s'agissait de distribuer en Italie, tandis que les
cessions, échanges, transports à faire en Allemagne auraient
été réglés par l'arbitrage des rois de France, d'Angleterre,
de Lombardie et par la république de Venise.

- Henri accoutumait ainsi l'Europe, pendant l'exécution
même de ses desseins, à des formes de paix et de justice,
qu'il avait l'intention de faire adopter plus tard comme règles fixes et immuables.

Au début des opérations, les quatre souverains de
France, d'Angleterre, de Danemark et de Suède auraient
parlé en commun à l'Europe et auraient été appelés à prendre de concert toutes les décisions du moment. A mesure
que d'autres puissances se seraient ostensiblement réunies
à l'association, elles auraient pris part immédiatement aux
délibérations communes, de sorte que le Conseil Amphictyonique se serait constitué de fait dans très-peu de temps.
Henri se proposait de donner lui-même, à chaque occasion,
l'exemple de la soumission volontaire qu'il désirerait inspirer aux autres pour des formes conservatrices d'ordre,
de paix et d'équité.

« Il disait, avec autant de modération que de bon sens,
que l'ordre une fois établi, il aurait remis volontiers la
question de l'étendue que la France devait avoir à la plu-
ralité des suffrages [1]. »

---

[1] *Mémoires de Sully*, l. xxx, p. 204.

En attendant, tous ces États, c'est-à-dire toute l'Europe,
excepté la maison d'Autriche, étaient déjà convenus avec
lui du contingent qu'ils devaient fournir. Ce contingent,
qui devait entrer immédiatement en campagne, et qu'on
s'était obligé d'entretenir au moins pendant trois ans, for-
mait un total de cent vingt-cinq mille hommes et de cent
vingt canons de gros calibre. Le roi, en outre, faisait marcher sur plusieurs points soixante-quatre mille six cents
hommes et quarante canons; ce qui était une armée considérable pour ce temps. Il avait en caisse l'argent nécessaire pour payer son armée pendant trois ans et pour
subvenir à toutes les dépenses de la guerre, ainsi qu'aux
frais de mise en campagne qu'il avait promis à plusieurs
de ses alliés, le tout sans toucher à la recette qui devait se
faire des deniers royaux ordinaires, pendant ces trois années [1].

Henri, comme on le voit, avait médité son plan, depuis
le moment qu'il s'était vu maître paisible de son trône,
sans jamais le perdre de vue et en y concentrant toutes ses
pensées. Il en avait ajourné l'exécution avec une patience
et une prudence admirables, et il n'allait y procéder ouvertement qu'au moment où tous les moyens diplomatiques, militaires et financiers, préparés de longue main
avec une rare persévérance, se trouvaient mûris de manière à donner une certitude presque complète du succès :
car on avait eu l'attention de prévoir toutes les chances contraires, en leur donnant la plus grande latitude, et les
moyens d'action avaient été calculés en conséquence, afin
qu'il ne survînt pas des difficultés qu'on ne fût à même de
surmonter.

---

[1] *Mémoires de Sully*, l. xxxvii, p. 274-297

Le sort favorisait aussi Henri IV dans le personnel des ennemis qu'il aurait eu à combattre. La maison d'Autriche, contre laquelle l'Europe se levait en masse, ne comptait alors, ni en Espagne, ni en Allemagne, aucun prince qui fût doué de qualités assez énergiques pour pouvoir faire tête à des mesures si vastes et si bien combinées.

L'Espagne, épuisée d'hommes et d'argent, était gouvernée par un roi faible que les favoris dominaient. Les princes autrichiens, dans le reste de l'Europe, étaient entravés par l'esprit d'indépendance de leurs propres sujets, et nullement préparés à repousser par la force une attaque aussi formidable. L'on croyait donc, et différents indices le laissaient prévoir, que la maison d'Autriche entrerait en accommodement, et que plusieurs de ses princes, si ce n'est tous, se prêteraient de bonne grâce aux vues des coalisés. On ne la privait, après tout, que de pays qui sont pour elle l'objet de si grandes dépenses que tous les trésors des Indes n'y ont pas suffi, et on cherchait à l'indemniser en différents lieux par des établissements pour le moins aussi considérables, et certainement beaucoup plus riches.

L'empereur Rodolphe, d'un caractère pacifique, peu content de sa famille, et brouillé avec son frère, qui devait lui succéder, aurait probablement préféré de s'arranger à l'amiable que de s'engager dans une lutte dont les chances ne pouvaient personnellement lui donner aucun avantage..... « Il y a apparence, dit Sully, que, cédant à la force, il eût consenti à tout. Je suis même persuadé qu'il eût été le premier à demander de s'aboucher avec le roi de France, pour chercher les moyens de se tirer de ce mauvais pas, du moins avec honneur, et qu'il se serait contenté de l'assurance qu'on lui conserverait, sa vie durant, la dignité impériale, avec tous ses droits. Si ces apparences n'étaient pas trompeuses, l'Espagne, abandonnée de tout le monde, aurait subi, malgré elle, la loi de ses vainqueurs. Mais il faut supposer que toutes les branches de la maison d'Autriche se seraient réunies à cette occasion, et qu'elles auraient fait pour leur intérêt commun tous les efforts dont elles étaient capables; pour ce cas, le plan de campagne, tant en Allemagne qu'en Italie, était entendu et combiné. Les meilleures troupes, les plus grands capitaines de l'Europe ayant à leur tête Henri le Grand, marchaient aux acclamations de tous les peuples, pour conquérir leur indépendance et leur bonheur. Les princes les plus illustres aspiraient à la gloire de faire leurs premières armes sous ses yeux et de devenir ses compagnons dans de si nobles travaux; et si Henri eût vécu, il aurait vu briller dans ses rangs ce jeune Gustave-Adolphe, si digne de suivre ses exemples, d'adopter ses principes et de consolider ses œuvres[1].

Ce n'était pas le grand appareil de forces qu'on déployait, ni même l'habileté et la sagesse qu'on avait mises à les employer, qui donnaient la plus grande assurance du succès; c'était, par-dessus tout, la confiance sans bornes qu'inspiraient à l'Europe en mouvement le caractère éprouvé et la grande âme de Henri. Il n'entrait dans l'esprit de personne, pas même dans la pensée de ses ennemis, de supposer qu'il pût être question, dans ce qu'il entreprendrait, d'aucune autre chose que du bien commun et de l'avantage bien positif de chacun. Personne ne craignait ni arrière-pensée, ni attente trompée, ni mystification. Henri avait su donner à sa diplomatie l'empreinte de son caractère; on y voyait paraître continuellement le désir ardent de satisfaire à toute prétention juste, de ne jamais faire tort à personne, et de rendre service à tous.

[1] *Mémoires de Sully*, t. xxvii, p. 510.

Henri, durant sa vie, avait éprouvé trop de peines pour repousser froidement les vœux et les plaintes des opprimés ; un refus à donner lui coûtait trop, pour qu'il ne trouvât pas moyen de l'adoucir, et il était trop généreux pour humilier qui que ce fût, ou pour faire sentir sa supériorité. Les négociateurs qu'il employait avaient pris insensiblement les mêmes sentiments et les mêmes manières, et son cabinet allait introduire dans la politique, pour la forme aussi bien que pour le fond, cet esprit d'équité et de bienveillance, cette franchise, ces égards, cette bonhomie, qui lui gagnaient tous les cœurs, qui effaçaient les inégalités, écartaient les susceptibilités, et mettaient chacun à l'aise dans les discussions les plus épineuses qui se terminaient ainsi promptement par le seul effet d'une entière confiance.

Pour donner une idée exacte de la diplomatie de Henri-IV, nous ne pouvons nous dispenser d'extraire encore quelques passages des mémoires de son ministre. Nous les avons peut-être déjà trop prodigués ; mais lorsqu'on peut produire une telle autorité, comment ne pas en être glorieux et ne pas en tirer tout le parti possible? Le lecteur doit donc nous pardonner de ne pas lui épargner des citations qui viennent si fort à l'appui de nos opinions qu'on les croirait rédigées tout exprès pour en démontrer la justesse. D'ailleurs, dans un temps où tous les principes sont en discussion et où les vrais modèles sont si nécessaires, il devenait utile de rappeler avec quelque détail un fait unique et, sans contredit, le plus important et le plus admirable dans l'histoire des hommes ; fait qui pourtant paraît s'être effacé de leur mémoire, ou, tout au moins, n'y avoir laissé que de faibles traces.

« Aucune précaution, dit Sully, ne parut si nécessaire, et ne fut si fortement recommandée à nos négociateurs que de bien persuader à tous les souverains de l'Europe le désintéressement avec lequel Henri était résolu d'agir..... Nous protestions hautement qu'on pouvait compter sur les forces, sur les trésors, sur la personne même de Henri, et si gratuitement de sa part que, sans attendre d'en être requis, il se porterait de son propre mouvement à donner toutes les assurances les plus positives qu'il ne retiendrait à son profit ni une seule ville, ni un seul pouce de terrain, même comme dédommagement[1]. »

Quel prince, dans aucun temps et surtout dans notre siècle, a parlé et agi de la sorte?

« Cette modération, continue le ministre, dont à la fin personne ne douta, fit toute l'impression qu'elle devait faire, lorsqu'on put entrevoir qu'elle était d'autant plus généreuse qu'il y avait de quoi flatter et contenter la cupidité de tout le monde. En attendant que cette renonciation absolue fût devenue publique et solennelle, comme elle devait l'être dans les manifestes qu'on allait faire paraître, Henri s'empressa d'en donner une preuve frappante qui acheva de gagner le pape. Personne n'ignorait que, puisqu'il s'agissait de chasser l'Espagne de ses usurpations qui étaient le plus manifestement injustes, la Navarre et le comté de Roussillon ne pouvaient que revenir à la France. Le roi offrit volontairement de les échanger pour les deux royaumes de Naples et de la Sicile, et en même temps de faire présent de l'un et de l'autre au pape et à la république de Venise, ce qui était renoncer aux droits les plus incontestables qu'il pût avoir sur les dépouilles de cette couronne; enfin il remit cette affaire à l'arbitrage même du pape et des Vénitiens, ce qui les obligea d'autant plus sensiblement qu'il réunissait en leur faveur tout le profit

[1] *Mémoires de Sully*, t. xxx, p. 214. 215.

des parties et tout l'honneur du jugement. Aussi le pape, à la première proposition qui lui fut faite, vint de lui-même au-devant de Henri [1]. »

C'est ainsi que la modération de ce prince n'était pas de montre et de pur apparat. Ses paroles n'étaient pas des phrases pour en imposer aux crédules avec des restrictions mentales. Le dessein de Henri venait du fond de son cœur, était la première base de ses pensées et de ses vœux. Il en aurait donné des preuves qui, loin de s'affaiblir avec le succès, n'en seraient devenues que plus éclatantes ; à mesure qu'il se serait approché du but, il aurait cherché les occasions de donner le premier à ses alliés et à leurs successeurs des exemples admirables à suivre, qui auraient probablement imprimé pour longtemps à l'association européenne la même tendance d'équité et de bienveillance réciproque.

« Les manifestes qui étaient au moment de paraître au nom de Henri et des princes confédérés avaient été composés avec un fort grand soin. *L'esprit de justice, de droiture, de bonne foi, de désintéressement et de bonne politique* s'y faisait sentir partout. Sans découvrir encore en entier le fond de tous les changements qu'on voulait faire en Europe, on y faisait entendre que l'intérêt commun avait armé tous ces principes, non-seulement pour empêcher la maison d'Autriche de se mettre en possession des États de Clèves, mais encore pour la chasser des Provinces-Unies et de tout ce qu'elle possédait injustement ; que leur but était de partager toutes ses dépouilles entre les États et les princes les plus faibles ; qu'il ne fallait pas regarder cette entreprise comme un sujet qui dût rallumer la guerre par toute

---

[1] *Mémoires de Sully.* t. xxx. p. 215.

l'Europe ; que, quoique armés, les rois de France et du
Nord ne demandaient que le titre de médiateurs dans les
sujets de plainte que l'Europe faisait par leur bouche contre la maison d'Autriche, et qu'ils ne cherchaient qu'à terminer à l'amiable tous les différends de ces princes les uns
avec les autres; qu'ils ne prétendaient rien faire à cette
occasion, non-seulement que du consentement unanime
de toutes les puissances, *mais encore de tous les peuples
qu'on invitait à faire connaître leurs représentations aux
rois alliés.* »

« Telle aurait été aussi la substance des lettres circu-
laires que Henri et les princes ses associés eussent envoyées
en même temps sur tous les endroits soumis à leur puissance, afin que les peuples instruits joignant leurs suffrages,
il se fût fait un cri général contre la maison d'Autriche de
toutes les parties de la chrétienté. »

« Comme on était résolu d'éviter avec la derniére précaution de donner ombrage à qui que ce fût, et que Henri
voulait convaincre de plus en plus ses confédérés qu'il n'é-
tait occupé que de leurs véritables intérêts, il aurait joint à
tous les écrits d'autres lettres écrites dans les différentes
Cours, et en particulier aux princes ecclésiastiques de l'Allemagne et au duc de Lorraine. On aurait observé cette
conduite avec des ennemis même dans les lettres qu'on aurait écrites à l'archiduc et à l'infante sa femme, à l'empereur lui-même et à tous les princes autrichiens, en cherchant à les engager, par les motifs les plus forts et les plus
pressants, à prendre le seul parti raisonnable, celui de la
paix. Partout où l'on aurait porté ses pas, on n'aurait rien
négligé pour instruire, convaincre et faire naitre la confiance. On aurait porté jusqu'au scrupule l'attention à remplir les conventions, à distribuer les pays dont on eût pu

disposer, ou à les séquestrer jusqu'à décision; la force n'aurait jamais été employée qu'après qu'on aurait vu que les prières, les raisons, les ambassades et les négociations auraient été inutiles. Enfin, jusque dans l'exercice même de la guerre, on se serait moins comporté en ennemis qu'en pacificateurs. Henri avait imaginé un nouveau règlement de discipline dans son camp bien propre à produire cet effet, surtout si son exemple avait été imité par les princes ses alliés [1]. »

Quelle prévoyance, quelle habileté et quelle bonté supérieure! quel langage tout à la fois sage, noble et vrai! Comment tous ces écrits diplomatiques ne sont-ils pas devenus le bréviaire des princes et des ministres, qui pouvaient y puiser continuellement des leçons, des avertissements et des inspirations? Peut-on assez admirer et le plan sublime de Henri et la manière dont il allait l'exécuter! Comment a-t-on pu négliger de le méditer, et par quelle fatalité toute cette conception est-elle tombée dans l'oubli? Quel roi peut mériter le nom de grand auprès de Henri IV?... Ah! pourquoi la Providence n'a-t-elle pas prolongé les jours de cet homme sublime dans sa bonté? A quelle époque fera-t-elle naître un prince qui ait sa puissance et ses vertus?

Le succès allait couronner tant de persévérance et de nobles efforts. Tout était prêt et mûr, l'appareil militaire était déployé; il ne fallait plus que la première impulsion, et le monde l'attendait avec autant d'impatience que de joie. L'Europe entière allait se mouvoir pour un but fondé sur la justice et désigné par la bienveillance, lorsque le fer d'un assassin vint couper le fil de la plus belle vie et tromper l'attente des nations. On eût dit que le ciel trouvait les

____
[1] *Mémoires de Sully*, t. xxx, p. 225-227.

hommes encore indignes d'un si grand bonheur, ou que concevoir et exécuter une si haute idée eût été un mérit trop éclatant pour un simple mortel.

Jamais mort ne fit perdre plus de biens à l'humanité, ne la retint davantage dans ses progrès, et ne changea plus complétement les destinées de l'Europe.

Il serait superflu et affligeant de s'étendre davantage en conjectures sur ce qui serait arrivé si le grand Henri avait assez vécu pour consolider son ouvrage; ce qui est certain, c'est que, dans cette supposition, les deux siècles écoulés depuis sa mort n'auraient pas été perdus en calamités et en crimes inutiles; la civilisation, tout en faisant d'immenses progrès, n'aurait pas couru le risque de tomber dans des égarements qui l'ont obscurcie, et se serait peut-être épanchée complaisamment dans toutes les parties du monde; nous aurions échappé aux infortunes et aux injustices qui ont atteint toutes les nations; et enfin l'Europe, autrement constituée que nous la voyons, jouirait déjà du repos après lequel elle soupire encore, et d'un bonheur qui nous semble maintenant fabuleux.

CHAPITRE XIII

DE LA SITUATION ACTUELLE DE L'EUROPE COMPARÉE
A CELLE DU TEMPS DE HENRI IV

Que diraient Henri et Élisabeth, s'ils revenaient dans notre monde? Quelle serait leur douleur en voyant les changements que l'Europe a subis! Leur première surprise serait cette Moscovie, sur laquelle Sully s'exprime avec tant d'indifférence, qui, accrue dans toutes les directions, dicte maintenant des lois au continent toutes les fois qu'elle veut s'en donner la peine, empêche et arrête toute combinaison utile et tout progrès désirable, et est un objet perpétuel d'alarmes par la facilité qu'elle a toujours de porter sa domination vers le midi et l'occident, tout en restant inattaquable par l'orient et le nord.

Étonnés de l'addition au système européen d'une puissance devenue sitôt gigantesque, qui en a rompu l'équilibre, les deux monarques réformateurs seraient surtout profondément affligés de la manière dont la Russie est venue prendre part aux affaires politiques du monde civilisé. Toute addition cependant à ce système est, comme ils l'avaient bien senti eux-mêmes, un événement heureux en soi, puisque le résultat final de leurs combinaisons était la propagation du principe fondamental qu'ils avaient adopté;

et nous voyons, même de nos jours, que, malgré les vices introduits, le système européen n'en prend pas moins une telle extension que tôt ou tard il doit lier et comprendre toutes les parties du monde.

Malheureusement la Russie s'est introduite dans l'association européenne, non par des services réels, en défendant son indépendance et ses institutions, en respectant les règles et les limites que le traité de Westphalie avait prescrites, mais bien, au contraire, en les brisant et en opprimant d'anciens membres de cette association qui avaient droit à la sollicitude et à la reconnaissance de leurs coassociés.

Henri et Élisabeth verraient la Suède, dont les efforts dans la cause générale furent si glorieux, dépouillée et réduite à une complète impuissance, et la Pologne, qu'ils voulaient particulièrement favoriser, effacée de la liste des États souverains ; leur grande âme s'affligerait sûrement du sort d'une nation valeureuse, abandonnée de toute la chrétienté, à qui pourtant, pendant des siècles, elle avait rendu de pénibles et glorieux services, d'une nation qui, sur son sol mis en pièces, conserve encore religieusement tous les liens du langage, des mœurs, des souvenirs, de la parenté et des affaires, en un mot, toute l'unité nationale, tous les éléments les plus forts d'une seule et même patrie. Triste spectacle donné au monde d'un corps déchiré en quatre quartiers, qui tiennent cependant ensemble par des fibres sanguinolentes où circule encore le fluide vital qu'on veut vainement lui ravir. Le roi de France et la reine d'Angleterre détourneraient leurs yeux du long martyre d'une nation qui sent profondément ses douleurs, et, dans une pensée commune, ces deux grands souverains en viendraient à conclure que l'apparition de la Russie en Europe, utile et désirable sur un pied d'équité et d'égalité, es devenue, par suite de ses envahissements, une source funeste de nouvelles complications qui rendent bien plus difficiles maintenant les sages combinaisons qu'ils avaient conçues et coordonnées.

En promenant ensuite leurs regards sur le nord de l'Allemagne, ils y apercevraient avec une égale surprise une nouvelle puissance que rien n'annonçait encore de leur temps, et que toute leur sagacité n'avait pu leur faire pressentir, parce qu'elle était hors du cours naturel des choses. La maison de Hohenzollern, qui, après des princes saxons dépossédés, avait été promue, dans le quinzième siècle, à la possession du margraviat et de l'électorat de Brandebourg, se trouvait, du temps de Henri IV, parmi les États qu'il protégeait et que l'Autriche voulait exclure de la succession de Clèves. Le pays appelé *Prusse*, qui, par sa position géographique au débouché de la Vistule, et par sa population, en majeure partie lithuanienne et slave, n'aurait jamais dû appartenir à l'Allemagne, avait été également partagé dans le quinzième siècle en deux parties, dont l'une, plus rapprochée des frontières allemandes, fut incorporée au royaume de Pologne, tandis que l'autre, sous le nom de *Prusse Ducale*, plus éloignée de l'Allemagne et enclavée dans les domaines de la Pologne, fut érigée en principauté vassale de cette couronne. Les électeurs de Brandebourg, à cause de leur parenté avec les premiers ducs de Prusse, parvinrent dans le seizième siècle à se faire accorder ce fief par les rois de Pologne qui commirent la grande faute, à l'extinction de la ligne directe, de ne pas user de leurs droits, en réunissant le fief à leur couronne, et en le laissant passer à des princes souverains qui avaient un genre d'existence entièrement séparée et indépendante

du nouveau pays qui leur fut concédé. A la fin du dix-septième siècle, l'Europe fit une autre faute, en permettant,
l'on ne sait trop pourquoi, qu'une province vassale de la
Pologne prît le titre de royaume. C'était imprudemment
porter au suzerain un coup sensible : c'était, d'une part,
ajouter une nouvelle complication aux affaires de l'Allemagne, et, de l'autre, augmenter les dangers et les causes
du déclin d'un ancien État que l'Europe et l'Allemagne
même avaient déjà tant de motifs puissants de conserver et
de raffermir.

La maison actuellement régnante de Brandebourg, depuis son établissement sur le siége électoral, avait produit
plusieurs princes habiles, prudents, économes et ambitieux qui se passèrent de main en main leurs plans d'a-
grandissement. Ils créèrent leur monarchie par une suite
de spoliations qui s'accrurent lorsque la dignité royale attachée à un fief reversible à une autre couronne, eut sti-
mulé leur soif d'agrandissement. Henri et Élisabeth pen-
seraient sans doute qu'il n'y a rien de plus funeste à la
sûreté et à la tranquillité générale que des États dominés
par la passion de sortir, à toute force, du degré de puissance qui leur est assigné par la nature des choses. Parce
qu'ils ont dépouillé un voisin, c'est pour eux une raison
de dépouiller celui qui vient après; la position incertaine
d'une province qu'ils viennent de s'approprier est un motif
déterminant pour s'arrondir et pour étendre les nouvelles frontières, afin d'établir une communication plus
directe et plus commode avec les incorporations précé-
dentes.

Le grand Frédéric plaça le Brandebourg à une hauteur
que son génie devait faire respecter et excuser, et que lui
seul pouvait réellement soutenir. Ses successeurs, pour ne

pas déchoir, n'eurent d'autres ressources que de continuer un système d'empiétement et d'accaparement continuel.

La cour de Berlin, après avoir été complice du crime envers la Pologne, réussit à tirer de l'anéantissement de ce royaume l'argument péremptoire qu'il était de l'intérêt général de consolider la monarchie prussienne, destinée à remplacer la Pologne, comme boulevard de l'Europe contre la puissance menaçante de la Russie. Le cabinet de Berlin, en variant ses prétentions selon la possibilité de les faire agréer aux monarques influents de chaque époque, s'efforça de persuader tantôt à Napoléon dans sa toute-puissance, tantôt à l'Angleterre, à la Russie, à l'Autriche elle-même, qu'il était de l'avantage de tout le monde de lui laisser prendre tout ce qui pouvait être à sa convenance.

La Prusse répéta si souvent et sous tant de formes le même raisonnement, qu'elle réussit à l'enseigner aux autres cabinets, et à le faire adopter par le congrès de Vienne ; elle finit par s'en pénétrer elle-même au point de ne plus douter de l'équité et de la droiture de sa politique. Incorporer une province de plus dans ses frontières, lui parut un acte méritoire ; lui appartenir fut à ses yeux un sort toujours désirable pour la victime de son ambition, parce que c'était un sacrifice qui était réclamé par le bien général : de telle sorte que le gouvernement prussien se sentait surpris dans sa bonne foi, quand des princes légitimes et des populations compactes exprimaient simultanément le vœu de se maintenir et protestaient hautement contre l'usurpation.

Henri et Élisabeth y regarderaient de plus près, et ne manqueraient pas de reconnaître que la Prusse est plutôt un satellite qu'un antagoniste de l'Autriche ; ils jugeraient, au fond, qu'il ne saurait y avoir de combinaison

rajustée qui puisse remédier à une injustice, ni d'ordre
factice qui puisse remplacer ce que le droit et la nature
avaient établi. Il n'y a qu'à jeter les yeux sur la carte pour
se convaincre que la Prusse ne saurait garantir l'Allemagne
de la puissance russe; car cet empire, rapproché de l'Europe depuis le partage de la Pologne, dépasse la Prusse par
ses frontières et s'avance directement sur l'Allemagne. Au
moyen de cette position menaçante, il prend à revers d'une
part les possessions polonaises de la Prusse jusqu'à l'embouchure de la Vistule, de l'autre la Gallicie jusqu'aux Kar-
pathes et au Dniester, dont le cours lui appartient déjà. Les
habitants de ces deux contrées seront toujours enclins à se
réunir à leurs frères de Varsovie et de Podolie. Ainsi, pour
la sûreté de l'Europe, et plus particulièrement de l'Allemagne, il fallait laisser les choses comme la Providence les
avait disposées; il fallait sur ce point une nation intermédiaire qui, par son caractère et par sa constitution, n'eût
et ne pût jamais avoir qu'une force défensive, et il était de
l'intérêt général, ainsi que Henri et Élisabeth l'avaient jugé,
de rendre cette nation puissante et solidement établie dans
ses foyers.

Depuis longtemps, la diplomatie européenne aurait dû
chercher les moyens de réunir la Prusse ducale à la Pologne.
Cette réunion était même entrée dans les vues du cabinet
de Russie pendant la guerre de Sept ans, lorsque le génie
guerrier et entreprenant de Frédéric inspirait des alarmes
sérieuses à l'impératrice Élisabeth, et lui faisait désirer
d'éloigner de ses États ce dangereux voisin. Depuis que la
maison de Brandebourg a compliqué les affaires du Nord,
il est plus que surprenant que les puissances de l'Europe
centrale n'aient jamais pensé à les simplifier en plaçant
une branche de cette même maison sur le trône réuni de

la Pologne et de la Prusse. Cet arrangement aurait tout concilié, si, dans le même temps, la monarchie de Brandebourg, proprement dite, qui est éminemment allemande, s'était fixée à l'idée de devenir séparément un centre de force, de lumières et de sécurité pour le nord de l'empire germanique, et si, comme elle y est appelée, elle avait tourné de ce côté toutes les vues d'une sage et bienfaisante politique. Maintenant, malgré ses grandes acquisitions, cette monarchie, qui aspire toujours à rester puissance du premier ordre, n'est rien moins que parvenue à son but. Ses possessions morcelées, dont quelques-unes communiquent à peine, n'ont aucune unité de position ni d'intérêt. Si l'on observe la distribution de ses Etats, l'on y voit trois corps séparés par leur position géographique, par leurs relations et leurs débouchés, par l'esprit et les vœux des habitants. La monarchie qui porte le nom de Prussienne ne peut donc tenir ensemble qu'en continuant d'être entièrement militaire, ce qui n'est guère conforme aux intérêts de l'association européenne. La Prusse ne peut soutenir son rang que par une grande force en permanence, et, par conséquent, en surchargeant ses peuples d'impôts; mais cela même ne saurait lui suffire : elle est dans une position où, pour arriver à plus de consistance et à l'unité, elle est forcée de spéculer sur des familles qui s'éteignent, de convoiter des arrondissements, de projeter des échanges, ce qui ne peut manquer de donner une fièvre d'alarmes à tous ses voisins [1].

---

[1] Malgré ces graves inconvénients, par rapport à la politique extérieure, il est juste de dire que, de toutes les dominations envahissantes, c'est dans le lot de la Prusse qu'en désespoir de cause les peuples voués à l'assujettissement devraient préférer tomber : car le gouvernement de cette monarchie n'est ni tracassier ni inquisitorial. Il est beaucoup plus libéral qu'on ne pourrait le croire, et semble paternel pour ses sujets, pourvu qu'ils payent.

Henri et Élisabeth éprouveraient donc du regret de ce qu'on a laissé s'élever au nord de l'Allemagne une puissance à peu près du même genre que celle qu'ils avaient voulu effacer au midi, une puissance dont les possessions sont en grande partie en dehors du corps germanique: ce qui complique et compromet l'existence de ce corps par le mélange de plusieurs éléments hétérogènes. En effet, l'Autriche et la Prusse devinrent rivales et déchirèrent l'empire par leurs guerres privées; mais, après lui avoir fait elles-mêmes le plus de mal possible, après s'être inutilement épuisées, elles sentirent le besoin du repos, et préférèrent, d'un commun accord, prendre à elles deux l'Allemagne en tutelle, que de continuer une lutte dont les profits étaient plus qu'incertains.

L'empire germanique, objet constant des sollicitudes de Henri IV, s'est donc trouvé, après tant de malheurs éprouvés et de leçons perdues, plus mal constitué que jamais. Dans le midi, le nombre des États a été diminué pour en former de plus étendus : ce qui pouvait avoir ses avantages, si on avait su obtenir ce résultat sans trop froisser des droits existants. Dans le nord, où beaucoup de membres immédiats de l'empire ont été sacrifiés à l'échafaudage mal assuré de la maison de Brandebourg, il en est resté néanmoins un grand nombre, et comparativement des plus petits. A tout prendre cependant, Henri et Élisabeth trouveraient que l'Allemagne conserve toujours sa vie fédérative, avec un besoin égal d'union et de concert national, mais avec une bien plus grande difficulté de trouver un mode convenable pour y parvenir.

Les obstacles qui s'opposent à ce vœu national ont, en effet, doublé depuis deux cents ans. L'Allemagne, pour redevenir elle-même, pour acquérir l'importance qui lui re-

vient, de droit dans les affaires de l'Europe, devrait être
séparée, d'une part, de l'empire d'Autriche, de l'autre, de
la monarchie prussienne : bien entendu, si cette monarchie s'obstine à vouloir être autre chose qu'un membre du
corps germanique. Tant que ces deux potentats, qui, par
des possessions étrangères, sont devenus trop prédomi-
nants, pèseront de tout leur poids sur ce qui reste de ce
grand corps fédéré, ils en paralyseront l'énergie, ôteront
toute réalité, toute liberté à ses délibérations, et détrui-
ront la possibilité de les faire servir à consolider son union
et sa pleine indépendance.

Au fait, dans toute l'Europe, les deux souverains réformateurs ne pourraient guère trouver que la Hollande dans
une situation à peu près semblable à celle qu'ils voulaient
lui assurer, — renforcée, selon leurs désirs, d'une partie
des Pays-Bas, quoique sans les arrondissements allemands
qu'ils lui destinaient de préférence.

Ils verraient avec joie la Suisse encore à sa place,
mieux unie que de leur temps, mais assez renforcée pour
qu'elle rende à l'Europe le service éminent d'empêcher
tout contact de la France et de l'Allemagne avec l'Italie,
et pour qu'elle puisse devenir le corps intermédiaire destiné à préserver ces grandes masses d'un frottement immédiat.

Rien ne les étonnerait davantage, dans leur revue de
l'Europe, que cette Espagne qu'ils avaient laissée autrichienne, formidable, prépondérante, et qu'ils retrouve-
raient sous la domination d'un Bourbon, mais tombée dans
l'anarchie, dans la faiblesse, dans la nullité la plus complète. Ils ne pourraient s'empêcher de blâmer leurs successeurs de n'avoir pas su remédier à temps à d'aussi funestes résultats, et sauver le roi sans perdre la monarchie.

Beaucoup de choses avaient éprouvé du changement en Europe. Une révolution, désastreuse par ses excès, avait brisé le trône de France. Une autre révolution, non moins extraordinaire, l'avait restauré. Certains pays avaient reçu des dynasties et des formes de gouvernement différentes; d'anciens États avaient décliné ou disparu, de nouveaux s'étaient montrés et avaient grandi... Une seule chose n'avait pas varié, un seul fait était toujours resté le même, et c'était précisément ce que Henri et Élisabeth avaient tant à cœur de changer... La maison d'Autriche, déplacée de l'Espagne où il aurait fallu la confiner, s'était maintenue en Allemagne, toujours impassible, imperturbable, toujours composée des mêmes éléments. Sa puissance, au lieu de diminuer, s'était considérablement accrue ; elle pesait plus sur l'Allemagne, où elle avait fait des acquisitions qui rendaient ses États plus compactes, et elle avait réuni à la Lombardie tous les États de la puissante république de Venise : de telle sorte que l'Autriche et l'Italie semblent ne composer aujourd'hui qu'un seul et même empire. Ah! sans doute, une profonde affliction se laisserait voir sur les traits de Henri et d'Élisabeth au spectacle de la situation de cette antique Italie.

Ils la verraient, cette terre classique, malgré ses avantages naturels, toujours souffrante sous le joug étranger, sans force, sans énergie, ayant conservé quelques princes impuissants, sans véritable indépendance, et condamnée à des destinées qui, sous plus d'un rapport, peuvent se comparer à celles de la malheureuse Pologne.

Avant de parcourir les différentes contrées de l'Europe, ainsi que nous l'avons supposé, Henri et Élisabeth auraient sans doute porté leurs regards sur leurs propres royaumes, et leur histoire pendant les deux siècles écoulés depuis

leur mort leur aurait fourni de graves sujets de méditations. Peut-être auraient-ils excusé quelques-unes des spoliations qui les avaient tant révoltés ailleurs, par cette considération qu'elles étaient la suite nécessaire des maximes
subversives admises dans la diplomatie de l'époque. En effet, les plus grands États, à qui leur ancienneté et leur
puissance ne devaient inspirer que le désir de propager et
de maintenir l'ordre et la justice parmi les nations, avaient
eux-mêmes enseigné et pratiqué une politique mesquine
et rapace. Le petit-fils de Henri le Grand, au lieu de faire
servir ses grands moyens au but louable et glorieux de son
aïeul, les avait employés à semer le trouble en Europe. Il
avait armé les peuples les uns contre les autres, et s'était
attiré à lui-même des guerres désastreuses dont les suites
lui ôtèrent la possibilité de maîtriser les fâcheuses révolutions qui, vers la fin de son règne, commencèrent à changer la situation du nord de l'Europe.

Il faut bien en convenir, c'est Louis XIV qui, par ses
spoliations ambitieuses, a fourni des exemples et des
prétextes sans fin à toutes celles qui furent successivement
tentées ou exécutées dans chaque partie de l'Europe; c'est
Louis XIV qui a donné la première impulsion à cette politique sans principes et sans foi dont le traité de Westphalie,
conclu pendant sa minorité, avait suspendu les funestes
effets.

Dans cette situation des choses, tandis que les grandes
puissances, gardiennes de l'Europe, perdaient successivement toute idée de justice et de devoir, est-il étonnant que
des États nouveaux, comme la Russie et la Prusse, aient
pensé qu'il leur était aussi permis de suivre les exemples
donnés par leurs pairs les plus anciens et les plus élevés
en dignité et en pouvoir?

Au fait, dans un temps où l'immoralité était générale dans la diplomatie européenne, on ne savait trop de quel côté attendre une première lueur de justice. Il était difficile de dire quel cabinet méritait un blâme, puisque tous se trouvaient également pervertis, au point qu'une bonne action en politique était considérée comme une rêverie.

Henri IV, en considérant les acquisitions de la France, n'aurait pu revenir de son étonnement de ce que, dans le moment de ses plus grands succès, elle n'avait jamais su se contenter de ses limites, seul moyen d'acquérir une force réelle et une solide gloire.

Élisabeth n'aurait pu s'empêcher de trouver répréhensible la politique de l'Angleterre dans les pays coloniaux ; mais elle l'aurait vue avec joie se déclarer assez souvent le soutien de l'équilibre continental. Élisabeth aurait été fière des derniers efforts de son peuple pour défendre l'indépendance de l'Europe, mais elle aurait vu avec peine qu'au milieu des succès les plus décisifs, la grande idée d'employer sa prépondérance au bien général des nations ne fût pas entrée dans les éléments de la politique du gouvernement anglais. Si cette idée avait pu animer les conseils de la Grande-Bretagne, il y aurait eu possibilité de sympathie avec la politique de la France, et même avec celle de l'empereur Alexandre, qui, dans diverses occasions, montrèrent de nobles dispositions dont il fallait se hâter de profiter.

L'on ne saurait en disconvenir, ce prince, à qui ni ses sujets, ni l'Europe, n'ont assez rendu justice, avait des traits de ressemblance avec les deux grands souverains que nous avons évoqués du tombeau. Sa magnanimité envers les Polonais incorporés à la Russie, au moment où, après avoir combattu contre lui, ils retombaient sous ses lois ; son premier désir de réparer envers une nation malheureuse les torts de ses prédécesseurs, et de combiner au moins une ombre de justice avec les faux errements d'une diplomatie dont il ne pouvait se délivrer; la noble vengeance qu'il tira de la France, en se portant, à plusieurs reprises, son défenseur contre l'animosité et les vues ambitieuses de ses alliés, la fraternité d'armes qu'il voulait établir entre les souverains, pour prévenir leurs discussions par une amitié personnelle; enfin cette idée de la Sainte-Alliance, sortie pure de son esprit, mais souillée et profanée par les diplomates, sont autant d'actes et de sentiments qui établissent une ressemblance remarquable entre Alexandre et les deux souverains réformateurs dont nous nous occupons.

C'est à ces beaux traits de caractère qu'Alexandre a dû sa gloire et ses succès; ils l'ont rendu capable de conduire la coalition jusqu'à la restauration des Bourbons. Si les cabinets avaient été bien intentionnés, ils auraient dû sentir combien il importait de suivre ce puissant souverain dans une si noble tendance et de mettre tous leurs soins à le préserver de cette influence autrichienne dont le fatal effet devait être de paralyser ses généreuses dispositions et de donner une fin terne et morne à un règne si glorieux dans ses commencements.

La lecture de Quinte-Curce fut, dit-on, la première cause des exploits de Charles XII. Peut-être avons-nous à déplorer qu'Alexandre n'ait pas lu les Mémoires de Sully. La connaissance des desseins de Henri IV aurait peut-être donné à son âme l'impulsion et la force nécessaires pour marcher, sans hésitation, vers un but qu'il désirait sincèrement, mais qu'il n'avait fait qu'entrevoir, sans avoir pu en acquérir une idée juste et complète.

CHAPITRE XIV

Les événements de notre siècle marchent avec une telle vitesse, que la plume de l'écrivain ne peut jamais les atteindre. Il en résulte que la plupart des écrits politiques qui paraissent de nos jours n'ont jamais le fini d'un ouvrage fait à loisir et trahissent la précipitation qu'on a mise à les terminer. Cette hâte est en quelque sorte commandée à l'auteur par l'intérêt de la nouveauté.

Notre travail aura la même imperfection sans avoir les mêmes excuses; car il a la prétention d'être quelque chose de plus qu'un ouvrage de circonstance et de laisser des impressions profitables pour l'avenir. Aurions-nous entièrement perdu nos peines? Une justice qu'on nous rendra. c'est d'avoir écarté toute partialité nationale, de n'avoir flatté personne, et d'avoir dit toute la vérité. Mais peut-être avons-nous été trop avares de louanges et trop prodigues de censure. Quoi qu'il en soit, pour montrer la diplomatie telle qu'elle est, nous devions rappeler ce qu'elle a produit; pour indiquer ce qu'elle devrait être, il fallait en rechercher les principes dans la nature et dans la religion ; enfin, pour prouver que ces principes étaient susceptibles d'application, nous avons présenté aux souverains deux grands mo-

21

dèles qu'ils ne sauraient repousser; deux modèles apparus dans un temps où il n'existait pas encore de théories sur le droit des gens, ni même de science qui portât ce nom.

La difficulté n'est pas de comprendre et d'appliquer ces principes et ces combinaisons, mais de trouver du simple bon sens, de la bonne foi et une ferme volonté. Ces qualités, portées à un haut degré, ont inspiré à Henri et à Élisabeth leur sublime projet, et elles suffiraient encore pour le faire reprendre, pour reproduire les mêmes idées, les mêmes sentiments, pour faire triompher l'amour de la justice qui les anima et qui seul fait les grands hommes et les grandes choses. Heureux sans doute le siècle où les souverains, saisis d'une sainte vénération pour de tels modèles, se diront à chaque événement, à chaque difficulté : *qu'auraient-ils fait à notre place?*

Tout en cherchant à donner aux éléments de la diplomatie l'unité qui leur est nécessaire, nous avons bien senti que les voies et moyens n'étaient nulle part plus nombreux et plus divers ; car ils doivent varier à l'infini, comme les circonstances dont le cours est souvent imprévu, et selon le genre et la force des obstacles accumulés par les injustices passées, toujours maintenues obstinément par les passions présentes. C'est pourquoi nous avons cru utile dans le cours de cet écrit d'indiquer quelques-unes de ces variations, en proposant les modes d'exécution, les termes moyens qui pouvaient mener plus ou moins directement au but de la véritable diplomatie. Mais, loin de penser que nous ayons épuisé le nombre infini des cas particuliers et des combinaisons qu'ils pourraient amener, nous avons à peine pu les aborder, et nous nous sommes contenté d'émettre le vœu que l'humanité ne soit plus condamnée à faire des pas rétrogrades. Son bonheur ne peut s'obtenir par des efforts isolés. Un gouvernement, quelque puissant qu'il soit, ne pourra jamais produire seul un bien solide dans le monde politique. Il faut que sa voix soit comprise, appuyée, soutenue par quelques autres gouvernements ; alors l'accent de la justice se répétera et entraînera tous les États, pourvu qu'il ne s'y mêle aucun intérêt matériel, aucune arrière-pensée.

Pour le salut de l'humanité il suffirait donc que deux souverains semblables à Henri et à Élisabeth, que deux gouvernements animés de leur génie vinssent à former de nouveau le projet de commencer, comme eux, la réforme de la diplomatie et le règne de la justice sur la terre. Quel objet plus digne de méditation et de concert !

Parmi les puissances qui seraient appelées à ce rôle glorieux, l'Angleterre et la France se présentent encore en première ligne. La position isolée de la première doit la rendre étrangère aux ambitions continentales et l'intéresser fortement à ne voir régner en Europe que la justice. Plus le continent sera libre et heureux dans toutes ses parties, et plus l'Angleterre y trouvera d'avantages pour son commerce et pour son industrie.

La France, son émule en civilisation, si son gouvernement, devenu un jour aussi éclairé que la nation, comprend les sentiments loyaux et généreux qui l'animent et marche de concert avec elle, ne peut manquer de reconnaître que les principes purs et désintéressés de Henri IV sont encore les seuls qui conviennent à sa politique, et qu'elle ne saurait être en harmonie avec sa position et ses destinées qu'en dirigeant sans cesse son action vers la justice et l'humanité.

Ces deux puissances, les plus avancées dans toutes les voies de progrès social, sont aussi celles qui, d'après la na-

ture des choses, doivent les premières se donner la main pour
cette grande œuvre. Ce qu'elles étaient disposées à faire au
seizième siècle, elles peuvent encore le tenter au dix-neu-
vième, peut-être avec plus de certitude, car le régime
constitutionnel, commun aux deux gouvernements, est désiré par tous les peuples et conduit naturellement à la
sauvegarde de leurs droits et au maintien de la justice.

Dans tous les cas, une alliance entre l'Angleterre et la
France, un rapprochement sincère et intime entre ces deux
royaumes qui se trouvent à la tête de la civilisation, sera
un événement heureux pour l'humanité, et pourra être
considéré comme l'avant-coureur d'une réforme diplomatique.

Après la France et l'Angleterre, ou à défaut de l'une
d'elles, aucune puissance ne pourrait être plus en mesure
que la Russie pour entrer dans ces grandes vues. Son
étendue démesurée devrait la rendre désintéressée et im-
partiale dans les différends qui partagent le reste du globe ;
elle pourrait devenir magnanime sans effort, et faire à la
justice des concessions qui n'entameraient nullement sa
véritable puissance. Elle est à elle seule un monde qui
fournit d'immenses ressources, et qui, sur une terre encore vierge, réclame de ses maîtres d'utiles travaux. En
se concentrant, en se repliant sur elle-même, en s'entou-
rant d'amis et d'alliés fidèles, elle pourra, par des pertes
apparentes, gagner en réalité et augmenter sa force morale et fédérative, sans rien perdre de sa force matérielle
et isolée.

Si la Russie était gouvernée par un prince qui donnât
un plein essor aux qualités généreuses de l'empereur
Alexandre et aux nobles pensées qu'on suppose l'avoir occupé pendant assez longtemps, cet empire, au lieu d'être

l'épouvante de l'humanité, pourrait en devenir le bienfaiteur [1].

Mais aucune puissance ne devrait rester étrangère à des
vues aussi simples, aussi naturelles et bienfaisantes, et
peut-être les bonnes pensées naîtront-elles là où nous
avons moins le droit de les attendre.

Quels que soient les souverains et les cabinets qui, un
jour ou l'autre, entreprendront cette noble tâche, qu'ils la
poursuivent sans précipitation et, s'il est possible, sans secousses; que leur premier soin soit, dorénavant, d'empêcher entre les nations toute oppression, de quelque
nature qu'elle soit. En donnant seulement à la diplomatie
l'allure de la justice et de la modération, ils lui faciliteront
les moyens de réparer d'anciennes iniquités, lorsque le

[1] La guerre d'Orient (1828) a failli conduire à ce résultat. Cette guerre,
comme on l'a fort bien remarqué, était celle de la civilisation contre la barbarie. L'insurrection de la Grèce en avait été le signal. Les peuples européens l'avaient compris et s'étaient spontanément portés à seconder, malgré
leurs gouvernements, un mouvement qui tendait à relever les droits de
l'humanité. C'était un événement providentiel, qui protestait hautement
contre la fausse déviation de la Sainte-Alliance.

En Angleterre, ni le gouvernement ni la nation ne l'ont compris. Dans ce
pays on n'a vu que l'intérêt matériel du moment. On a craint une chose qui
devait en effet arriver : le commerce du Levant reprenant son cours primitif
et naturel avec les peuples de tout le contour de la Méditerranée.

En France, la nation a compris, mais non le ministère malheureusement.
Celui qui lui succéda avait en dernier lieu saisi la question sous son véritable
aspect. L'alliance offensive et défensive avec la Russie était arrêtée. Elle aurait
conduit au plan de Henri IV, avec les modifications voulues par le temps. La
Russie aurait eu Constantinople, et son empire serait devenu fédératif. La
Pologne serait redevenue une puissance défensive. L'Allemagne aurait formé
un seul corps sous le protectorat de la Prusse. La France aurait réuni toutes
les populations françaises, et ses nouvelles frontières auraient été tout à la
fois naturelles et nationales. L'Autriche aurait définitivement renoncé à
l'Italie pour recevoir d'amples dédommagements du partage de la Turquie,
enfin la Grèce aurait été pleinement restaurée.

Toutes ces mutations se seraient faites dans leur temps; elles étaient la
conséquence nécessaire de l'alliance entre la France et la Russie. L'Angleterre n'aurait pu y mettre obstacle, et en dernière analyse elle aurait,

cours naturel des événements aura marqué l'instant des réparations et des redressements.

Autant il serait imprudent et présomptueux, même avec les meilleures intentions, de vouloir provoquer les événements quand ils ne sont pas mûrs, quand ils ne sont pas amenés naturellement par les circonstances, autant on se rendrait coupable et criminel en les repoussant quand la Providence semble les amener tout exprès pour commencer d'améliorer l'existence des nations. Ce serait contrarier ses voies pour soutenir un ordre opposé à la justice, en dépit de la pente naturelle des choses.

Les princes bienfaiteurs de l'humanité manifesteraient donc à chaque occasion leurs principes, prêcheraient d'exemple ; ils s'efforceraient d'introduire dans les rapports

comme toutes les autres, trouvé son avantage dans ce changement général, parce qu'il aurait été définitif et qu'il aurait mis les hommes et les choses en parfaite harmonie.

L'auteur de l'*Essai sur la diplomatie* avait donc fort bien prévu ce qui devait arriver, si le cabinet de France avait connu les vrais intérêts de la nation, et si le ministère Polignac avait pu avoir une telle portée. Il avait prévu les événements dont on pouvait profiter pour reprendre le plan de Henri IV. Il se disait que dans l'ordre naturel la France et l'Angleterre devaient prendre l'initiative comme au temps de Henri IV ; mais au défaut de l'une ou de l'autre, il désignait la Russie.

Ses prévisions étaient justes et se seraient réalisées sans le ministère du 8 août. C'est encore un obstacle élevé par la vieille diplomatie qui joue de son reste. Quoi qu'elle fasse, ce qu'elle craint arrivera. Les affaires d'Orient sont loin d'être terminées ; elles porteront leur fruit.

Les événements providentiels se succèdent, et il faudra bien qu'ils soient profitables à l'humanité. Qui sait à quoi aboutira la guerre d'Alger ? Ne faudra-t-il pas en finir avec don Miguel ? La condamnation de M. Potter assure-t-elle l'incorporation de la Belgique à la Hollande ? La révocation de la loi salique resserre-t-elle le pacte de famille ?

On voit assez quelle stabilité la diplomatie de la Sainte-Alliance a procuré à l'Europe, et quelle rare habileté les diplomates ont déployée dans les congrès. Il en sera toujours de même tant qu'on circonscrira la diplomatie dans ses vieux errements. La nécessité de la réforme proposée par l'auteur de cet *Essai* se fait sentir chaque jour davantage. Le siècle la demande, l'exige ; il l'obtiendra. *(Note de la 1re édition.)*

internationaux des formes conservatrices propres à empêcher, à chaque discussion, la voie des armes et l'appel à la
force. L'action de leur diplomatie tendrait à faire adopter
aux membres de l'association européenne, pour règle constante, que, dans toute occasion, il faut avoir recours à
une médiation des autres États, avant de se croire en droit
de se faire justice à soi-même.

La diplomatie des anciens prescrivait certaines formes
solennelles avant qu'un peuple se crût justifié de déclarer
la guerre et de commencer les hostilités, et rarement
Rome république se permit d'enfreindre cette loi sacrée.
La nécessité, dans tout différend, de recourir préalablement à la médiation devrait être de rigueur dans le droit
européen. Elle mènerait, avec le temps, à introduire entre
les nations la coutume de l'arbitrage, dans laquelle chacune trouverait tour à tour son avantage, lorsque les formes
d'équité et la confiance réciproque auraient pris racine
dans les relations des États.

En garantissant ainsi la paix de l'association européenne, les puissances alliées, pour un résultat si grand
et si beau, sentiraient aussi, comme Henri le Grand, cette
autre nécessité de préparer quelque part une issue aux
passions inquiètes, et chercheraient, au besoin, à tourner
leur action vers les pays qui gémissent sous des dominations antisociales et antichrétiennes.

Là pourrait s'offrir une carrière aux princes dépossédés,
aux ambitions déçues, aux esprits trop ardents qui cou-
rent après les jouissances du moment avant d'avoir appris
à goûter les douceurs d'un bonheur tranquille et sans regrets. C'est un champ toujours ouvert à de nouvelles combinaisons, à des compensations exigées par des privations
volontaires et par de nobles sacrifices faits à la justice.

Mais ces compensations ne sauraient avoir lieu qu'en libé-
rant et régénérant des nations souffrantes ou abruties, et
en les associant pleinement à tous les bienfaits de la paix,
de l'indépendance, de la civilisation.

Ces vues bienfaisantes s'étendraient de proche en proche
sur toutes les parties du globe, et embrasseraient dans
une seule sphère de justice et de bienveillance le genre
humain tout entier. Sa tendance vers le mieux ne serait
plus incertaine et vacillante ; son activité ne s'épuiserait
plus en efforts brusques et désordonnés ; ses tentatives
prématurées ne le pousseraient pas à des maux inutiles ;
mais dorénavant il se dirigerait toujours vers la fin que le
Créateur lui a prescrite et dont l'Évangile est venu lui ouvrir les voies.

La morale chrétienne s'établirait ainsi sur la terre et
enfanterait une diplomatie fondée sur la justice, constante
dans ses principes et dans ses relations ; et de même qu'il
y a dans chaque pays une opinion publique qui impose à
son gouvernement, de même aussi il s'élèverait une opinion européenne, une opinion chrétienne qui influerait
sur tous les cabinets, qui les forcerait de s'indigner eux-
mêmes de toute action perfide et injuste en politique, qui
leur ferait entendre de toutes les parties du globe, contre
les atteintes portées à la justice et à la bienveillance, le cri
terrible de la réprobation.

Nos arrière-neveux ne verront peut-être pas se préparer
de si nobles combinaisons, ni poindre l'aurore de ce jour
si fortuné. Notre voix est trop faible, trop isolée pour en
éveiller même l'espérance ; elle se perdra comme la brise
légère qui ride la surface de la mer et qui n'entre pour rien
dans ses phénomènes. Cependant nous croyons pouvoir
affirmer que, si les principes que nous avons posés et dé-

finis étaient adoptés par les cabinets, ils feraient de la diplomatie la science la plus noble et l'étude la plus utile.
Combien la mission des diplomates deviendrait alors différente! combien leurs travaux seraient méritoires et profitables! Leurs fonctions seraient les plus hautes et les plus
généreuses que l'homme pût remplir. La législation, l'administration intérieure, la dispensation de la justice céde-
raient alors le pas à la diplomatie, que nous verrions s'élever à des conceptions encore plus grandes et plus bienfaisantes, puisqu'elle embrasserait à la fois le bien de la
patrie et le bien de l'humanité. Et croit-on que le gouvernement qui, le premier, se mettrait en mouvement pour
marcher vers ce but définitif ne resterait pas à la tête des
nations qu'il y conduirait? Nous sommes au contraire
fermement convaincus qu'il conserverait longtemps une
juste et glorieuse prééminence; personne ne songerait à la
lui envier, et il ne pourrait manquer d'acquérir un pouvoir
qu'il chercherait en vain dans la ruse ou la violence, et une
gloire suffisante pour la plus insatiable ambition.

FIN.

TABLE DES MATIÈRES

TROISIÈME PARTIE

DES MOYENS DE RAMENER LA DIPLOMATIE A SA VÉRITABLE DESTINATION

PARIS. — IMP. SIMON RAÇON ET COMP., RUE D'ERFURTH, 1.